法官谈维权系列

刘玉民 总主编

法官谈

怎样保护未成年人权益

刘玉民　王艳菊　李娜　编著

THE JUDGE TALKS ABOUT RIGHTS PROTECTION SERIES

中国民主法制出版社
全国百佳图书出版单位

图书在版编目（CIP）数据

法官谈怎样保护未成年人权益/刘玉民，王艳菊，李娜编著．—北京：中国民主法制出版社，2023.3

（法官谈维权系列/刘玉民主编）

ISBN 978－7－5162－3058－9

Ⅰ.①法… Ⅱ.①刘… ②王… ③李… Ⅲ.①未成年人保护法—案例—中国 Ⅳ.①D922.75

中国国家版本馆 CIP 数据核字（2023）第 002272 号

图书出品人： 刘海涛

责 任 编 辑： 逯卫光 袁 月

书名/ 法官谈怎样保护未成年人权益

作者/ 刘玉民 王艳菊 李 娜 编著

出版·发行/ 中国民主法制出版社

地址/ 北京市丰台区右安门外玉林里 7 号（100069）

电话/（010）63055259（总编室） 63058068 63057714（营销中心）

传真/（010）63055259

http： //www.npcpub.com

E-mail： mzfz@npcpub.com

经销/ 新华书店

开本/ 16 开 710 毫米×1000 毫米

印张/ 18 **字数/** 247 千字

版本/ 2023 年 6 月第 1 版 2023 年 6 月第 1 次印刷

印刷/ 三河市宏图印务有限公司

书号/ ISBN 978－7－5162－3058－9

定价/ 66.00 元

作者简介

刘玉民　男，北京市密云区人民法院党组书记、院长，二级高级法官，法学博士。曾任北京市高级人民法院组织宣传处处长、办公室主任，北京市西城区人民法院党组副书记、副院长。出版著作100余部，参与省部级课题12个，发表理论文章52篇，获得学术调研奖项33次。

王艳菊　女，1982年生，大学本科学历，法学学士，2005年进入北京市密云区人民法院工作，先后在商事审判庭、派出法庭、审判管理部门工作，现任密云区人民法院审判管理办公室（研究室）副主任，一级法官。秉持“调研是更高层次的审判”，工作中勤勉务实，笔耕不辍，撰写的论文获评第四届“羊城杯”司法体制综合配套改革征文二等奖，2021年获评“平安中国建设先进个人”。

李　娜　女，1985 年生，法学硕士学位。2007 年 7 月进入北京市密云区人民法院工作，先后在行政庭、刑庭、民庭工作，现为民事审判一庭副庭长、四级高级法官。共审结各类案件 2000 余件，妥善审结了多起涉未成年人刑事、民事案件，2022 年被评为“北京市妇女儿童工作先进个人”。其撰写的案例分析多次被《人民法院案例选》《中国审判案例要览》采用。

总序

习近平总书记指出："依法治国是坚持和发展中国特色社会主义的本质要求和重要保障，是实现国家治理体系和治理能力现代化的必然要求。我们要实现经济发展、政治清明、文化昌盛、社会公正、生态良好，必须更好发挥法治引领和规范作用。"党的十八大以来，以习近平同志为核心的党中央从全局和战略高度定位法治、布局法治、厉行法治，领导全党全国人民解决了许多长期想解决而没有解决的法治难题，办成了许多过去想办而没有办成的法治大事，开辟了全面依法治国的新境界，推动法治中国建设取得了历史性的成就，创立了习近平法治思想，实现了马克思主义法治理论中国化时代化的历史性飞跃，为全面依法治国提供了根本遵循和行动指南。党对全面依法治国的领导更加坚强有力，健全了党领导法治建设的工作机制和程序，建立起党政主要负责人履行推进法治建设第一责任人职责制度。宪法得到全面贯彻实施，设立国家宪法日和宪法宣誓制度，宪法制度已转化为治国理政的强大效能。法律规范体系更加完备系统管用，坚持科学立法、民主立法、依法立法，统筹推进"立改废释纂"，修改宪法，编纂民法典，加快重点领域、新兴领域、涉外领域立法，以良法促进了发展、保障了善治。法治政府建设迈上新台阶，颁布和实施了两个五年《法治政府建设实施纲要》，深入推进"放管服"改革，持续深化行政执法体制改革，法治政府建设推进机制基本形成，依法行政制度体系日益健全，严格规范公正文明执法水平普遍提高。司法体制改革取得历史性突破，司法质量、效率和公信力持续提升，人民群众对司法公正的认可度明显提高。法治社会建设取得实质性进展，全社会办事依法、遇事找法、解决问题用法、化解矛盾靠法的法治环境正在逐步形成。涉外法治工作开辟新局面，运用法治手段维护国家主权、安全、发展利益的能力显著提升。依规治党实现历史性跃升，党内法规制度建设推进力度之大前所未有，依规治党取得成效之显著前所未有，为世界政党治理贡献了中国智慧和中国方案。法治工作队伍建设成效卓著，忠于党、忠于国家、忠于人民、忠于法律的队伍逐步建成，法治工作队伍的规模、结构和素质更加优化。

法律是神圣的，但不是神秘的。深入开展全民普法，大力弘扬社会主义法治文化，让法律走出神圣的殿堂，来到人民群众中间，是习近平法治思想的重要内容，也是法律职业者重要而光荣的职责。作为首都基层法院，我们自觉履行“谁执法谁普法”的主体责任，通过庭审直播、新闻发布、“法律十进”、“法院开放日”等形式，线上线下有机结合，积极开展普法宣传。开展庭审网络直播，方便人民群众足不出户“在线学法”；全面推进新闻发布月例会制度，针对热点问题梳理典型案例、总结类案特点、作出法官提示，召开发布会；组织法官送法进机关、进学校、进社区、进企业、进军营等“法律十进”专场，精准开展“定制普法”；在国家宪法日等重要节点举行“法院开放日”活动，邀请社会各界近距离参与司法实践。通过官方微博、微信公众号、今日头条等新媒体平台，发布原创普法漫画、视频、公益广告，借力互联网让法治宣传深入人心。同时，深挖“密、云、法、院”四字内涵，建立“密之语”心理工作室，创办《云之声》院刊，打造“法之谈”培训品牌，树立“院之人”集体群像，努力形成“水云深处”书香密法的浓厚氛围。与中央民族大学、北京航空航天大学、北京农学院等高校密切联系，共同开展实践调查、理论研讨、课题研究，促进法学教育与司法实践良性互动、有机结合，不断提升各项工作水平。

法律的生命在于适用，案例是法律适用的结晶，是活的法律。马克思曾言：“法律是普遍的。应当根据法律来确定的案件是个别的。要把个别的现象归结为普遍的现象就需要判断。法官的责任是当法律运用到个别场合时，根据他对法律的诚挚的理解来解释法律。”可以说，人民法官正是通过公正审理各类案件，向社会解释着法律、传输着正义。每一个司法案例都蕴藏着法官的判断和思考，都体现着法官的经验和智慧。运用司法案例进行普法宣传，既贴近实际、贴近生活、贴近群众，又案法交融、前沿权威、通俗易懂，具有强大的生命力和重要的现实意义。有鉴于此，我院与中国民主法制出版社反复研究论证，策划了这套“法官谈维权系列”丛书。

该套丛书包括未成年人权益保护、公民权益损害赔偿、婚姻家庭与继承权益守护、务工人员权益保护、妇女和儿童权益保护、消费者权益保护和老年人权益守护 7 册内容，15 名优秀法官参与编写，很多案例改编于他们审理的真实案例。丛书内容全面系统，案例新颖精准，体例和谐统一，分析透彻简明，相信必将成为广大学法、用法者的良师益友。在此特别感谢中国民主法制出版社给予的难得机会，为我院持续抓好审判主业、着力提升工作质效、全面培养人才骨干提供了坚实抓手和有益载体，也实现了我院与出版单位全面合作、协同共进的多年愿望。

奉法者强则国强，奉法者弱则国弱。我们将时刻牢记职责使命，以党和国家大局为重，以最广大人民利益为念，坚守法治精神、忠诚敬业、锐意进取、勇于创新，与广大法界同人携手奋进，努力为中国特色社会主义法治国家建设作出更大的贡献。

是为序。

北京市密云区人民法院

党组书记、院长　刘玉民

2022 年 10 月

前言

习近平总书记强调:“孩子们成长得更好,是我们最大的心愿。”未成年人是祖国未来的建设者,对未成年人的教育和保护,决定着国家和民族的命运。未成年人是一个特殊群体,特殊之处在于他们在社会中处于弱势地位,容易受到不良事物的诱惑和外界的侵犯。如何加强对未成年人的安全教育和法治教育,提高未成年人的自我保护意识和能力,把法治观念植根于他们的内心,为未成年人健康成长营造良好的外部环境,是国家、社会、学校和家庭不可推卸的重要责任。必须从确保党的事业后继有人和社会主义事业兴旺发达的战略高度,深入贯彻落实习近平法治思想,坚持立党为公、执政为民,充分认识加强和改进未成年人思想道德建设的重要性和紧迫性,努力开创未成年人思想道德建设工作的新局面。

加强和改进未成年人思想道德建设,培养和造就千千万万具有高尚思想品质和良好道德修养的合格建设者和接班人,既是一项长远的战略任务,又是一项紧迫的现实任务。总的来看,我国未成年人整体素质不断提高,热爱祖国、积极向上、团结友爱、文明礼貌成为当代中国未成年人精神世界的主流,他们是朝气蓬勃、充满活力、富于创新的一代,是大有希望的一代。同时,也要清醒地看到,国际敌对势力与我争夺接班人的斗争日趋尖锐和复杂,他们利用各种途径加紧对我国未成年人进行思想文化渗透,某些腐朽没落的生活方式对未成年人的影响不可低估。一些领域诚信缺失、假冒伪劣、欺骗欺诈活动有所蔓延,一些地方封建迷信、邪教和“黄、赌、毒”等社会丑恶现象沉渣泛起,也给未成年人的健康成长带来不可忽视的负面影响。互联网等新兴媒体的快速发展,给未成年人学习和娱乐开辟了新的渠道,与此同时,腐朽落后文化和有害信息也通过网络大肆传播,腐蚀未成年人的心灵。在各种消极因素影响下,少数未成年人精神空虚、行为失范，有的甚至走上了违法犯罪的歧途。这些都使未成年人思想道德建设面临一系列新课题。此外，未成年人受到人身、精神等各种侵犯的案例也被屡屡曝光，加强未成年人的权益保护已经迫在眉睫。

本书是“法官谈维权系列”丛书的组成部分，重点宣讲未成年人保护法、预防未成年人犯罪法、家庭教育促进法、民法典、义务教育法等法律法规。这些法律法规构建了家庭、学校、社会、司法四位一体的未成年人法律保护体系，为未成年人健康成长营造了良好的外部环境。

考虑到本书特殊的读者群，在编写过程中，我们力求让它成为一本通俗易懂、简明实用的普法读物，以满足广大未成年人及家长学习法律知识、掌握法律武器的需要。具体来说，有以下几个特点。

1. 以案说法，以法析案。本书遴选了近百个涉及未成年人权益保护的典型案例，通过生动的案情带出相应的法律问题，通过对案例的评说把有关的法律知识呈现在读者面前。这样的形式更容易为读者所接受，有助于广大读者准确、深入地理解和把握相应的法律规范。

2. 讲法说理，法理交融。未成年人保护贯穿于日常生活的方方面面和点点滴滴，仅凭抽象、呆板的法律规范对家长们做概括的强调和生硬的要求，收效甚微。所以，我们在编写本书的过程中，力图把书本上的法理和生活中的情理结合起来，既讲法，也说理，法理、情理娓娓道来，使家长们在情感上顺，在思想上通，既能学到法律知识，也能掌握现代的理念与方法，把未成年人权益保护工作真正落到实处。

3. 语言朴实，条理清晰。在本书撰写过程中，我们细致地搜求材料、精心地组织语言，深入探究、反复修改，将自己思考和探究的心得与成果用朴实的语言、清晰的条理加以表述，使本书具有很强的实用价值与可读性。

4. 内容全面、体例新颖。本书涉及未成年人受教育权益、受抚养权益、财产权益、人身权益、人格权益的保护，构成了未成年人权益保护的完整体系。而且，全书自始至终遵循统一的体例，每一案例均由“维权要点”“典型案例”“法官讲法”“法条指引”四个部分组成，构成一个独立的单元，全书又浑然一体，具有自己的风格与特点。

本书广泛参考了现有的研究成果与资料，中国民主法制出版社编审逯卫光、北京市密云区人民法院教育培训科负责人杨雪做了大量的协调工作，在此一并表示衷心的感谢。

编　者

2022 年 10 月

目录 CONTENTS

第一章　未成年人受教育权益保护

1. 父母不让未成年人接受义务教育，应当承担什么责任？

【维权要点】

父母对未成年子女在学习方面应当提供必要的物质条件，负担相应的学习费用，使未成年子女接受义务教育。这是父母或者其他监护人的法定义务。未成年人接受义务教育的权利，不因父母离异、领养、非婚生等各种原因而改变，只要父母是未成年子女的监护人，就必须承担让未成年子女接受义务教育的法定义务。

【典型案例】

黄某与李某于2008年结婚。婚后育有一子一女。由于家庭条件不好，为了养育两个子女，黄某和李某终日劳作，农忙时种田，农闲时到城里做小买卖，根本无暇照顾两个子女。转眼间，两个孩子都到了入学年龄。夫妇二人把他们送进了镇小学。但由于没有父母管教，上学后两个孩子都不喜欢学习，经常逃学，学习成绩很差。看到孩子们糟糕的成绩，又考虑到自己没有精力管教他们，黄某夫妇就让两个孩子退了学。学校得知这个情况，立即找到了黄某夫妇，告知他们：接受义务教育是未成年人的权利，也是父母的法定义务，黄某夫妇的做法是错误的，应当立即让孩子复学。但黄某夫妇认为，这个学上也是白上，还不如退学算了，让孩子待在家里，自己在外面还放心些。由于学校多次做黄某夫妇的工作均没有奏效，便将情况反映到了镇政府。镇政府依据有关法律规定，对黄某夫妇批评教育后，作出了责令黄某夫妇在一周内让孩子复学的决定。黄某夫妇觉得十分委屈。

【法官讲法】

根据我国义务教育法第4条、第5条、第11条的规定，以及未成年人保护法第16条的规定，家长送适龄子女接受义务教育是法定义务。尊重未成年人的受教育权，保障未成年人接受义务教育，是学生受教育权益保护的前提和基础。

当家长拒绝支付未成年子女教育费时，未成年子女有权请求父母或者其他监护人给付，这种请求可以是一种协商，也可以通过一定方式的调解或人民法院的判决。父母或其他监护人必须无条件尊重未成年子女的受教育权，即使父母离婚了，这种义务仍然存在。离婚后，由一方抚养的未成年子女，另一方应负担该未成年子女接受义务教育费用的一部分或全部。负担教育费的多少和期限的长短，由父母双方协议；协议不成时，由人民法院判决。未成年子女教育费的协议和判决，应根据父母双方经济状况和未成年子女的学习需要来确定，未成年子女有权在必要时向父母任何一方提出超出协议或判决原定数额学习费用的要求，如果未成年子女的要求合理，而父母经济能力又允许，就应当满足未成年子女的要求。养父母、继父母、非婚生子女的生父母应当负担未成年的养子女、继子女、非婚生子女接受义务教育费用的一部分或全部。未成年养子女、继子女、非婚生子女有要求养父母、继父母、非婚生父母尊重其接受义务教育的权利，必要时可以通过人民法院确立和强制执行其接受义务教育的费用。如果父母双亡，有负担能力的祖父母、外祖父母和有负担能力的兄姐应给未成年人提供一定的受义务教育的费用。当未成年人受教育权受到不法侵害时，父母或者其他监护人有义务予以排除，保护未成年人的受教育权不受侵害。尊重未成年人受教育的权利，要求父母或者其他监护人不得使在校接受义务教育的未成年人辍学，严禁家长迫使未成年人去当童工、童农、童商。

在本案中，黄某夫妇因为家庭条件不好而外出务工，无暇照顾子女，导致子女因缺乏父母的严格管教而荒疏学业，学习成绩不好情有可原。但他们以子女厌学为由让子女退学，显然侵犯了未成年子女的受教育权，违反了自己的法定义务。在学校多次做工作均未奏效的情况下，当地人民政府根据义务教育法的有关规定，对其进行批评，并责令其限期改正。让子女复学是正确的，维护了未成年人的合法权益。黄某夫妇应当履行自己的法定义务，尽快让两个孩子复学，这既是对未成年子女负责，也是对国家和社会负责。

【法条指引】

中华人民共和国义务教育法

第四条　凡具有中华人民共和国国籍的适龄儿童、少年，不分性别、民族、种族、家庭财产状况、宗教信仰等，依法享有平等接受义务教育的权利，并履行接受义务教育的义务。

第五条　各级人民政府及其有关部门应当履行本法规定的各项职责，保障适龄儿童、少年接受义务教育的权利。

适龄儿童、少年的父母或者其他法定监护人应当依法保证其按时入学接受并完成义务教育。

依法实施义务教育的学校应当按照规定标准完成教育教学任务，保证教育教学质量。

社会组织和个人应当为适龄儿童、少年接受义务教育创造良好的环境。

第十一条　凡年满六周岁的儿童，其父母或者其他法定监护人应当送其入学接受并完成义务教育；条件不具备的地区的儿童，可以推迟到七周岁。

适龄儿童、少年因身体状况需要延缓入学或者休学的，其父母或者其他法定监护人应当提出申请，由当地乡镇人民政府或者县级人民政府教育行政部门批准。

第五十八条　适龄儿童、少年的父母或者其他法定监护人无正当理由未依照本法规定送适龄儿童、少年入学接受义务教育的，由当地乡镇人民政府或者县级人民政府教育行政部门给予批评教育，责令限期改正。

中华人民共和国未成年人保护法

第十六条　未成年人的父母或者其他监护人应当履行下列监护职责：

（一）为未成年人提供生活、健康、安全等方面的保障；

（二）关注未成年人的生理、心理状况和情感需求；

（三）教育和引导未成年人遵纪守法、勤俭节约，养成良好的思想品德和行为习惯；

（四）对未成年人进行安全教育，提高未成年人的自我保护意识和能力；

（五）尊重未成年人受教育的权利，保障适龄未成年人依法接受并完成义务教育；

（六）保障未成年人休息、娱乐和体育锻炼的时间，引导未成年人进行有益身心健康的活动；

（七）妥善管理和保护未成年人的财产；

（八）依法代理未成年人实施民事法律行为；

（九）预防和制止未成年人的不良行为和违法犯罪行为，并进行合理管教；

（十）其他应当履行的监护职责。

第八十三条 各级人民政府应当保障未成年人受教育的权利，并采取措施保障留守未成年人、困境未成年人、残疾未成年人接受义务教育。

对尚未完成义务教育的辍学未成年学生，教育行政部门应当责令父母或者其他监护人将其送入学校接受义务教育。

2. 父母经济困难，能否以此为由拒绝女儿入学？

【维权要点】

公平地接受教育，是宪法赋予每一名公民的基本权利，不因性别而改变。我国法律也明确规定男女平等，包括女童在内的未成年人都有接受义务教育的权利。

【典型案例】

家住某村的李某今年已经9周岁了，因为家里经济拮据，父母一直没有送她去上学。李某有个弟弟，今年刚好6周岁，父母准时将他送进了学校。李某提出要和弟弟一起读书，父母却说女孩子读书没什么用，家里困难供不起。其实，李某知道家里穷只是一个借口，最根本的原因是父母根深蒂固的重男轻女思想，即使家里条件好了，父母也不会赞成自己去学校读书。当地学校及教育部门发现后，多次做李某父母的工作。但李某父母认为让不让孩子上学是自己的事，与他人无关。

【法官讲法】

本案涉及如何保障女性儿童、少年接受义务教育的法律问题。虽然国家法律规定男女均有平等的受教育权，但是从全国范围看，仍有一些贫困地区的女童被迫失学。对此，国家、社会、学校和家庭，都有依法保障她们接受义务教育的责任。

一是政府对保障女性儿童、少年接受义务教育的责任。我国义务教育法第4条规定："凡具有中华人民共和国国籍的适龄儿童、少年，不分性别、民族、种族、家庭财产状况、宗教信仰等，依法享有平等接受义务教育的权利，并履行接受义务教育的义务。"第5条第1款、第2款规定："各级人民政府及其有关部门应当履行本法规定的各项职责，保障适龄儿童、少年接受义务教育的权利。适龄儿童、少年的父母或者其他法定监护人应当依法保证其按时入学接受并完成义务教育。"我国妇女权益保障法也规定，政府应针对适龄女性未成年人就学存在的实际困难，采取有效措施，保障适龄女性未成年人完成当地规定年限的义务教育。现实中，政府主要采取两个方面的措施促进女性儿童、少年接受义务教育权的实现。首先是根据义务教育法、妇女权益保障法等相关法律和规范性文件的规定，采取切实措施，合理设置小学、初级中等学校，使儿童、少年就近入学。国家鼓励企业、事业单位和其他社会力量，在当地人民政府统一管理下，按照国家规定的基本要求建立各类学校。城市和农村建设发展规划必须包括相应的义务教育设施。在办学形式上，除兴办普通初中外，还可兴办初级中等职业技术学校。边远海岛等人口稀少、居住分散的地区，具备师资等办学条件的小学经批准也可设置初中班。同时，制定有关免收学费、杂费和实行助学金制度，负责筹措义务教育经费，保证用于义务教育的财政拨款的增长高于财政经常性收入的增长，使按在校学生人数平均的教育费用逐步增长。中央拨给支援不发达地区的资金和补助费等，地方应划出一部分用于该地区的义务教育。其次是对学校、家庭和其他组织、个人在保障女童接受义务教育上的违法行为依法追究法律责任，实施制裁，从而保障适龄女性儿童、少年受教育权的实现。

二是学校对保障女性儿童、少年接受义务教育的责任。根据义务教育法律、法规的有关规定，承担实施义务教育任务的学校应当保障符合条件的适龄儿童、少年入学，不得附加任何不合理条件。针对一些地方女童就学难的突出问题，学校应继续办好女童班；少数民族聚居地区还可以根据群众需要，兴办女子中小学、女子职业技术学校。对家庭经济困难的女学生，学校可以通过设立女童助学金、女童奖学金、勤工俭学等制度帮助她们。

三是社会对保障女性儿童、少年接受义务教育的责任。依照我国义务教育法和妇女权益保障法的规定，社会应采取有效的措施。实践中，国家鼓励企业、事业单位和其他社会力量，通过兴办义务教育法规定的各类学校和自愿捐资助学等途径，增加适龄女性儿童、少年入学的机会。任何组织和个人均不得利用宗教开展妨碍义务教育实施的活动，不得招用应该接受义务教育的女性儿童、少年做工。违反上述规定的，将根据不同情况承担相应的法律责任。

四是父母或其他监护人对女性儿童、少年接受义务教育的责任。妇女权益保障法第36条规定："父母或者其他监护人应当履行保障适龄女性未成年人接受并完成义务教育的义务。对无正当理由不送适龄女性未成年人入学的父母或者其他监护人，由当地乡镇人民政府或者县级人民政府教育行政部门给予批评教育，依法责令其限期改正。居民委员会、村民委员会应当协助政府做好相关工作。政府、学校应当采取有效措施，解决适龄女性未成年人就学存在的实际困难，并创造条件，保证适龄女性未成年人完成义务教育。"如果适龄女性儿童、少年因疾病或者特殊情况需要延迟或免予入学的，必须经县级以上教育主管部门或者乡（镇）人民政府批准。父母或其他监护人不得自行其是，否则将要承担相应的法律责任。

本案中的适龄女童李某不能按规定入学接受义务教育，原因是多方面的，既有家长主观方面的原因，即重男轻女的封建观念作怪；也有客观方面的原因，即家庭贫困，无力供养两个孩子上学。但解决这个问题仅靠家长一方的努力是不够的。女童李某入学问题表面上看似某个家庭的事，实质上关系到政府、社会、学校如何履行保障适龄女性儿童、少年入学的责任。如果政府、社会、学校都能本着保护未成年女童、少年健康成长的态度为其积极创造条件，提供帮助，适龄女童李某入学恐怕就不成问题了。

【法条指引】

中华人民共和国义务教育法

第四条 凡具有中华人民共和国国籍的适龄儿童、少年，不分性别、民族、种族、家庭财产状况、宗教信仰等，依法享有平等接受义务教育的权利，并履行接受义务教育的义务。

第五条　各级人民政府及其有关部门应当履行本法规定的各项职责，保障适龄儿童、少年接受义务教育的权利。

适龄儿童、少年的父母或者其他法定监护人应当依法保证其按时入学接受并完成义务教育。

依法实施义务教育的学校应当按照规定标准完成教育教学任务，保证教育教学质量。

社会组织和个人应当为适龄儿童、少年接受义务教育创造良好的环境。

中华人民共和国妇女权益保障法

第三十五条　国家保障妇女享有与男子平等的文化教育权利。

第三十六条　父母或者其他监护人应当履行保障适龄女性未成年人接受并完成义务教育的义务。

对无正当理由不送适龄女性未成年人入学的父母或者其他监护人，由当地乡镇人民政府或者县级人民政府教育行政部门给予批评教育，依法责令其限期改正。居民委员会、村民委员会应当协助政府做好相关工作。

政府、学校应当采取有效措施，解决适龄女性未成年人就学存在的实际困难，并创造条件，保证适龄女性未成年人完成义务教育。

第三十七条　学校和有关部门应当执行国家有关规定，保障妇女在入学、升学、授予学位、派出留学、就业指导和服务等方面享有与男子平等的权利。

学校在录取学生时，除国家规定的特殊专业外，不得以性别为由拒绝录取女性或者提高对女性的录取标准。

各级人民政府应当采取措施，保障女性平等享有接受中高等教育的权利和机会。

3. 父母强行让孩子辍学，应当如何处理？

【维权要点】

受教育权是包括未成年人在内的所有公民的基本权利之一。在义务教育阶段的未成年孩子，享有绝对的受教育权，父母无权强行让孩子辍学。如发生此种情况，政府应当对其父母进行批评教育，在教育无效的情况下，可以对其进行处罚。

【典型案例】

2015 年，离婚后的唐某（女）带着女儿张甲与同村的蔡某结婚。蔡某与前妻所生的儿子蔡甲也跟随他们共同生活。由于家庭的变故，张甲有些厌学，未读完小学便辍学在家。由于家中经济困难，同时蔡某夫妇觉得孩子读书无用，于是夫妇两人又强迫蔡甲辍学，并让孩子写下保证书，说是自己不愿意上学读书的，永远也不会怪爸爸妈妈。蔡家两姐弟相继辍学，引起了学校、村委会以及镇政府的高度重视。他们先后多次上门做工作、讲道理，要求唐某与蔡某送两个孩子复学。但唐某与蔡某认为自己的孩子自己可以教育，不用别人指手画脚，不让孩子上学又不犯法。为了保护未成年人的受教育权，2021 年 3 月，学校将唐某与蔡某推上了被告席，要求他们将其子女送往学校接受九年义务教育。

【法官讲法】

在我国，义务教育是国家依法强制适龄儿童、少年必须接受的，是国家、社会、学校和家庭都必须给予保证的国民基础教育。对于义务教育而言，接受教育同时体现为未成年人及其家长的义务。接受义务教育不仅是适龄儿童、少年的权利和义务，同时他们的父母或其他监护人、学校、各级政府以及有关主管部门都有义务使其入学或为其入学创造条件。如果他们不履行上述法定义务就是违法行为，将会受到法律的追究和制裁。因此，在本案中，唐某与蔡某让两个孩子辍学，违反了国家的法律规定，其行为侵犯了未成年人的受教育权，是一种违法行为。

为了落实未成年人接受义务教育的权利和义务，义务教育法第 4 条规定："凡具有中华人民共和国国籍的适龄儿童、少年，不分性别、民族、种族、家庭财产状况、宗教信仰等，依法享有平等接受义务教育的权利，并履行接受义务教育的义务。"第 5 条规定："各级人民政府及其有关部门应当履行本法规定的各项职责，保障适龄儿童、少年接受义务教育的权利。适龄儿童、少年的父母或者其他法定监护人应当依法保证其按时入学接受并完成义务教育。依法实施义务教育的学校应当按照规定标准完成教育教学任务，保证教育教学质量。社会组织和个人应当为适龄儿童、少年接受义务教育创造良好的环境。”可见，未成年人的父母不但无权对子女接受教育的权利加以限制和剥夺；相反，保证未成年子女入学接受义务教育是依法必须履行的职责。此外，还应在物质条件和学习时间上给予必要的保障。即使有特殊情况，需要延缓入学或者免予入学的，也必须得到有关部门的批准。如果没有特殊情况，未经有关部门批准，不按规定送子女入学接受义务教育的，就将受到法律的制裁。

本案中，唐某与蔡某不存在任何特殊情况，未经任何批准，擅自决定让仍在接受义务教育的未成年子女辍学，他们的行为不仅违反了国家的法律规定，违反了监护人的监护职责，同时也是对未成年子女受教育权的侵权行为。唐某与蔡某在学校、村委会以及镇政府的多次批评教育下，仍不将子女送回学校复学，应当对其进行处罚。这里需要强调的是，以家庭困难为由使子女辍学是一种违法行为，任何家长都不能以贫困为借口而不履行送适龄子女入学接受义务教育的义务。同时，学校、政府、社会都应当帮助因贫困而失学的未成年人，为他们接受教育创造良好的条件。

【法条指引】

中华人民共和国未成年人保护法

第十六条　未成年人的父母或者其他监护人应当履行下列监护职责：

（一）为未成年人提供生活、健康、安全等方面的保障；

（二）关注未成年人的生理、心理状况和情感需求；

（三）教育和引导未成年人遵纪守法、勤俭节约，养成良好的思想品德和行为习惯；

（四）对未成年人进行安全教育，提高未成年人的自我保护意识和能力；

（五）尊重未成年人受教育的权利，保障适龄未成年人依法接受并完成义务教育；

（六）保障未成年人休息、娱乐和体育锻炼的时间，引导未成年人进行有益身心健康的活动；

（七）妥善管理和保护未成年人的财产；

（八）依法代理未成年人实施民事法律行为；

（九）预防和制止未成年人的不良行为和违法犯罪行为，并进行合理管教；

（十）其他应当履行的监护职责。

中华人民共和国义务教育法

第四条 凡具有中华人民共和国国籍的适龄儿童、少年，不分性别、民族、种族、家庭财产状况、宗教信仰等，依法享有平等接受义务教育的权利，并履行接受义务教育的义务。

第五条 各级人民政府及其有关部门应当履行本法规定的各项职责，保障适龄儿童、少年接受义务教育的权利。

适龄儿童、少年的父母或者其他法定监护人应当依法保证其按时入学接受并完成义务教育。

依法实施义务教育的学校应当按照规定标准完成教育教学任务，保证教育教学质量。

社会组织和个人应当为适龄儿童、少年接受义务教育创造良好的环境。

第五十八条 适龄儿童、少年的父母或者其他法定监护人无正当理由未依照本法规定送适龄儿童、少年入学接受义务教育的，由当地乡镇人民政府或者县级人民政府教育行政部门给予批评教育，责令限期改正。

4. 父母离婚后，应否继续承担教育子女的义务？

【维权要点】

父母与子女间的关系，不因父母离婚而消除。离婚后，子女无论由父或母直接抚养，仍是父母双方的子女。离婚后，父母对于子女仍有抚养、教育的权利和义务。

【典型案例】

李某与郝某是大学同学。两人大学毕业后结婚，并育有一女李某某。2007 年两人离婚，但谁也不愿意抚养年幼的李某某。考虑到李某某尚在哺乳期，人民法院判决郝某抚养李某某，李某每月支付500元的抚养费。

法院判决之后，李某最初还按月支付抚养费，但时间一长，便越来越不放在心上，最后干脆不支付了。郝某也无心照顾女儿，一下班就去唱歌、跳舞，想借这种方式来摆脱烦恼。李某某还在牙牙学语的阶段就失去了父爱和母爱。2009年元旦前夕，郝某在一个圣诞节舞会上认识了新的男友，关系进展迅速。不久两个人就有了结婚的想法。男友能接受郝某的一切，就是无法接受她与前夫的孩子。本来就把孩子视为包袱的郝某更认为孩子给自己带来了痛苦，会毁了自己的终身幸福。在这种念头的驱使下，郝某决定甩掉这个包袱。一个漆黑的夜晚，郝某把李某某带到了城郊的公路边上，放下孩子便头也不回地离去了。

李某某在第二天早上被路人捡到，由于无人认领，她被送到了孤儿院。特殊的经历和成长环境使李某某养成了十分叛逆的性格。14周岁时，她被送到一所寄宿制的中学读书，但李某某从来不学习，经常偷偷跑到外边去瞎混。喝酒、吸烟、唱歌、跳舞、打架、偷东西成了李某某生活的全部内容。由于李某某的恶劣表现，她被学校给予纪律处分。从此，李某某更加堕落。公安机关多次对李某某作出拘留的处罚，但均因其未满16周岁而未执行。最后，屡教不改的李某某被送进工读学校接受专门教育。

【法官讲法】

我国宪法第49条第3款规定，“父母有抚养教育未成年子女的义务”。民法典第26条第1款规定：“父母对未成年子女负有抚养、教育和保护的义务。”第1084条规定：“父母与子女间的关系，不因父母离婚而消除。离婚后，子女无论由父或者母直接抚养，仍是父母双方的子女。离婚后，父母对于子女仍有抚养、教育、保护的权利和义务。离婚后，不满两周岁的子女，以由母亲直接抚养为原则。已满两周岁的子女，父母双方对抚养问题协议不成的，由人民法院根据双方的具体情况，按照最有利于未成年子女的原则判决。子女已满八周岁的，应当尊重其真实意愿。”未成年人保护法第16条规定：“未成年人的父母或者其他监护人应当履行下列监护职责：（一）为未成年人提供生活、健康、安全等方面的保障；（二）关注未成年人的生理、心理状况和情感需求；……（九）预防和制止未成年人的不良行为和违法犯罪行为，并进行合理管教；……”第17条规定：“未成年人的父母或者其他监护人不得实施下列行为：（一）虐待、遗弃、非法送养未成年人或者对未成年人实施家庭暴力；……”家庭教育促进法第14条第1款规定：“父母或者其他监护人应当树立家庭是第一个课堂、家长是第一任老师的责任意识，承担对未成年人实施家庭教育的主体责任，用正确思想、方法和行为教育未成年人养成良好思想、品行和习惯。”上述法律规定确立了父母对青少年的抚养教育义务。家庭教育作为父母履行抚育未成年子女义务的重要内容，有着不容忽视的重要意义。家庭教育是给青少年上的第一课，如果这一课没有上好，或者缺课，对青少年健康成长所造成的负面影响是无法挽回的。李某某正是由于被父母遗弃，自幼没有感受到家庭的温暖和父母的关爱、教育，才最终滑向了堕落的深渊。

为了防止因父母离异而使得青少年不能享受受教育的权利，我国的相关法律、法规明确了父母的义务，以确保青少年受教育权利的实现。在这里，一方面，要全面地理解父母对青少年子女的教育义务。教育，是指父母在思想品德上对未成年子女的培养。教育子女是父母的一项重要职责，包括两方面的内容：一是父母应尊重子女接受教育的权利，必须使适龄的子女按照规定接受义务教育，不得使在校接受义务教育的子女辍学；二是父母应以健康的思想、品行和正确的方法教育子女，引导子女进行有益于身心健康的活动，预防、干预、矫治未成年子女吸烟、饮酒、沉迷网络、与社会上具有不良习性的人交往，进入未成年人不宜进入的场所打架、斗殴、盗窃、赌博、吸毒等不良行为或严重不良行为，使其健康成长。另一方面，离异的父母对子女承担教育的义务包括进行家庭教育和保证青少年接受学校教育的权利，因此，双方都要合理承担子女的教育费用。我国民法典第1085条第1款规定：“离婚后，子女由一方直接抚养的，另一方应当负担部分或者全部抚养费。负担费用的多少和期限的长短，由双方协议；协议不成的，由人民法院判决。”夫妻离异的，对青少年子女的抚养教育问题原则上按照如下方式解决：哺乳期内的子女原则上由哺乳的母亲抚养教育；2周岁以上8周岁以下的青少年子女随何方抚养首先应由父母在自愿的基础上达成协议；对8周岁以上的青少年子女随父方或随母方生活发生争执的，应考虑青少年自己的意见。如果青少年在父母离异时是由父或母一方抚养教育，但后来由于这方无力继续抚养教育青少年子女的，或不尽抚养教育义务及虐待青少年子女的，或其与子女共同生活对子女身心健康有不利影响的，可以变更由另一方抚养教育，以确保青少年能得到完整、健康的教育。对离异的夫妻或者一方拒不履行抚养教育青少年子女义务且情节严重的，根据我国刑法第261条的规定："对于年老、年幼、患病或者其他没有独立生活能力的人，负有扶养义务而拒绝扶养，情节恶劣的，处五年以下有期徒刑、拘役或者管制。"在本案中，郝某对李某某的遗弃事实上已经构成了犯罪，对此应当依照刑法的规定追究其刑事责任。

【法条指引】

中华人民共和国民法典

第二十六条　父母对未成年子女负有抚养、教育和保护的义务。

成年子女对父母负有赡养、扶助和保护的义务。

第一千零六十八条　父母有教育、保护未成年子女的权利和义务。未成年子女造成他人损害的，父母应当依法承担民事责任。

第一千零八十四条　父母与子女间的关系，不因父母离婚而消除。离婚后，子女无论由父或者母直接抚养，仍是父母双方的子女。

离婚后，父母对于子女仍有抚养、教育、保护的权利和义务。

离婚后，不满两周岁的子女，以由母亲直接抚养为原则。已满两周岁的子女，父母双方对抚养问题协议不成的，由人民法院根据双方的具体情况，按照最有利于未成年子女的原则判决。子女已满八周岁的，应当尊重其真实意愿。

第一千零八十五条　离婚后，子女由一方直接抚养的，另一方应当负担部分或者全部抚养费。负担费用的多少和期限的长短，由双方协议；协议不成的，由人民法院判决。

前款规定的协议或者判决，不妨碍子女在必要时向父母任何一方提出超过协议或者判决原定数额的合理要求。

中华人民共和国未成年人保护法

第十五条　未成年人的父母或者其他监护人应当学习家庭教育知识，接受家庭教育指导，创造良好、和睦、文明的家庭环境。

共同生活的其他成年家庭成员应当协助未成年人的父母或者其他监护

人抚养、教育和保护未成年人。

第十六条 未成年人的父母或者其他监护人应当履行下列监护职责：

（一）为未成年人提供生活、健康、安全等方面的保障；

（二）关注未成年人的生理、心理状况和情感需求；

（三）教育和引导未成年人遵纪守法、勤俭节约，养成良好的思想品德和行为习惯；

（四）对未成年人进行安全教育，提高未成年人的自我保护意识和能力；

（五）尊重未成年人受教育的权利，保障适龄未成年人依法接受并完成义务教育；

（六）保障未成年人休息、娱乐和体育锻炼的时间，引导未成年人进行有益身心健康的活动；

（七）妥善管理和保护未成年人的财产；

（八）依法代理未成年人实施民事法律行为；

（九）预防和制止未成年人的不良行为和违法犯罪行为，并进行合理管教；

（十）其他应当履行的监护职责。

第十七条 未成年人的父母或者其他监护人不得实施下列行为：

（一）虐待、遗弃、非法送养未成年人或者对未成年人实施家庭暴力；

（二）放任、教唆或者利用未成年人实施违法犯罪行为；

（三）放任、唆使未成年人参与邪教、迷信活动或者接受恐怖主义、分裂主义、极端主义等侵害；

（四）放任、唆使未成年人吸烟（含电子烟，下同）、饮酒、赌博、流浪乞讨或者欺凌他人；

（五）放任或者迫使应当接受义务教育的未成年人失学、辍学；

（六）放任未成年人沉迷网络，接触危害或者可能影响其身心健康的图书、报刊、电影、广播电视节目、音像制品、电子出版物和网络信息等；

（七）放任未成年人进入营业性娱乐场所、酒吧、互联网上网服务营业场所等不适宜未成年人活动的场所；

（八）允许或者迫使未成年人从事国家规定以外的劳动；

（九）允许、迫使未成年人结婚或者为未成年人订立婚约；

（十）违法处分、侵吞未成年人的财产或者利用未成年人牟取不正当利益；

（十一）其他侵犯未成年人身心健康、财产权益或者不依法履行未成年人保护义务的行为。

中华人民共和国预防未成年人犯罪法

第四十四条　未成年人有下列情形之一的，经专门教育指导委员会评估同意，教育行政部门会同公安机关可以决定将其送入专门学校接受专门教育：

（一）实施严重危害社会的行为，情节恶劣或者造成严重后果；

（二）多次实施严重危害社会的行为；

（三）拒不接受或者配合本法第四十一条规定的矫治教育措施；

（四）法律、行政法规规定的其他情形。

第四十五条　未成年人实施刑法规定的行为、因不满法定刑事责任年龄不予刑事处罚的，经专门教育指导委员会评估同意，教育行政部门会同公安机关可以决定对其进行专门矫治教育。

省级人民政府应当结合本地的实际情况，至少确定一所专门学校按照分校区、分班级等方式设置专门场所，对前款规定的未成年人进行专门矫治教育。

前款规定的专门场所实行闭环管理，公安机关、司法行政部门负责未成年人的矫治工作，教育行政部门承担未成年人的教育工作。

中华人民共和国刑法

第二百六十一条　对于年老、年幼、患病或者其他没有独立生活能力的人，负有扶养义务而拒绝扶养，情节恶劣的，处五年以下有期徒刑、拘役或者管制。

5. 父母如何对未成年子女进行法治教育？

【维权要点】

家庭教育在青少年成长中具有基础的、特殊的、长久的地位和作用。

良好的家庭教育，是每个孩子健康成长至关重要的条件，每一个父母都要认真履行法定职责，积极实施家庭法治教育，努力让家庭成为子女健康成长的港湾。

【典型案例】

唐某与刘某有一个儿子唐某某，刚上初中。学校根据国家普法宣传的需要，制订了在校学生普法计划，并通知了学生家长，希望学生家长配合学校做好学生的法治教育工作。唐某某把学校给家长的通知带回了家里。唐某见了学校的通知，不以为然地说："学法有什么用？现在那些有权的、有钱的，有几个是靠守法上去的？有能耐的不守法，守法的没能耐。法就是用来吓唬那些没能耐的老百姓的。我一辈子老老实实、遵纪守法，到头来还不是一个穷工人？"唐某信口开河说出来的话，却深深地印在了孩子的心里。唐某某把父亲的话和社会上的一些不良现象联系起来，觉得父亲说得很有道理，要做一个有能耐、有出息的人，就不能老老实实、遵纪守法，胆子要大，敢想敢干，才能出人头地。在这种错误观念的左右下，唐某某在学校里便开始胆大妄为，经常把学校里的公物偷偷拿回家里，像灯泡、粉笔等。唐某见了，非但不批评教育孩子，还鼓励唐某某，说他长能耐了，敢干，将来一定有出息。在父亲的鼓励下，唐某某得寸进尺，开始偷同学的东西，从书本、钢笔到零花钱，最后发展到偷老师收取的学生们交的资料费，金额达上千元。老师发现后，立即报了案。经过公安机关的侦查，最终确定是唐某某实施的盗窃行为。在警察的盘问下，唐某某交代了盗窃经过。这件事震惊了学校。唐某某的父母知道这个消息后，后悔不迭，他们没想到自己平时纵容孩子的小偷小摸行为，最终竟然铸成大错。鉴于唐某某尚未成年，依法不承担刑事责任，学校给予唐某某留校察看的处分。但唐某某已无颜继续留在原来的学校读书，被迫转了学。

【法官讲法】

预防未成年人犯罪法第 16 条规定："未成年人的父母或者其他监护人对未成年人的预防犯罪教育负有直接责任，应当依法履行监护职责，树立优良家风，培养未成年人良好品行；发现未成年人心理或者行为异常的，应当及时了解情况并进行教育、引导和劝诫，不得拒绝或者怠于履行监护职责。”家庭教育促进法第14条第1款规定：“父母或者其他监护人应当树立家庭是第一个课堂、家长是第一任老师的责任意识，承担对未成年人实施家庭教育的主体责任，用正确思想、方法和行为教育未成年人养成良好思想、品行和习惯。”家庭教育是教育系统工程中的奠基石，是青少年健康成长的发源地。家庭教育的内容是多方面的，加强家庭法治教育是每一个家长应当认真思考，并予以高度重视的一个课题。应该看到，在家庭教育中，对孩子进行有效的法治教育，让孩子学会遵守人生路上的“红绿灯”，对于孩子的健康成长，不仅是重要的，而且是必需的。我们每一位家长都应当充分认识法治教育在孩子成才中的重要作用。家庭教育作为一种特殊的教育形式，有着学校教育和社会教育所难以替代的作用。在目前家庭教育中，法治教育往往是一个被“遗忘的角落”。据一项调查表明，有80%的少年犯家长从来没有考虑过自己的孩子会走上违法犯罪的道路，只有成为犯人家长时才发觉什么都迟了。因此，我们每一个家长都应牢固树立依法育人的观念，本着对后代、对社会高度负责的态度，积极开展家庭法治教育，促使子女成为学法、懂法、守法、护法的新一代合格人才。

家庭法治教育没有规范的场所课堂，没有一成不变的书本教材，生活就是课堂，生活就是教材。因此，进行家庭法治教育，要相机而教，寓教于日常生活之中，既要讲究方法，更要注重教育实效。在具体方法上，应侧重于以下三个结合：一是家庭法治教育与培养良好习惯相结合。家庭法治教育要从小抓起，从小事抓起，这对孩子的健康成长是非常重要的。家长一定要细心观察孩子的日常表现，发现问题，及时严肃、认真地抓紧教育，做到防微杜渐。二是家庭法治教育与道德教育相结合。违法犯罪与品德不良有密切关系，可以说品德不良是违法犯罪的“前奏”和“信号”。据有关部门统计，在犯罪学生中，有80%的人在校时属于“问题学生”。所以，家长要十分重视对孩子进行文明礼貌、尊老爱幼、诚实守信、与人为善、助人为乐等优秀品德的教育，从而约束和制止不文明、不道德、不守法的行为，培养孩子向上、向善、向美的优良品格。三是家庭法治教育与学校教育相结合。家庭教育是学校教育的延伸，应与学校教育形成互补，只有家庭与学校相互配合，对孩子的教育才会产生一加一大于二的效果。家长应与学校保持经常联系，了解孩子在校情况，从而配合学校抓好对子女的法治教育。

【法条指引】

中华人民共和国预防未成年人犯罪法

第十五条 国家、社会、学校和家庭应当对未成年人加强社会主义核心价值观教育，开展预防犯罪教育，增强未成年人的法治观念，使未成年人树立遵纪守法和防范违法犯罪的意识，提高自我管控能力。

第十六条 未成年人的父母或者其他监护人对未成年人的预防犯罪教育负有直接责任，应当依法履行监护职责，树立优良家风，培养未成年人良好品行；发现未成年人心理或者行为异常的，应当及时了解情况并进行教育、引导和劝诫，不得拒绝或者怠于履行监护职责。

中华人民共和国家庭教育促进法

第十四条 父母或者其他监护人应当树立家庭是第一个课堂、家长是第一任老师的责任意识，承担对未成年人实施家庭教育的主体责任，用正确思想、方法和行为教育未成年人养成良好思想、品行和习惯。

共同生活的具有完全民事行为能力的其他家庭成员应当协助和配合未成年人的父母或者其他监护人实施家庭教育。

6. 父母应当如何处理未成年人智育与德育的关系？

【维权要点】

对孩子的教育必须兼顾智育和德育，两者不可偏废。父母应当关注未成年人的生理、心理状况和行为习惯，以健康的思想、良好的品行和适当的方法教育和影响未成年人，引导未成年人进行有益身心健康的活动。

【典型案例】

王某出生于干部家庭，家庭条件十分优越。本人又聪敏好学，学习成绩在班上一直名列前茅，深得老师的喜爱。王某的父母对他更是百般溺爱，“衣来伸手，饭来张口”，在家里，王某俨然是一个高高在上的“小皇帝”。这种成长环境，使王某表现出严重的以自我为中心的倾向。王某的父母为他报了各种各样的培训班，支付了巨额的费用，力求把王某培养成“琴棋书画”无所不精的全才、同龄人中的佼佼者。但与此同时，却忽视了对王某思想品德和心理健康方面的引导和教育，使王某出现了畸形发展的状态。在学校是各种功课，回到家里又要面对沉重的课外学习任务，王某的心情越来越沉重，精神压力越来越大。看到同龄的孩子都能在课余的时间开心地游戏、玩耍，王某心里有一种说不出的痛苦和不平衡。王某的父母虽然察觉到了王某情绪上的波动和反常，但却没有给予足够的注意。他们仍然逼着王某学更多的东西，一味地在学习和生活上加大投入，而不是从思想上和情感上与王某进行更多的沟通。2021 年 10 月，16 周岁的王某因盗窃他人财物被公安机关逮捕，并被依法判刑。这个消息对王某的父母来说不啻晴天霹雳，他们根本无法接受，同时也震惊了王某的老师、同学和身边的人。谁都没有想到，一个成绩优异的好学生，又出生在那么好的家庭，竟然会去偷东西。王某在法庭上讲述了他偷东西的主观动机，令人难以置信。王某说：“爸爸、妈妈只知道让我学习，同龄人能玩的东西，我一样都不能玩。所以心里特别不舒服。既然父母不会给我买这些东西，我就想到了偷。而且我觉得偷东西一定很刺激，想尝试一下那种感觉。”王某的经历让人感到深深的悲哀。这个悲哀不仅仅属于王某，也属于他的家庭和社会，更让人深省。

【法官讲法】

家庭教育促进法第 14 条第 1 款规定：“父母或者其他监护人应当树立家庭是第一个课堂、家长是第一任老师的责任意识，承担对未成年人实施家庭教育的主体责任，用正确思想、方法和行为教育未成年人养成良好思想、品行和习惯。”孩子的教育主要来源于家庭、学校、社会，但最直接、最具有实际意义的基础性教育来自家庭。这种基础性教育的两个方面就是德育和智育。面对当今的社会经济发展状况，家长们对子女教育的重点不能仅仅放在智育层面，而忽视基础性教育中的另一个重要层面——德育教育。否则，就可能会吞下自酿的苦酒。

在本案中，王某的父母过分溺爱王某，片面地强调王某的智育方面，而忽视了对子女思想品德的教育和心理情感的沟通，导致王某的心理畸形发展，并最终走向了极端，走上了犯罪道路，酿成了恶果。这提醒我们：在市场经济新的形势和环境下，为了子女的健康成长，家长们应当及时地转变教育观念，树立正确的家庭教育观。

首先，从强求孩子“成龙”到先让孩子成人。现在家庭教育的突出问题在于对孩子的期望值太高，一些家长不管孩子的实际情况，不顾孩子的意愿，一个劲儿地把培养目标定位在不切实际的高度。我们认为，家长自己先要调整好心态，要用一颗平常心来了解孩子，正视现实。一是要根据孩子的实际情况来要求孩子，切忌揠苗助长。尊重孩子间的差异，根据年龄和个性特点进行科学引导。二是要树立“三百六十行，行行出状元”的观念。21 世纪，我国既需要发展知识密集型产业，也需要发展各种劳动密集型产业，经济建设和社会发展对人才的要求是多样化的，这是我国的国情和经济社会全面发展的客观要求。社会主义改革开放和现代化建设，为年青一代的成长提供了广阔的舞台。只要他们有为祖国、为人民贡献青春的志向，满腔热情地投入建设祖国的伟大事业中去，认真学习和掌握实践知识与技能，把自己的聪明才智奉献给祖国和人民，就一定能够成长为有用之才。家长的责任在于发现孩子的个性品质、兴趣爱好，并提供适宜的条件使其不断提升。家长的着力点，不是给孩子多少知识，而是要孩子深入体悟知识获取的过程，在学习知识的基础上学会思考、学会创新，掌握做人的准则和生存的本能。

其次，从关心对孩子的物质需求到关注孩子的心灵发展。现在家庭教育特别是对独生子女教育的一个误区就是对孩子过分溺爱，只注重他们的物质要求，而缺少科学的教育。随着人们物质生活水平的提高，有部分中学生出现了生理发育提前与心理成熟滞后的矛盾。在人际关系、学习、自我意识等方面出现了一些心理问题，因而嫉妒、任性、孤僻、焦虑、逆反心理、社交困难、学习不良、吸烟酗酒、自伤自残乃至自杀、犯罪等问题比较突出。家长不仅要关心孩子的物质需求，更重要的应该关心孩子的心灵发展。良好的心理素质是人全面素质中的重要组成部分，是未来人才素质中的一项十分重要的内容。青少年处在身心发展的重要时期，随着生理、心理的发育，竞争压力的增大，社会阅历的扩展及思维方式的变化，在学习、生活、人际交往和自我意识等方面可能会遇到或产生各种心理问题。及时地帮助子女解决这些问题对于培养他们良好的个性心理品质、坚韧不拔的意志、艰苦奋斗的精神，增强适应社会生活的能力，促进心理素质与思想道德、科学文化、身体素质的协调发展具有重要的意义。

教育是一项系统工程，只有加强综合管理，学校、家庭、社会多管齐下，造就有利于青少年学生身心健康发展的家庭环境和社会环境，年青一代才能茁壮成长。

【法条指引】

中华人民共和国家庭教育促进法

第十四条　父母或者其他监护人应当树立家庭是第一个课堂、家长是第一任老师的责任意识，承担对未成年人实施家庭教育的主体责任，用正确思想、方法和行为教育未成年人养成良好思想、品行和习惯。

共同生活的具有完全民事行为能力的其他家庭成员应当协助和配合未成年人的父母或者其他监护人实施家庭教育。

中华人民共和国未成年人保护法

第十五条　未成年人的父母或者其他监护人应当学习家庭教育知识，接受家庭教育指导，创造良好、和睦、文明的家庭环境。

共同生活的其他成年家庭成员应当协助未成年人的父母或者其他监护人抚养、教育和保护未成年人。

第十九条　未成年人的父母或者其他监护人应当根据未成年人的年龄和智力发展状况，在作出与未成年人权益有关的决定前，听取未成年人的意见，充分考虑其真实意愿。

7. 父母应当如何引导未成年人正确地面对网络?

【维权要点】

保护孩子不受网络垃圾毒害最有效的办法是从家庭做起，给孩子创造一个干净的空间，家长应当给予孩子更多的关爱，引导他们接触有益的事物，并采取强制性的措施，让孩子远离网络垃圾。

【典型案例】

徐某是某中学高二年级学生。因学习需要，徐某的父母为他买了一台电脑。看着孩子越来越熟练地使用电脑，徐某的父母十分欣慰。但缺乏电脑知识的他们，却没有想到这背后潜在的危险。没过多久，徐某便开始痴迷于上网聊天、打游戏。徐某的父母发现孩子每天早上起来都十分疲惫，还以为是晚上学习用功所致。一次，徐某在上网的过程中，偶然发现了一个黄色网站，便被网站上的内容所吸引，情不自禁地注册了一个账号，自此便频频地登录这家网站。这家网站不仅提供色情的电影、图片，还将一些色情娱乐场所的信息提供给上网者。尚未成年的徐某禁不住诱惑，按照网站上提供的地点，来到其中的一家夜总会。正当他准备接受夜总会的色情服务时，被突击检查的民警抓获。

【法官讲法】

近年来，世界各地尤其是发达国家的未成年人受网络色情、暴力、赌博等种种网络垃圾影响而导致犯罪的报道屡见报端。在本案中，徐某正是受到网络色情的影响才迈出了危险的一步。在这个过程中，徐某的父母未能正确地监督和引导孩子上网是一个重要的原因。由于未成年人的身心尚不成熟，缺乏有效的辨别和控制能力，面对网络所提供的种种诱惑，如果缺乏正确的引导，他们常常会走入误区，甚至被引上歧途。因此，家庭、学校、社会要主动地引导未成年人上网，提高他们的辨别和选择能力，使他们正确地使用网络，保障未成年人的身心健康成长。

保护孩子不受网络垃圾毒害的最有效办法是从家庭做起，给孩子创造一个干净的空间，让网络垃圾没有市场。未成年人是网络垃圾的最大受害者，特别是缺少家庭关爱的孤独的孩子和对新鲜事物好奇的孩子更容易受到网络垃圾的诱惑。因此，家长一定要给予孩子更多的关爱，引导他们接触有益的事物，向他们讲解网络垃圾的危害。但未成年人毕竟缺少完全克制自己的能力，面对新鲜事物好奇也是不可避免的。在给予未成年人亲情关爱的同时，还必须采取一些强制性措施，如坚决禁止孩子在成人网站上聊天、漫游；禁止孩子与网上的陌生人对话；将上网电脑安放在家庭的公共房间，绝不在未成年人房间里安装上网电脑，以便随时掌握孩子的上网情况，不给他们因好奇而偷偷上成人网站浏览的机会；等等。与此同时，家长还要细心观察孩子的情绪变化，注意随时查看孩子登录过的网站。如果发现孩子经常上网，并出现精神萎靡、离群索居等异常情况，应该予以警惕。及早发现、制止和纠正孩子的不良行为，是防止孩子因网络垃圾而走下坡路和犯罪的有效手段。提供网络垃圾的方式和手段是多种多样的，广大家长们一定要提高警惕，与全社会一道为孩子创造一个安全干净的空间，不给那些依靠网络欺骗未成年人和牟取暴利的人以可乘之机，保护好孩子，保护好人类的未来。

同时，国家、社会、学校和家庭应当加强未成年人网络素养宣传教育，培养和提高未成年人的网络素养，增强未成年人科学、文明、安全、合理使用网络的意识和能力，保障未成年人在网络空间的合法权益。网信部门及其他有关部门应当加强对未成年人网络保护工作的监督检查，依法惩处利用网络从事危害未成年人身心健康的活动，为未成年人提供安全、健康的网络环境。

【法条指引】

中华人民共和国未成年人保护法

第十五条　未成年人的父母或者其他监护人应当学习家庭教育知识，接受家庭教育指导，创造良好、和睦、文明的家庭环境。

共同生活的其他成年家庭成员应当协助未成年人的父母或者其他监护人抚养、教育和保护未成年人。

第二十条　未成年人的父母或者其他监护人发现未成年人身心健康受到侵害、疑似受到侵害或者其他合法权益受到侵犯的，应当及时了解情况并采取保护措施；情况严重的，应当立即向公安、民政、教育等部门报告。

第五十条　禁止制作、复制、出版、发布、传播含有宣扬淫秽、色情、暴力、邪教、迷信、赌博、引诱自杀、恐怖主义、分裂主义、极端主义等危害未成年人身心健康内容的图书、报刊、电影、广播电视节目、舞台艺术作品、音像制品、电子出版物和网络信息等。

第六十四条　国家、社会、学校和家庭应当加强未成年人网络素养宣传教育，培养和提高未成年人的网络素养，增强未成年人科学、文明、安全、合理使用网络的意识和能力，保障未成年人在网络空间的合法权益。

第六十六条　网信部门及其他有关部门应当加强对未成年人网络保护

工作的监督检查，依法惩处利用网络从事危害未成年人身心健康的活动，为未成年人提供安全、健康的网络环境。

8. 父母应当如何处理未成年人的早恋问题？

【维权要点】

早恋是指未成年男女过早建立恋爱关系的行为。早恋不同于一般的不良行为，要考虑未成年人心理特点进行教育开导，不应用简单粗暴的方式干涉孩子与异性的交往，使未成年人产生逆反心理走向极端。

【典型案例】

江某是某中学学生。16周岁的她正值花季，漂亮、活泼的她在学校有许多的崇拜者。从高一下学期开始，她开始与男孩张某交往，起初只是在一起聊天、打球之类的，后来一起逛街、看电影、蹦迪，在学校里也是出双入对，俨然一对亲密的小恋人。班主任发现这个情况后，找了江某谈话。但江某说两人只是一般朋友，仍然我行我素。老师将江某的情况通知了家长。江某的父母大为震惊，他们把江某狠狠地责骂了一顿，严令江某以后不许和那个男生交往。江某感到十分气愤，认为父母在干涉自己的个人生活，不尊重自己。她断然拒绝了父母的要求。江某的父母情急之下，把江某锁在了家里，不许她去上学。江某打电话叫来男孩张某，在他的帮助下逃了出去，两个人一起离家出走了。

【法官讲法】

早恋是指未成年男女过早建立恋爱关系的行为。年龄在18周岁以下的青少年谈恋爱，属于早恋行为，是不可取的。青少年早恋行为有以下几个特点：(1) 朦胧性。早恋的青少年对于早恋关系的发展结局并不明确。他们主要是渴望与异性单独接触，但是对未来组建家庭、如何处理恋爱关系和学业关系、如何区别友谊和爱情都缺乏明确的认识。(2) 矛盾性。有早恋关系的青少年内心也充满了矛盾，既想接触又怕被人发现，早恋的过程中愉快和痛苦并存。(3) 变异性。早恋关系是一种充满变化、极不稳定的感情关系。青少年之间一对一的早恋关系缺乏持久性，一般不会持续很长时间。(4) 差异性。青少年的早恋行为具有明显的差异性。在行为方式上，有的青少年的早恋行为十分隐蔽，通过书信、电话等方式来传递感情，但也有的青少年很公开，在许多场合出双入对，俨然一对情侣。在关系程度上，大多数有早恋关系的青少年的主要活动是在一起聊天，交流隐秘的感情，从人际关系来看，还没有超出正常的关系。有的则关系发展得很深，除了谈论感情以外，甚至发生性关系。在年龄喜好上，女孩喜欢比自己年龄大的、比较成熟的男性。在年龄相当时，多半是女孩采取主动。男孩喜欢年龄比自己小的女孩，在交往中体现自己的阳刚之气。

在本案中，江某始终不承认自己有早恋行为，但她与男生的交往已经表现出了早恋的趋势，超出了一般朋友的关系，即便现在还不是早恋，但很可能会向早恋的方向发展。在这种情况下，学校和家长采取教育措施是正确的，也是履行法律赋予的教育职责。但江某的父母所采取的教育方式无疑是错误的。他们以责骂、软禁的方式来阻止孩子早恋，非但达不到预期的目的，反倒适得其反，促使孩子在早恋的道路上越走越远。江某和男生的离家出走与他们这种简单粗暴的教育方式有着直接的关系。面对未成年人的早恋问题，作为父母，一方面，要考虑到未成年人的心理特点，采取正确的方式进行教育和疏导，向他们指明未成年人之间产生爱慕之情的性质和原因，告诉他们如果任这种不成熟的感情发展下去，可能导致的不良后果。切忌用简单粗暴的方式干涉孩子与异性的交往，伤害孩子的自尊心，使未成年人产生逆反心理，走向极端。另一方面，家长应当与学校密切配合，协调一致，稳妥慎重地共同做好未成年人的教育工作，而不能凭一时之气，草率地处理问题。早恋固然不利于未成年人身心的健康成长和学业的进步，但它的起因是未成年人青春期的生理和心理变化，不能将早恋和未成年人的不良思想品行画等号。所以，早恋不同于一般的不良行为，在处理时要区别对待。

【法条指引】

中华人民共和国未成年人保护法

第十五条　未成年人的父母或者其他监护人应当学习家庭教育知识，接受家庭教育指导，创造良好、和睦、文明的家庭环境。

共同生活的其他成年家庭成员应当协助未成年人的父母或者其他监护

人抚养、教育和保护未成年人。

第十九条 未成年人的父母或者其他监护人应当根据未成年人的年龄和智力发展状况，在作出与未成年人权益有关的决定前，听取未成年人的意见，充分考虑其真实意愿。

第三十条 学校应当根据未成年学生身心发展特点，进行社会生活指导、心理健康辅导、青春期教育和生命教育。

中华人民共和国家庭教育促进法

第十八条 未成年人的父母或者其他监护人应当树立正确的家庭教育理念，自觉学习家庭教育知识，在孕期和未成年人进入婴幼儿照护服务机构、幼儿园、中小学校等重要时段进行有针对性的学习，掌握科学的家庭教育方法，提高家庭教育的能力。

第十九条 未成年人的父母或者其他监护人应当与中小学校、幼儿园、婴幼儿照护服务机构、社区密切配合，积极参加其提供的公益性家庭教育指导和实践活动，共同促进未成年人健康成长。

9. 学校以残疾为由拒收符合录取条件的学生，是否合法?

【维权要点】

在我国，残疾人在政治、经济、文化、社会和家庭等方面享有同其他公民平等的权利。国家和社会帮助安排盲、聋、哑和其他有残疾的公民的劳动、生活和教育。因此，任何学校都不能以残疾为由拒收符合录取条件的学生。

【典型案例】

15 周岁的史某是一名品学兼优的初三学生。小时候的一场车祸，造成其腿部残疾，经治疗康复后，生活完全可以自理。初三毕业时，史某报考了某中专院校，中考成绩出来时，她的成绩高出录取分数线 50 分，因此她耐心地等待学校的录取通知书。但随着时间的推移，各校录取工作都已接近尾声，同史某一起报考该校的同学，分数比她低的都拿到了录取通知书。眼看就要开学了，史某依然未收到录取通知书，于是她和父亲来到学校询问原因，学校的答复是：虽然史某成绩很好，但因为她腿部有残疾，不太适合在正规学校就读，应到专门的残疾人学校去学习；另外，将来工作分配也是问题，因此学校不予录取。史某的父亲认为，史某虽然腿部有残疾，但生活完全能够自理，完全可以在正规非残疾人学校就读；同时，以后找工作，工作单位看重的是实际能力，残疾不是根本的决定因素，学校以此为由不予录取是没有任何根据的。因此，史某的父亲找到有关部门，要求对此事进行处理。

【法官讲法】

我国宪法中不仅明确规定了残疾人在政治、经济、文化、社会和家庭生活等方面享有同其他公民平等的权利，还在某些方面对残疾人给予特殊照顾。宪法第45条第3款规定："国家和社会帮助安排盲、聋、哑和其他有残疾的公民的劳动、生活和教育。"教育法第10条第3款规定："国家扶持和发展残疾人教育事业。"第39条规定："国家、社会、学校及其他教育机构应当根据残疾人身心特性和需要实施教育，并为其提供帮助和便利。"职业教育法把残疾人职业教育作为职业教育的一个部分对待。其中，第10条第4款规定："国家采取措施，组织各类转岗、再就业、失业人员以及特殊人群等接受各种形式的职业教育，扶持残疾人职业教育的发展。"第18条第1款规定："残疾人职业教育除由残疾人教育机构实施外，各级各类职业学校和职业培训机构及其他教育机构应当按照国家有关规定接纳残疾学生，并加强无障碍环境建设，为残疾学生学习、生活提供必要的帮助和便利。"另外，残疾人保障法第22条明确规定了残疾人教育的发展方针："残疾人教育，实行普及与提高相结合、以普及为重点的方针，保障义务教育，着重发展职业教育，积极开展学前教育，逐步发展高级中等以上教育。"第25条规定："普通教育机构对具有接受普通教育能力的残疾人实施教育，并为其学习提供便利和帮助。普通小学、初级中等学校，必须招收能适应其学习生活的残疾儿童、少年入学；普通高级中等学校、中等职业学校和高等学校，必须招收符合国家规定的录取要求的残疾考生入学，不得因其残疾而拒绝招收；拒绝招收的，当事人或者其亲属、监护人可以要求有关部门处理，有关部门应当责令该学校招收。普通幼儿教育机构应当接收能适应其生活的残疾幼儿。"第26条规定："残疾幼儿教育机构、普通幼儿教育机构附设的残疾儿童班、特殊教育机构的学前班、残疾儿童福利机构、残疾儿童家庭，对残疾儿童实施学前教育。初级中等以下特殊教育机构和普通教育机构附设的特殊教育班，对不具有接受普通教育能力的残疾儿童、少年实施义务教育。高级中等以上特殊教育机构、普通教育机构附设的特殊教育班和残疾人职业教育机构，对符合条件的残疾人实施高级中等以上文化教育、职业教育。提供特殊教育的机构应当具备适合残疾人学习、康复、生活特点的场所和设施。”以上这些法律规定既体现了国家对残疾人受教育权的重视，同时又有力地保护了残疾儿童、少年接受义务教育的权利，为我国残疾儿童受教育权利的实现提供了重要的法律依据。

本案中，史某虽然腿部有残疾，但其在生活上完全能够自理，因此能够适应该校的学习生活。史某中考成绩高出录取分数线50分，其条件符合国家规定的录取标准，而该中专学校却以她腿部有残疾为由不予录取，这一行为侵害了史某的受教育权，是严重的违法行为。依照残疾人保障法、教育法等法律的有关规定，史某的父亲向有关部门反映此事后，有关部门应当责令该学校招收史某。史某也有权请求司法救济。

【法条指引】

中华人民共和国教育法

第九条 中华人民共和国公民有受教育的权利和义务。

公民不分民族、种族、性别、职业、财产状况、宗教信仰等，依法享有平等的受教育机会。

第十条 国家根据各少数民族的特点和需要，帮助各少数民族地区发展教育事业。

国家扶持边远贫困地区发展教育事业。

国家扶持和发展残疾人教育事业。

第三十九条 国家、社会、学校及其他教育机构应当根据残疾人身心特性和需要实施教育，并为其提供帮助和便利。

中华人民共和国职业教育法

第十条 国家采取措施，大力发展技工教育，全面提高产业工人素质。

国家采取措施，支持举办面向农村的职业教育，组织开展农业技能培训、返乡创业就业培训和职业技能培训，培养高素质乡村振兴人才。

国家采取措施，扶持革命老区、民族地区、边远地区、欠发达地区职业教育的发展。

国家采取措施，组织各类转岗、再就业、失业人员以及特殊人群等接受各种形式的职业教育，扶持残疾人职业教育的发展。

国家保障妇女平等接受职业教育的权利。

第十八条　残疾人职业教育除由残疾人教育机构实施外，各级各类职业学校和职业培训机构及其他教育机构应当按照国家有关规定接纳残疾学生，并加强无障碍环境建设，为残疾学生学习、生活提供必要的帮助和便利。

国家采取措施，支持残疾人教育机构、职业学校、职业培训机构及其他教育机构开展或者联合开展残疾人职业教育。

从事残疾人职业教育的特殊教育教师按照规定享受特殊教育津贴。

中华人民共和国残疾人保障法

第二十二条　残疾人教育，实行普及与提高相结合、以普及为重点的方针，保障义务教育，着重发展职业教育，积极开展学前教育，逐步发展高级中等以上教育。

10. 学校擅自篡改高考志愿，侵犯了学生的何种权利？

【维权要点】

公民对教育形式和教育内容具有选择权，这就是学生的教育选择权。任何单位或个人不得剥夺学生的教育选择权。

【典型案例】

2007 年 7 月，原告王某在某市高中参加高考，成绩是 481 分，当年的中专录取分数线是 452 分。在填报志愿时，他第一志愿填报了某省银行学校金融管理专业，但当年 9 月底却收到了某煤炭工业学校火工专业的录取通知书。当时他找到学校老师询问，一位老师告诉他是“调剂录取”的结果。王某虽有些疑惑和不满，但害怕如果不去报到，会被取消第二年的高考资格，便到煤炭工业学校报到就学。完成学业参加工作后，王某先后多次调动工作单位，越来越感到专业不对口，后来下岗，靠打工、做小生意维持生计。面对工作和生活的失意，他常常回想起那次改变自己人生命运的高考录取。2021 年 7 月，王某通过大量调查，复印了当年的“高考志愿表”，经核对笔迹，发现这份志愿表确实是当年的班主任老师张某所填写的。他感到老师私自改动学生高考志愿的行为，是对自己受教育权利的漠视和侵害，便于同年 10 月 17 日将张某、某市教育体育局、某市高中、某市教育局告上法庭。某市法院决定立案，但王某后来撤诉。

【法官讲法】

本案虽然以原告王某撤诉告终，但该案从实体上涉及的是学生对教育类型的选择权。公民对教育形式和教育内容应当具有一定的选择权利，只不过在不同的教育阶段，选择权的内容不同。

具体如下：(1) 在义务教育阶段，公民对教育的选择权。公民的选择权主要是对学校种类的选择。对于是否接受九年义务教育方面的问题，没有选择的权利。能够选择的只是对进入公办学校学习还是民办学校学习的问题。前者指由政府投资举办并任命学校的管理人员和教师，对学生实行免费教育的学校。后者指由社会团体或个人等投资举办并聘任管理人员和教师，对学生实行收费教育的学校。民办学校作为政府办学的一个补充力量，主要是满足高收入家庭的特殊需要而发展起来的。这些学校在教育设施、艺术教育条件、学生的生活条件等方面一般都能提供公立学校所不能提供的条件。国家实行免费教育的主要目的是使普通家庭的未成年人能够实现接受基础教育的权利，那么，对于高收入的家庭来讲，他们自愿放弃可以享受的免费教育，而到民办学校交费完成义务教育，这对国家，对其他人都是有利而无害的事情。联合国《儿童权利公约》规定，父母有权利为未成年人选择受教育的形式和学校的种类。我国政府对高收入家庭的这种选择也是不作任何限制的。但是，对于学校类型的选择应当是建立在完全自愿和与当地市民经济支付能力相适应的基础上。(2) 在非义务教育阶段，公民对教育的选择权。对于非义务教育，主要涉及学校、专业、学习课程等选择。这种选择与学生的个人兴趣、特长和就业的考虑密切相关。

同时，选择权利的行使也与学校所能提供的专业、课程设置紧密相连。所以，学校应当在制定专业设置、教学计划、师资配备等工作中，尽量为学生实现选择自由创造一定的条件。(3) 学生与家长教育选择权利的协调问题。教育选择，既涉及学生本人的学习能力和特长，也涉及学生家长的经济支付能力问题。一般认为，对于未成年学生，主要由其监护人行使选择权利；对于成年学生，应当由学生本人和家长共同行使。学校应当承认监护人具有进行选择的权利。从《世界人权宣言》第26条的规定、《经济、社会及文化权利国际公约》第13条的规定以及《取缔教育歧视公约》第5条的规定来看，都特别强调，父母或法定监护人对未成年学生的教育选择权应当得到尊重。因为在义务教育阶段，对于公办学校和民办学校的选择，主要涉及教育费用的支付问题，所以，学生的监护人可以为学生进行选择。但同时《儿童权利公约》也强调，对于涉及与儿童利益有关的问题应当充分考虑并尊重儿童的意见。特别是在非义务教育阶段，一般都是已经完成义务教育以后，年龄在16周岁以上的人，他们已经具备了完全的表达能力，在接受何种教育形式或者选择专业方向方面，学生本人应当具有一定的教育选择权利。当家长与学生本人的意见不一致时，应当以谁的意见为准呢？我国在这方面没有直接的法律依据，但是作为参考的有：一是民法典规定，年满8周岁的未成年人为限制民事行为能力人，可以独立实施与其年龄、智力相适应的民事法律行为；二是审理夫妻离婚的案件中，在确定未成年人的抚养问题时，对于8周岁以上的未成年人，应当尊重其真实意愿；三是我国签署承认的《儿童权利公约》第12条规定，缔约国应确保有主见能力的儿童有权对影响到其本人的一切事项自由发表自己的意见，对儿童的意见应按照其年龄和成熟程度给以适当看待。为此目的，儿童应有机会在影响到儿童的任何司法和行政诉讼中，以符合国家法律的诉讼规则的方式，直接或通过代表或适当机构陈述意见。因此，我们可以推定，对于已经完成义务教育，具有一定见解和表达能力的学生，他们选择教育形式和专业方向等问题的权利应当得到学校和监护人的尊重。

本案中，班主任老师未经王某同意，擅自篡改王某的高考志愿，即是对王某教育选择权的一种侵害。

【法条指引】

中华人民共和国民法典

第十九条 八周岁以上的未成年人为限制民事行为能力人，实施民事法律行为由其法定代理人代理或者经其法定代理人同意、追认；但是，可以独立实施纯获利益的民事法律行为或者与其年龄、智力相适应的民事法律行为。

11. 学校不让差生进课堂，侵犯了学生的哪项权利？

【维权要点】

受教育权，是指公民依照法律的规定，享有接受教育的资格。广义上的受教育权是指公民接受各种类型、各种形式的教育的权利。而狭义上的受教育权则是指公民享有在全日制学校接受学历教育的权利。受教育权包括学生参与教学活动的权利和获得公正评价的权利。

【典型案例】

某中学是一所省级示范高中，孩子们都以能上这所学校为荣。2020 年该中学初中部招生时有相当一部分学生是电脑派位进来的，学习成绩参差不齐。当年初中部招了 6 个班，每个班的学生都有八九十人。张老师担任初二（1）班的班主任。2021 年 10 月，张老师让全班同学无记名投票选举出班里的 9 名“差生”。自从“差生”选出来后，这些学生就被“剥夺”上课权利一周至一个多月不等。用张老师的话说：“我无权不让你上学，但有权不让你上课！”“差生”们虽每天按时到校，但到了学校就被老师轰进杂物间，中午和晚上依然和其他同学一样放学回家。张老师抓英语，要求学生背单词，背不下来就罚站，解决不了问题，张老师便开始打骂学生，而且不分场合。

【法官讲法】

本案中，某中学的做法侵犯了学生的受教育权。受教育权是指公民依照法律的规定，享有接受教育的资格。广义上的受教育权是指公民接受各种类型、各种形式的教育的权利。而狭义上的受教育权则是指公民享有在全日制学校接受学历教育的权利。受教育权包括学生参与教学活动的权利和获得公正评价的权利。教育法第 43 条规定："受教育者享有下列权利：（一）参加教育教学计划安排的各种活动，使用教育教学设施、设备、图书资料；（二）按照国家有关规定获得奖学金、贷学金、助学金；（三）在学业成绩和品行上获得公正评价，完成规定的学业后获得相应的学业证书、学位证书；（四）对学校给予的处分不服向有关部门提出申诉，对学校、教师侵犯其人身权、财产权等合法权益，提出申诉或者依法提起诉讼；（五）法律、法规规定的其他权利。"上述权利是保证学生完成学习任务所必需的。依照该项权利，学校有义务提供相应的条件保证学生实现参加教育教学活动的权利；学校也有义务建立客观公正的评价标准和体制，对学生的学习成绩和品行给予公正的评价；在学生经过学习达到学校规定的毕业和授予学位的条件时，学校有义务为学生颁发毕业证书和学位证书。

【法条指引】

中华人民共和国教育法

第四十三条　受教育者享有下列权利：

（一）参加教育教学计划安排的各种活动，使用教育教学设施、设备、图书资料；

（二）按照国家有关规定获得奖学金、贷学金、助学金；

（三）在学业成绩和品行上获得公正评价，完成规定的学业后获得相应的学业证书、学位证书；

（四）对学校给予的处分不服向有关部门提出申诉，对学校、教师侵犯其人身权、财产权等合法权益，提出申诉或者依法提起诉讼；

（五）法律、法规规定的其他权利。

12. 学生未交集资费，学校能否因此拒绝其入学？

【维权要点】

根据义务教育法的规定，国家、社会、学校有保障适龄儿童、少年实现义务教育的权利。没有正当理由，任何学校都不得拒绝接受适龄儿童、少年就学。凡年满6周岁的儿童，不分性别、民族、种族，应当入学接受规定年限的义务教育。学校不能因学生未交集资费而拒绝其入学。学校及其他教育机构违反国家有关规定向受教育者收取费用的，由教育行政部门或者其他有关行政部门责令退还所收费用；对直接负责的主管人员和其他直接责任人员，依法给予处分。

【典型案例】

楚某已经6周岁，正是上小学接受义务教育的年龄。可当楚某的父母带着楚某到其所在区的学校报名时，却被告知要交3000元集资费方能入学。理由是现在学校正在建造新的教学大楼，因学生在新楼建好后就是受益者，因此每位入学的学生都要交纳集资费，支援学校建设，学生小学毕业时，这笔钱会如数返还给家长。楚某父母所在工厂的效益不好，交纳这笔钱十分困难。于是，他们又到附近的一所小学打听，该小学不用交纳集资费。但当他们提出让楚某在此就读时，学校却说要交纳跨学区的借读费6000元。最后，楚某的父母找到当地教育局，要求给予解决。

【法官讲法】

义务教育是国家统一实施的所有适龄儿童、少年必须接受的教育，是国家必须予以保障的公益性事业。义务教育，不收学费、杂费。国家建立义务教育经费保障机制，保证义务教育制度实施。

权利的实现依赖相对人义务的实际履行。学生受教育权利的实现程度，同样依赖于承担教育义务的人履行义务的程度。学生受教育权的实现，既需要受教育者本人的积极努力，更需要义务人认真履行义务。学校是保证义务教育制度、实现学生受教育权利的主要机构。学校的核心义务是为学生提供符合国家规定的教育服务。依据教育法第30条规定，学校的具体义务包括：（1）遵守法律、法规；（2）贯彻国家的教育方针，执行国家教育教学标准，保证教育教学质量；（3）维护受教育者、教师及其他职工的合法权益；（4）以适当方式为受教育者及其监护人了解受教育者的学业成绩及其他有关情况提供便利；（5）遵照国家有关规定收取费用并公开收费项目；（6）依法接受监督。所有的义务都围绕着一个中心，完成国家授权、委托的教育任务，实现学生的受教育权。为了履行上述义务，学校必须与符合入学条件的学生建立教育法律关系，履行教育教学任务的各项义务；在依法管理学生的工作中，保障学生的合法权利；对完成规定学习任务并达到规定要求的学生授予相应的证书，保证学生受教育权的实现。义务教育法第25条规定：“学校不得违反国家规定收取费用，不得以向学生推销或者变相推销商品、服务等方式谋取利益。”教育法第78条规定：“学校及其他教育机构违反国家有关规定向受教育者收取费用的，由教育行政部门或者其他有关行政部门责令退还所收费用；对直接负责的主管人员和其他直接责任人员，依法给予处分。”本案中，楚某属于适龄儿童，其在自己户口所在地的辖区内小学入学是完全符合条件的，而学校拒绝接收的理由是他的父母没有能力交纳集资费3000元。义务教育法明确规定，实施义务教育，不收学费、杂费。学校要求交纳集资费系违反国家规定收取的费用，是违法的。所以教育行政部门应对此进行处理，责令学校接收楚某入学，并对学校有关责任人员进行处理。必要时，楚某及其父母也可寻求司法救济。

【法条指引】

中华人民共和国教育法

第三十条　学校及其他教育机构应当履行下列义务：

（一）遵守法律、法规；

（二）贯彻国家的教育方针，执行国家教育教学标准，保证教育教学质量；

（三）维护受教育者、教师及其他职工的合法权益；

（四）以适当方式为受教育者及其监护人了解受教育者的学业成绩及其他有关情况提供便利；

（五）遵照国家有关规定收取费用并公开收费项目；

（六）依法接受监督。

第七十八条　学校及其他教育机构违反国家有关规定向受教育者收取费用的，由教育行政部门或者其他有关行政部门责令退还所收费用；对直接负责的主管人员和其他直接责任人员，依法给予处分。

中华人民共和国义务教育法

第二条 国家实行九年义务教育制度。

义务教育是国家统一实施的所有适龄儿童、少年必须接受的教育，是国家必须予以保障的公益性事业。

实施义务教育，不收学费、杂费。

国家建立义务教育经费保障机制，保证义务教育制度实施。

第三条 义务教育必须贯彻国家的教育方针，实施素质教育，提高教育质量，使适龄儿童、少年在品德、智力、体质等方面全面发展，为培养有理想、有道德、有文化、有纪律的社会主义建设者和接班人奠定基础。

第四条 凡具有中华人民共和国国籍的适龄儿童、少年，不分性别、民族、种族、家庭财产状况、宗教信仰等，依法享有平等接受义务教育的权利，并履行接受义务教育的义务。

第五条 各级人民政府及其有关部门应当履行本法规定的各项职责，保障适龄儿童、少年接受义务教育的权利。

适龄儿童、少年的父母或者其他法定监护人应当依法保证其按时入学接受并完成义务教育。

依法实施义务教育的学校应当按照规定标准完成教育教学任务，保证教育教学质量。

社会组织和个人应当为适龄儿童、少年接受义务教育创造良好的环境。

第十二条 适龄儿童、少年免试入学。地方各级人民政府应当保障适龄儿童、少年在户籍所在地学校就近入学。

父母或者其他法定监护人在非户籍所在地工作或者居住的适龄儿童、少年，在其父母或者其他法定监护人工作或者居住地接受义务教育的，当地人民政府应当为其提供平等接受义务教育的条件。具体办法由省、自治区、直辖市规定。

县级人民政府教育行政部门对本行政区域内的军人子女接受义务教育予以保障。

第二十五条 学校不得违反国家规定收取费用，不得以向学生推销或者变相推销商品、服务等方式谋取利益。

13. 学校强迫学生开智障者证明留级，侵犯了学生的何种权利？

【维权要点】

依法保障未成年人受教育的权利是各级各类学校以及教育机构的基本职责，也是学校保护的基本内容。根据义务教育法等法律法规的规定，学生必须按规定年限接受完九年义务教育，不允许留级现象的发生。

【典型案例】

李某是某小学二年级学生。2019 年 7 月，由于学习成绩不好，学校将其留级。2020 年 7 月，学校以同样的理由，拟再次将其留级。校长让李某的父母来到学校，建议他们给李某开一份智障者证明，这样学校可以让李某不再留级，顺利毕业。李某的父母认为孩子智力没有问题，不需要开弱智证明，这种做法是对李某的侮辱，于是李某再次留级。2021 年 7 月，李某的期末成绩还是很不好，父母没有办法只好为李某开了一份智障者证明。后来才知道开智障者证明后，李某将失去学籍，课本、考试等都没有保障并且以后将无法升入初中。由于连续两年留级，经常被老师、同学取笑贬损，李某变得越来越孤僻、沉默寡言，上课也经常迟到。当李某迟到时，老师就让其站在教室外边不让上课。由于遭受了一系列的打击，最终导致李某精神分裂。李某的父母向法院提起诉讼，认为学校严重侵犯了李某的受教育权，要求学校赔偿李某的医疗费、护理费及精神损失费等。

【法官讲法】

本案中，学校的做法明显是一种教育歧视的行为，侵犯了李某平等接受教育的权利。受教育权应当包括五项内容：平等地接受教育的权利、参加学校教学活动并获得公正评价的权利、获得物质帮助的权利、在一定条件下选择教育形式和机构的权利、受教育权受到非法侵犯时请求法律救济的权利。学生享有平等的受教育权是宪法上公民的平等权在接受教育领域的具体反映。由于受经济条件的限制，在不同的教育阶段，平等接受教育权的具体内容也是有所区别的。在我国，教育可以分为两个阶段：一是义务教育阶段；二是非义务教育阶段。

其一，义务教育阶段的教育平等问题。在义务教育阶段，政府应当保证其设立的学校为所有学生提供的教育年限、学习的课程、合格教师的数量应当是相同的。不能因为地区经济的差异、民族的差异，在义务教育的年限和学习的课程、完成教学任务的教师的基本条件等方面有所不同。

当然，不同地区的教育条件不同，这是客观的事实，所谓教育条件平等只能是相对的，而教育条件的差异则是在相当长的一段时期内不能完全消灭的。但是，我们必须尽一切努力缩小这种差距。至少各地政府应当保证本地区的学龄儿童，在实现义务教育的年限上，开设的课程与国家规定实行九年义务教育的基本条件保持一致，不能以地方财政支付困难为由，缩短义务教育的年限或者减少国家规定义务教育应当开设的课程。政府必须保证有足够的公立小学和初中学校，保证所有的学龄儿童都能够有机会享有免费的义务教育。不能为了节省教育经费的开支，仅设立很少的公立学校为贫困儿童提供义务教育，而使有一定经济收入家庭的儿童不得不到私立学校学习。在义务教育阶段，学校类型的选择，应当是学生及监护人的自由，而不应当是一种无奈的选择。有些地方出现所谓公立学校的民办班级，把优秀的教师集中到民办班级实行收费教育，而把免费教育的班级作为训练教师的场所，使得不同经济条件的学生接受不同质量的教育。这些现象表面上是学校滥收费的问题，但实质上侵犯了学生要求得到平等教育条件的权利。所以，国家应当在行政上、财政制度上，考虑不同地区的学生特别是经济欠发达地区的学生能够实际享有平等的受教育条件的问题，逐步缩小地区间义务教育条件方面的差异。不同的社会和家庭背景，不同天资条件的人在教育过程中都应当受到社会、学校和教师的同等对待，享受符合其能力发展的教育，获得平等的教育机会。

其二，非义务教育阶段的教育平等问题。非义务教育是指义务教育以外的各种教育制度。尽管各国非义务教育的内容、年限不同，但一般都包括高级中学教育、职业教育、专科技术教育、高等教育。非义务教育阶段具有两个特征：一是学生是通过选拔才能获得受教育的机会，选拔的方式不同，但主要的标准是学生本人的学习成绩；二是学生本人和其家庭都必须承担一定的学习费用。在这一阶段所谓教育平等的权利主要体现为竞争机会平等和成功机会平等。所谓竞争机会平等，是要求国家在建立非义务教育入学资格的选拔条件时，应当坚持客观性，除了“学习能力和完成学习所必须具备的身体条件”以外，不应当有其他的限制条件。比如，民族、种族、性别、家庭经济条件、宗教信仰等方面的限制。学生能否获得入学资格取决于学生本人是否具备完成该种教育所必需的基本能力。所谓成功机会平等，主要指学校在对待学生的学业成绩，在确定学生能否毕业和获得相应学位等方面，应当坚持标准的客观性，而不应当有其他的限制条件；社会在向学生提供就业机会方面，同样应当根据学生的实际能力进行考察和选拔，对不同种族和性别的学生应当一视同仁，使学生获得平等的成功机会。特别是禁止学校和社会歧视有色人种或少数民族，或女性学生，使他们不能在成功机会方面获得平等的权利。在我国，对少数民族在就业等方面都有相应的优惠政策，所谓成功机会不平等的问题，最主要表现在女学生在就业方面比同等条件的男学生更困难。由上述可见，依法保障未成年人受教育的权利是各级各类学校以及教育机构的基本职责，也是学校保护的基本内容。

在本案中，李某由于学习成绩差连续两年留级。根据义务教育法等法律、法规的规定，学生必须按规定年限接受完九年义务教育，根本不允许留级现象的发生。学校为了整体成绩，便强迫学生开智障者证明，使学生失去学籍，课本、考试等都无法保障。而且没有学籍将无法升入初中，这严重侵犯了学生接受义务教育的权利。同时，在本案中，学校、老师对李某实行歧视待遇，对李某最终患精神分裂症是有一定过错的，学校应承担相应的民事责任。另外，学校为了惩罚不遵守纪律的学生，为了维持其他同学的上课秩序，不让迟到学生进入教室听课是错误的。学生犯错误，老师给予批评教育是合理的、应该的，但因为学生有过错，就将学生赶出教室，限制学生上课，则构成了侵害未成年人受教育权的违法行为。综上所述，本案中学校的一系列行为都严重侵犯了李某的受教育权，而且最终导致其精神分裂，应当承担赔偿责任。

【法条指引】

中华人民共和国教育法

第九条　中华人民共和国公民有受教育的权利和义务。

公民不分民族、种族、性别、职业、财产状况、宗教信仰等，依法享有平等的受教育机会。

第四十三条 受教育者享有下列权利：

（一）参加教育教学计划安排的各种活动，使用教育教学设施、设备、图书资料；

（二）按照国家有关规定获得奖学金、贷学金、助学金；

（三）在学业成绩和品行上获得公正评价，完成规定的学业后获得相应的学业证书、学位证书；

（四）对学校给予的处分不服向有关部门提出申诉，对学校、教师侵犯其人身权、财产权等合法权益，提出申诉或者依法提起诉讼；

（五）法律、法规规定的其他权利。

中华人民共和国义务教育法

第四条 凡具有中华人民共和国国籍的适龄儿童、少年，不分性别、民族、种族、家庭财产状况、宗教信仰等，依法享有平等接受义务教育的权利，并履行接受义务教育的义务。

第九条第一款 任何社会组织或者个人有权对违反本法的行为向有关国家机关提出检举或者控告。

第二十九条 教师在教育教学中应当平等对待学生，关注学生的个体差异，因材施教，促进学生的充分发展。

教师应当尊重学生的人格，不得歧视学生，不得对学生实施体罚、变相体罚或者其他侮辱人格尊严的行为，不得侵犯学生合法权益。

14. 学校没办准考证致使学生未能参加中考，应否承担赔偿责任？

【维权要点】

受教育权本身并不具有财产内容，但是，当受教育权受到侵犯以后，也会导致受害人财产上的损失。而且受教育权是对公民一生影响重大的权利，一旦丧失机会，受害人在精神方面的痛苦是巨大的。对受害人前途的影响、经济收入的影响，是无法用金钱来计算的。法院可根据具体案件的情况，就受害人的精神损害赔偿确定一个适当的范围。

【典型案例】

2021 年 6 月 24 日上午，中考首科语文考试前 20 分钟，罗某的班主任依次给学生发准考证，但却没有罗某的准考证。教导主任忙打电话到市教育局查询，结果计算机里根本没有罗某的名字，连志愿表都没有。罗某被硬生生挡在了考场外。她只得选择复读，但因思想包袱太重，几次晕倒在操场、教室。最后她只好到外地求学。“尽管我本不想把母校推上法庭，但如果我宽恕了他们，就将一步步毁灭了自己。”罗某说，她不能让学校再发生类似的荒唐事了。罗某以考试权和受教育权受到侵犯为由，将某中学告上法庭，要求其退还当年中考有关费用并赔偿精神损害抚慰金3万元。

2022年5月，法院经审理判定，由于某中学工作疏忽未给罗某办理准考证，致使罗某失去了2021年上高中接受教育的机会，构成了对罗某受教育权的侵害，使她精神上受到一定伤害，某中学应退还罗某考试报名费、考试住宿费，并赔偿罗某精神损害抚慰金1万元。

【法官讲法】

本案中某中学因过失未给罗某办理准考证，致使罗某失去了2021年上高中接受教育的机会，侵犯了罗某的受教育权，应当承担侵权责任。民法典第1165条第1款规定：“行为人因过错侵害他人民事权益造成损害的，应当承担侵权责任。”从法学理论上讲，通说认为完整的侵权责任的构成要件应当包括侵权行为、损害事实、因果关系、主观过错四个构成要件。

首先，行为人实施了侵权行为，没有侵权行为的存在，自然不存在民事责任的问题；其次，有损害事实的存在，无损害则无赔偿；再次，侵权行为与损害事实之间存在因果关系；最后，要看行为人在实施侵权行为时是否存在主观过错。如果行为人主观上没有过错，即使具备了上述三个要件，也不构成侵权责任。只有在特殊侵权责任中，在有法律明文规定的情况下，才会出现即使没有过错，但只要造成损害就必须承担赔偿责任的情况。总之，对于一般的侵权行为，必须同时具备上述四个要件才能确定行为人应当承担民事责任。本案中，被告某中学应当为学生罗某办理准考证但没有办理，在客观上是一种不作为的侵权行为，造成的损害后果是罗某没能进入考场，她只得选择复读，而且因为思想包袱太重，几次晕倒在操场、教室，最后她只好到外地求学，造成了经济上和精神上的双重伤害。而这一结果的发生，均是由学校的不作为行为引起的，两者之间有因果关系。被告某中学之所以出现这种侵权行为，在主观上是由于不尽职责、粗心大意所致，具有疏忽大意的过错，因此，本案被告某中学完全具备侵权责任的构成要件，应当承担侵权责任。受教育权本身并不具有财产内容，但是，当受教育权受到侵害以后，也会导致受害人财产上的损失。而且受教育权是对公民一生影响重大的权利，一旦丧失机会，受害人在精神方面的痛苦是巨大的。对受害人前途的影响、经济收入的影响，是无法用数额来计算的。法院只能根据具体案件的情况，就受害人的精神损害确定一个适当的范围。

【法条指引】

中华人民共和国民法典

第一千一百六十五条　行为人因过错侵害他人民事权益造成损害的，应当承担侵权责任。

依照法律规定推定行为人有过错，其不能证明自己没有过错的，应当承担侵权责任。

中华人民共和国教育法

第八十三条　违反本法规定，侵犯教师、受教育者、学校或者其他教育机构的合法权益，造成损失、损害的，应当依法承担民事责任。

15. 多次实施严重不良行为，如何合力进行矫治？

【维权要点】

未成年人违法犯罪通常与成长环境及教育失当有着密切关系。未成年人的父母或其他监护人应承担对未成年人实施家庭教育的主体责任，特别是针对青春期的孩子，父母更应树立正确的家庭教育理念，掌握科学的家庭教育方法，及时关注未成年人的情绪和心理变化，做到关心爱护与严格要求并重。对多次实施违法犯罪行为的未成年人，应由家长、学校、司法部门合力对其进行矫治。

【典型案例】

李某（2006 年出生）的父亲李甲与母亲钟某在李某上幼儿园时离婚，

李某与父亲李甲一起生活，钟某除支付抚养费外与李某几乎没有交流。李甲因工作需要经常出差，也与李某疏于交流，李某的生活起居一直由奶奶照顾。升入中学后，对学习一直兴致不高的李某经常与同学产生摩擦，以借钱的名义向同学索要钱款、与同学动手打架等情况时有发生。2020 年，李某因盗窃车内财物被公安机关处以行政拘留 3 日；2021 年，因结伙斗殴被公安机关处以行政拘留 7 日，均因其未满 16 周岁而未实际执行。

2021 年 7 月的一天晚上，李某路过某中学时，恰巧碰到姚某将向郑某索要的 45 元在他人要求下返还郑某。郑某等人离开后，李某向姚某了解了事情经过，提议打架，理由是看郑某等人不顺眼，姚某等人积极响应。随后李某等人对郑某进行殴打，李某使用石砖将郑某砸伤。事发后，郑某之伤经诊断为头面部外伤、脑外伤后综合征、软组织损伤、眼睑皮肤裂伤等。2021 年 9 月，公安机关对李某等人分别处以 10 日至 14 日不等的行政拘留处罚，因李某等均已年满 14 周岁不满 16 周岁，依法不执行行政拘留。就医疗费等赔偿问题双方未能协商一致，郑某将李某等人诉至法院，法院最终判决李某等人对郑某的合理损失进行赔偿。为及时有效对李某的严重不良行为进行矫治，在对李某进行心理疏导和法治教育后，法院依法责令李某父母承担起家庭教育的主体责任，并责令李甲及钟某定期接受某青少年社工事务所家庭教育指导。

【法官讲法】

为了保障未成年人的身心健康，保障未成年人的合法权益，促进未成年人在品德、智力、体质等方面全面发展，国家制定了一系列法律法规。在依法维护未成年人合法权益的同时，国家将教育和保护未成年人相结合，坚持预防为主、提前干预，对未成年人的不良行为和严重不良行为及时进行分级预防、干预和矫治，有效预防未成年人违法犯罪。从实践中看，未成年人违法犯罪通常与成长环境及教育失当有着密切关系。未成年人保护法明确规定，未成年人的父母或者其他监护人依法对未成年人承担监护职责，应关注未成年人的生理、心理状况和情感需求，教育和引导未成年人遵纪守法，预防和制止未成年人的不良行为和违法犯罪行为，并进行合理管教。预防未成年人犯罪法明确规定，公安机关、人民检察院、人民法院在办理案件过程中发现实施严重不良行为的未成年人的父母或者其他监护人不依法履行监护职责的，应当予以训诫，并可以责令其接受家庭教育指导。家庭教育促进法明确规定，父母或者其他监护人应当树立家庭是第一个课堂、家长是第一任老师的责任意识，承担对未成年人实施家庭教育的主体责任，用正确思想、方法和行为教育未成年人养成良好思想、品行和习惯；应当教育未成年人崇德向善、尊老爱幼、热爱家庭、勤俭节约、团结互助、诚信友爱、遵纪守法，培养其良好社会公德、家庭美德、个人品德意识和法治意识；应当关注未成年人心理健康；未成年人的父母分居或者离异的，应当相互配合履行家庭教育责任，任何一方不得拒绝或者怠于履行。

本案中，李某作为正处于青春期的未成年人，缺乏对事物、行为的正确判断力，易冲动、对抗、紧张并受同龄人影响产生暴力行为，需要监护人进行有效引导、关注和教育。李甲、钟某虽离异，但作为李某的法定监护人，他们理应关注李某的生理、心理状况和情感需求，给予其更多关怀和抚慰，并根据其身心发展特点，进行社会生活指导、心理健康辅导、青春期教育和生命教育，用正确的思想、方法和行为教育引导其遵纪守法，促使其养成良好思想、品德和行为习惯；对其不良行为进行合理管教，纠正行为偏差，引导其树立正确的人生观和价值观。李甲作为李某的直接抚养人，因工作原因需要经常出差，对李某疏于照护；钟某对李某除物质供应外亦对其疏于探望，二人均对李某缺少陪伴并与之缺乏有效沟通，致使李某的行为偏差未得到及时纠正。李甲、钟某作为李某的监护人，均未尽到足够的关心爱护责任和抚养教育义务，不利于李某的身心健康成长，属于“怠于履行家庭教育责任”，故法院对李某进行法治教育的同时，探索借助社会力量，采取切实有效的方法责令李某的父母接受家庭教育指导的做法有利于形成矫治合力，及时矫治李某的严重不良行为，逐步将李某引导到正确的人生轨道上来。

【法条指引】

中华人民共和国未成年人保护法

第七条 未成年人的父母或者其他监护人依法对未成年人承担监护职责。

国家采取措施指导、支持、帮助和监督未成年人的父母或者其他监护人履行监护职责。

第十五条 未成年人的父母或者其他监护人应当学习家庭教育知识，接受家庭教育指导，创造良好、和睦、文明的家庭环境。

共同生活的其他成年家庭成员应当协助未成年人的父母或者其他监护人抚养、教育和保护未成年人。

第十六条 未成年人的父母或者其他监护人应当履行下列监护职责：

（一）为未成年人提供生活、健康、安全等方面的保障；

（二）关注未成年人的生理、心理状况和情感需求；

（三）教育和引导未成年人遵纪守法、勤俭节约，养成良好的思想品德和行为习惯；

（四）对未成年人进行安全教育，提高未成年人的自我保护意识和能力；

（五）尊重未成年人受教育的权利，保障适龄未成年人依法接受并完成义务教育；

（六）保障未成年人休息、娱乐和体育锻炼的时间，引导未成年人进行有益身心健康的活动；

（七）妥善管理和保护未成年人的财产；

（八）依法代理未成年人实施民事法律行为；

（九）预防和制止未成年人的不良行为和违法犯罪行为，并进行合理管教；

（十）其他应当履行的监护职责。

第一百一十四条 公安机关、人民检察院、人民法院和司法行政部门发现有关单位未尽到未成年人教育、管理、救助、看护等保护职责的，应当向该单位提出建议。被建议单位应当在一个月内作出书面回复。

中华人民共和国预防未成年人犯罪法

第十六条 未成年人的父母或者其他监护人对未成年人的预防犯罪教育负有直接责任，应当依法履行监护职责，树立优良家风，培养未成年人良好品行；发现未成年人心理或者行为异常的，应当及时了解情况并进行教育、引导和劝诫，不得拒绝或者怠于履行监护职责。

第三十八条 本法所称严重不良行为，是指未成年人实施的有刑法规定、因不满法定刑事责任年龄不予刑事处罚的行为，以及严重危害社会的下列行为：

（一）结伙斗殴，追逐、拦截他人，强拿硬要或者任意损毁、占用公私财物等寻衅滋事行为；

（二）非法携带枪支、弹药或者弩、匕首等国家规定的管制器具；

（三）殴打、辱骂、恐吓，或者故意伤害他人身体；

（四）盗窃、哄抢、抢夺或者故意损毁公私财物；

（五）传播淫秽的读物、音像制品或者信息等；

（六）卖淫、嫖娼，或者进行淫秽表演；

（七）吸食、注射毒品，或者向他人提供毒品；

（八）参与赌博赌资较大；

（九）其他严重危害社会的行为。

第四十三条 对有严重不良行为的未成年人，未成年人的父母或者其他监护人、所在学校无力管教或者管教无效的，可以向教育行政部门提出申请，经专门教育指导委员会评估同意后，由教育行政部门决定送入专门学校接受专门教育。

第六十一条 公安机关、人民检察院、人民法院在办理案件过程中发现实施严重不良行为的未成年人的父母或者其他监护人不依法履行监护职责的，应当予以训诫，并可以责令其接受家庭教育指导。

中华人民共和国家庭教育促进法

第二条 本法所称家庭教育，是指父母或者其他监护人为促进未成年人全面健康成长，对其实施的道德品质、身体素质、生活技能、文化修养、行为习惯等方面的培育、引导和影响。

第十四条 父母或者其他监护人应当树立家庭是第一个课堂、家长是第一任老师的责任意识，承担对未成年人实施家庭教育的主体责任，用正确思想、方法和行为教育未成年人养成良好思想、品行和习惯。

共同生活的具有完全民事行为能力的其他家庭成员应当协助和配合未成年人的父母或者其他监护人实施家庭教育。

第二章　未成年人受抚养权益的保护

1. 应当如何确定未成年学生的监护人？

【维权要点】

父母是未成年子女的监护人。未成年人的父母已经死亡或者没有监护能力的，由下列有监护能力的人按顺序担任监护人：（1）祖父母、外祖父母；（2）兄、姐；（3）其他愿意担任监护人的个人或者组织，但是须经未成年人住所地的居民委员会、村民委员会或者民政部门同意。

【典型案例】

案例1：张某（男，某学校老师）与孙某（女，某招待所服务员）于2015年6月相识并建立了恋爱关系。张某的父母由于不喜欢孙某的工作，一直反对两人结合。2018年7月，张某不顾父母的反对，与孙某结婚。婚后生育一子张某某。由于两人都忙于工作，孩子由张某的父母负责照顾。2020年8月，张某因病去世。孙某失去丈夫，痛不欲生。为了弥补丈夫去世给自己造成的心灵创伤，孙某想把孩子接到身边，由自己抚养、教育，既是自己精神上的寄托，也是对死去丈夫的告慰。但孙某的想法遭到了张某父母的坚决反对。张某的父母认为，张某是独生子，张某某是张家唯一的血脉，应当跟随自己生活。孙某有工作在身，无暇照顾孩子；而且孙某还年轻，将来可能再婚，有其他孩子，张某某跟孙某一起生活会受委屈。孙某多次找张某的父母协商，均被拒绝，双方为此发生矛盾。张某的父母甚至不让孙某与孩子见面，将前来探望孩子的孙某关在门外。百般无奈，孙某向人民法院提起诉讼，请求人民法院依法确认自己为张某某的监护人，将孩子交由自己抚养、教育。

案例2：冯某（女，7周岁）自幼聪明伶俐，活泼可爱，深受父母和亲友的喜爱，被大家视为掌上明珠。不幸的是，2018年10月，在冯某上幼儿园期间，父母双双去世，她成了孤儿。冯某的父母过世后，一直随爷爷、奶奶共同生活，成为老人晚年的慰藉。冯某的舅舅和舅妈从小就非常喜欢冯某，希望自己也有一个这样的孩子，但一直未生育子女。冯某的父母去世后，他们见冯某成了孤儿，产生了收养冯某的想法。2020 年 10 月，冯某的舅舅和舅妈找到冯某的爷爷和奶奶，正式提出了收养冯某的要求，冯某的爷爷、奶奶认为自己身体健康，有稳定的经济收入，能够抚养、教育冯某，而且冯某的父母去世后，老人精神上受到很大的打击，冯某给了老人精神上的慰藉，使自己不致晚景凄凉，所以不同意将冯某交给他们收养。冯某的舅舅和舅妈觉得，冯某的祖父母虽然具备抚养冯某的经济条件，身体也还硬朗，但毕竟年事已高，不利于对孩子的抚养、教育，自己没有孩子，家庭条件又较好，由自己抚养孩子，有利于冯某的健康成长。双方为此而发生争议，诉至人民法院。

案例 3：2021 年 11 月的一天深夜，某市 120 急救中心接收了一名被车轧伤的小男孩。由于伤势严重，小男孩被送到急救中心时已奄奄一息。这名男孩是被一辆运送沙土的带挂的东风卡车轧在挂车车轮下受的伤。交警接到报案后，立即赶到现场进行了勘查。挂车存在的问题主要是严重超载，另外，主车与挂车之间应该有的防护装置也没有安装。事发后，肇事司机不知去向。交警找到了肇事车车主，车主为小男孩垫付了 5000 元医药费。在医院的抢救下，小男孩脱离了生命危险，伤势也很快稳定下来。然而，当医务人员询问有关情况时，却遇到了始料不及的情况。原来这个小男孩是一个又聋又哑的痴呆患儿。随着对孩子的进一步治疗，肇事车车主原来垫付的 5000 元医疗费已经远远不够。而且车主认为，交通事故的责任不在自己，应当由肇事司机负责，不愿意再支付孩子的医疗费用。无奈之下，医院找到了交警部门，希望交警部门尽快按交通事故责任处理，落实孩子的医疗费用。但交警部门说，交通事故赔偿问题，如果当事人不能达成一致的话，交警部门无权强制处理，受害人只能向法院起诉要求赔偿。但这个小男孩又聋又哑，还是个未成年人，父母家人也没有找到，谁替他打官司呢？为此，交警四处查找有关线索，并在新闻媒体上刊登了寻人启事，为小男孩寻找家人。日子一天天过去，并没有人来认领这名小男孩。后在多方面的努力下，人民法院指定事故发生地的民政部门担任小男孩的监护人，参加诉讼。民政部门作为小男孩的代理人向人民法院起诉，要求肇事车车主承担小男孩住院治疗的各种费用 5 万元。人民法院依法作出判决，由肇事车车主承担交通事故的全部责任，赔偿小男孩的医疗费、护理费和继续治疗的费用共计 5 万元。人民法院的判决使小男孩的医疗费终于有了着落，民政部门也表示将尽快安排小男孩到福利院生活。

【法官讲法】

我国民法典规定了监护制度。监护具有以下特征：(1) 被监护人只能是无民事行为能力人和限制民事行为能力人；(2) 监护人须为完全民事行为能力人并具有监护能力；(3) 监护人的权利义务是由法律直接规定的，而不是由当事人约定的。

民法典第 27 条规定："父母是未成年子女的监护人。未成年人的父母已经死亡或者没有监护能力的，由下列有监护能力的人按顺序担任监护人：(一) 祖父母、外祖父母；(二) 兄、姐；(三) 其他愿意担任监护人的个人或者组织，但是须经未成年人住所地的居民委员会、村民委员会或者民政部门同意。"第 31 条第 1 款规定："对监护人的确定有争议的，由被监护人住所地的居民委员会、村民委员会或者民政部门指定监护人，有关当事人对指定不服的，可以向人民法院申请指定监护人；有关当事人也可以直接向人民法院申请指定监护人。"第 32 条规定："没有依法具有监护资格的人的，监护人由民政部门担任，也可以由具备履行监护职责条件的被监护人住所地的居民委员会、村民委员会担任。"

1. 未成年人的父母是未成年人的法定监护人，这是我国未成年人监护制度的基本规定。父母是子女最近的直系长辈亲属，且父母对未成年子女负有抚养教育的义务，所以，未成年人的父母在生存期间并且有监护能力时，他们是未成年人唯一的法定监护人。父母对未成年子女的监护权是基于子女出生的法律事实而发生的，除了因为死亡或者按照法定程序予以剥夺外，任何人不得加以剥夺或者限制。一般情况下，这里所指的父母是指未成年人的生父母，同时也包括养父母和与未成年人形成抚养关系的继父母。

在案例 1 中，孙某和公公、婆婆的矛盾就是因为争夺对孩子的监护权而引起的。根据民法典第 27 条第 1 款的规定，孙某作为未成年人张某某的母亲，在张某某的父亲张某已经死亡的情况下，她就成为张某某唯一的法定监护人，拥有对张某某的法定监护权。张某某的祖父母虽然也十分疼爱自己的孙子，但在张某某的母亲健在并有监护能力的情况下，他们是不能取得对张某某的监护权的。现在，张某某的祖父母拒绝将张某某交给孙某抚养、教育，已经侵犯了孙某对张某某的监护权。人民法院应当依法判决张某某的祖父母将孩子交由孙某监护。

2. 未成年人的父母已经死亡或者没有监护能力的，由下列人员中有监护能力的人担任监护人：第一顺序是未成年人的祖父母、外祖父母；第二顺序是未成年人的兄、姐；第三顺序是其他愿意担任监护人的个人或者组织，但是须经未成年人住所地的居民委员会、村民委员会或者民政部门同意。上述人员排列的顺序，就是担任监护人的先后顺序。即未成年人监护人首先由有监护能力的祖父母、外祖父母担任；当祖父母、外祖父母死亡或者没有监护能力时，则由有监护能力的兄、姐担任；如果没有兄、姐或者兄、姐已经死亡或者没有监护能力，则由其他愿意担任监护人的个人或者组织担任，但是须经未成年人住所地的居民委员会、村民委员会或者民政部门同意。对监护人的确定有争议的，由被监护人住所地的居民委员会、村民委员会或者民政部门指定监护人，有关当事人对指定不服的，可以向人民法院申请指定监护人；有关当事人也可以直接向人民法院申请指定监护人。

在案例 2 中，涉及的就是在未成年人的父母已经死亡的情况下，由谁担任未成年人监护人的问题。根据民法典第 27 条第 2 款的规定，冯某的监护权应当由其祖父母行使，因为在未成年人父母已经死亡的情况下，祖父母是未成年人第一顺序的监护人。冯某的舅舅和舅妈属于第三顺序的监护人。只有在没有第一、第二顺序的监护人或者第一、第二顺序的监护人没有监护能力的情况下，经未成年人住所地的居民委员会、村民委员会或者民政部门同意，其才可以担任未成年人的监护人。现在，冯某的祖父母健在，身体健康，有稳定的经济收入，具有监护能力，其又不愿意放弃或者变更对冯某的监护权，因此，应当由冯某的祖父母担任冯某的监护人。虽然冯某的舅舅、舅妈喜爱冯某，又没有子女，家庭条件也比较好，但在这种情况下，其无法取得对冯某的监护资格。

3. 无上述监护人或者上述监护人没有监护能力的，又没有依法具有监护资格的人的，监护人由民政部门担任，也可以由具备履行监护职责条件的被监护人住所地的居民委员会、村民委员会担任。如果这些单位之间对担任监护人有争议或推诿的，应当由人民法院指定。在案例3中，由于小男孩是一名又聋又哑的痴呆儿，无法弄清他的父母是谁，也无法弄清他的住所地的居民委员会、村民委员会，因此，无法确定他的监护人。但为维护小男孩的合法权益，又必须采取诉讼手段为他指定监护人。在这种情况下，根据民法典第32条的规定，人民法院指定事故发生地的民政部门担任小男孩的监护人，代理小男孩参加诉讼是合法的、正确的。

此外，未成年人的父母或者其他监护人也可以将监护职责部分或全部委托给他人，或者用遗嘱的方式为未成年人指定他人担任监护人。这种委托或者指定监护人的行为同样受到法律的保护。对未成年人的监护，到该未成年人成年时随即终止。除了人民法院根据法律规定撤销监护人资格、更换监护人外，任何人不得侵犯、剥夺监护人的监护权，直至监护自然终止。

应当注意的是，监护人、抚养人、法定代理人，虽然在实际上常常是一个人，但这三个概念是不同的，实际含义也不同，而且有时可能并不是同一个人，所以必须注意区分。抚养人是在法律上有一定的抚养义务的人。在绝大多数情况下，抚养人即被抚养的未成年人的监护人。但有时抚养人虽然有财产上的抚养能力，却由于某种原因如生活不能自理、长期不能共同生活等而无法顺利行使其监护权，承担监护职责，这就可能另行委托或指定监护人，对被监护人的财产、人身等利益进行监督、保护。未成年人的法定代理人，是法律规定的应当代理未成年人进行民事活动的人。未成年人是无民事行为能力人或者限制民事行为能力人，不能从事与其年龄、智力、能力不相称的民事行为。这些行为必须由法定代理人行使。民法典第23条规定："无民事行为能力人、限制民事行为能力人的监护人是其法定代理人。"换言之，监护人和法定代理人必然是同一个人。但担任这两种身份的职责是不一样的，法定代理人的职责就是代理进行民事活动，而监护人承担的监护职责不仅限于代理民事活动。如监护人对未成年人教育、管束等职责，就超出了法定代理人的权限。再如，8周岁以上的未成年人在进行与其年龄、智力、能力相称的民事行为时不需要法定代理人的代理，但此时该未成年人仍然处于监护人的监督、保护之下。

【法条指引】

中华人民共和国民法典

第十七条 十八周岁以上的自然人为成年人。不满十八周岁的自然人为未成年人。

第十八条 成年人为完全民事行为能力人，可以独立实施民事法律行为。

十六周岁以上的未成年人，以自己的劳动收入为主要生活来源的，视为完全民事行为能力人。

第十九条 八周岁以上的未成年人为限制民事行为能力人，实施民事法律行为由其法定代理人代理或者经其法定代理人同意、追认；但是，可以独立实施纯获利益的民事法律行为或者与其年龄、智力相适应的民事法律行为。

第二十条 不满八周岁的未成年人为无民事行为能力人，由其法定代理人代理实施民事法律行为。

第二十一条 不能辨认自己行为的成年人为无民事行为能力人，由其法定代理人代理实施民事法律行为。

八周岁以上的未成年人不能辨认自己行为的，适用前款规定。

第二十七条 父母是未成年子女的监护人。

未成年人的父母已经死亡或者没有监护能力的，由下列有监护能力的人按顺序担任监护人：

（一）祖父母、外祖父母；

（二）兄、姐；

（三）其他愿意担任监护人的个人或者组织，但是须经未成年人住所地的居民委员会、村民委员会或者民政部门同意。

第二十九条 被监护人的父母担任监护人的，可以通过遗嘱指定监护人。

第三十条 依法具有监护资格的人之间可以协议确定监护人。协议确定监护人应当尊重被监护人的真实意愿。

第三十一条 对监护人的确定有争议的，由被监护人住所地的居民委员会、村民委员会或者民政部门指定监护人，有关当事人对指定不服的，可以向人民法院申请指定监护人；有关当事人也可以直接向人民法院申请指定监护人。

居民委员会、村民委员会、民政部门或者人民法院应当尊重被监护人的真实意愿，按照最有利于被监护人的原则在依法具有监护资格的人中指定监护人。

依据本条第一款规定指定监护人前，被监护人的人身权利、财产权利以及其他合法权益处于无人保护状态的，由被监护人住所地的居民委员会、村民委员会、法律规定的有关组织或者民政部门担任临时监护人。

监护人被指定后，不得擅自变更；擅自变更的，不免除被指定的监护人的责任。

第三十二条　没有依法具有监护资格的人的，监护人由民政部门担任，也可以由具备履行监护职责条件的被监护人住所地的居民委员会、村民委员会担任。

2. 父母对未成年人的监护职责和抚养义务包括哪些内容？

【维权要点】

父母对未成年人的监护职责和抚养义务包括物质上的养育照料、保证未成年子女接受义务教育的权利、对未成年子女的教育管理、管理未成年子女的财产、代理未成年子女进行民事活动和诉讼活动、承担未成年子女对他人造成损害时的民事责任等。

【典型案例】

岳某是独生子，由于父母都在地质勘探部门工作，常年在外，岳某一直由爷爷、奶奶照顾。2016 年 8 月，岳某的爷爷、奶奶去世，岳某回到了父母身边。岳某的父母一年到头没有多少时间在家，根本无暇照顾和教育岳某。逃学打架、惹是生非成了岳某的家常便饭，搞得邻居怨声载道。岳某的情况引起了当地居民委员会的重视，他们找到岳某的父母，希望岳某的父母切实地履行对岳某的监护职责，对岳某不要放任自流，否则再这样下去，孩子很可能走上歧途。岳某的父母也是一肚子苦衷，但由于工作的关系，两个人确实无法照料岳某。他们虽很内疚，却实在想不出更好的办法。

【法官讲法】

我国民法典、预防未成年人犯罪法、未成年人保护法等均对父母的监护职责和抚养义务作出了详尽的规定。父母应从以下几个方面履行对未成年子女的监护职责和抚养义务：(1) 从物质上、经济上对未成年子女进行养育和照料，使子女身体能够健康成长，这是最重要的监护职责和抚养义务。(2) 保证未成年子女接受义务教育的权利。父母不得阻碍适龄子女入学或迫使其中途辍学。(3) 加强对未成年子女的教育和管理。通过全方位的教育引导未成年子女养成良好的品质，使他们在德智体美劳等诸方面都能得到健康发展。在加强教育的同时，也应加强管理，密切关注未成年子女的行为，防止他们作出与年龄不符的不良行为。(4) 管理未成年子女的财产，保护未成年子女的各项合法权益不受侵害。父母要妥善保管好未成年子女的财产，排除他人对子女财产的不法侵害。父母作为监护人对未成年子女财产的处理必须遵循有利于被监护人的原则；否则，监护人不得处理被监护人的财产。父母还应当保护子女的生命安全和身体健康。总而言之，父母应当保护未成年人的人身权、财产权、继承权等各项合法权益不受侵害以及不得允许或强迫未成年人结婚或订立婚约等。(5) 代理未成年子女进行民事活动和诉讼活动。未成年人是无民事行为能力人或者限制民事行为能力人，他们的民事活动应当由监护人代理进行或者经监护人同意后进行，限制民事行为能力人可以实施一些与他们的年龄、智力状况相适应的民事活动。监护人在代理民事活动时，他与被监护人就形成了代理人与被代理人的关系。监护人应当遵守民法典对代理人的规定，要为被代理人的利益进行民事活动，不得滥用代理权或者作出损害被代理人利益的行为。被代理人的诉讼活动，也应当由监护人代理进行。(6) 当未成年子女对他人造成损害时，父母应当承担民事责任。管理、教育被监护人是监护人的职责，当被监护人给他人造成损害时，就应当由监护人承担民事责任。

在本案中，岳某的父母由于客观条件的限制，无法履行对岳某的监护职责和抚养义务。在这种情况下，为了岳某的健康成长，他们可以委托当地的居民委员会代为履行对岳某的监护职责，管理和教育岳某并照顾岳某的日常生活。总之，让岳某放任自流的做法是不可取的，不但不利于未成年人的健康成长，也是对社会的不负责任。

【法条指引】

中华人民共和国民法典

第二十七条　父母是未成年子女的监护人。

未成年人的父母已经死亡或者没有监护能力的，由下列有监护能力的人按顺序担任监护人：

（一）祖父母、外祖父母；

（二）兄、姐；

（三）其他愿意担任监护人的个人或者组织，但是须经未成年人住所地的居民委员会、村民委员会或者民政部门同意。

第三十四条　监护人的职责是代理被监护人实施民事法律行为，保护被监护人的人身权利、财产权利以及其他合法权益等。

监护人依法履行监护职责产生的权利，受法律保护。

监护人不履行监护职责或者侵害被监护人合法权益的，应当承担法律责任。

因发生突发事件等紧急情况，监护人暂时无法履行监护职责，被监护人的生活处于无人照料状态的，被监护人住所地的居民委员会、村民委员会或者民政部门应当为被监护人安排必要的临时生活照料措施。

中华人民共和国未成年人保护法

第十五条　未成年人的父母或者其他监护人应当学习家庭教育知识，接受家庭教育指导，创造良好、和睦、文明的家庭环境。

共同生活的其他成年家庭成员应当协助未成年人的父母或者其他监护人抚养、教育和保护未成年人。

第十六条　未成年人的父母或者其他监护人应当履行下列监护职责：

（一）为未成年人提供生活、健康、安全等方面的保障；

（二）关注未成年人的生理、心理状况和情感需求；

（三）教育和引导未成年人遵纪守法、勤俭节约，养成良好的思想品德和行为习惯；

（四）对未成年人进行安全教育，提高未成年人的自我保护意识和能力；

（五）尊重未成年人受教育的权利，保障适龄未成年人依法接受并完成义务教育；

（六）保障未成年人休息、娱乐和体育锻炼的时间，引导未成年人进行有益身心健康的活动；

（七）妥善管理和保护未成年人的财产；

（八）依法代理未成年人实施民事法律行为；

（九）预防和制止未成年人的不良行为和违法犯罪行为，并进行合理管教；

（十）其他应当履行的监护职责。

第十七条 未成年人的父母或者其他监护人不得实施下列行为：

（一）虐待、遗弃、非法送养未成年人或者对未成年人实施家庭暴力；

（二）放任、教唆或者利用未成年人实施违法犯罪行为；

（三）放任、唆使未成年人参与邪教、迷信活动或者接受恐怖主义、分裂主义、极端主义等侵害；

（四）放任、唆使未成年人吸烟（含电子烟，下同）、饮酒、赌博、流浪乞讨或者欺凌他人；

（五）放任或者迫使应当接受义务教育的未成年人失学、辍学；

（六）放任未成年人沉迷网络，接触危害或者可能影响其身心健康的图书、报刊、电影、广播电视节目、音像制品、电子出版物和网络信息等；

（七）放任未成年人进入营业性娱乐场所、酒吧、互联网上网服务营业场所等不适宜未成年人活动的场所；

（八）允许或者迫使未成年人从事国家规定以外的劳动；

（九）允许、迫使未成年人结婚或者为未成年人订立婚约；

（十）违法处分、侵吞未成年人的财产或者利用未成年人牟取不正当利益；

（十一）其他侵犯未成年人身心健康、财产权益或者不依法履行未成年人保护义务的行为。

中华人民共和国预防未成年人犯罪法

第二十八条　本法所称不良行为，是指未成年人实施的不利于其健康成长的下列行为：

（一）吸烟、饮酒；

（二）多次旷课、逃学；

（三）无故夜不归宿、离家出走；

（四）沉迷网络；

（五）与社会上具有不良习性的人交往，组织或者参加实施不良行为的团伙；

（六）进入法律法规规定未成年人不宜进入的场所；

（七）参与赌博、变相赌博，或者参加封建迷信、邪教等活动；

（八）阅览、观看或者收听宣扬淫秽、色情、暴力、恐怖、极端等内容的读物、音像制品或者网络信息等；

（九）其他不利于未成年人身心健康成长的不良行为。

第二十九条　未成年人的父母或者其他监护人发现未成年人有不良行为的，应当及时制止并加强管教。

第三十条　公安机关、居民委员会、村民委员会发现本辖区内未成年人有不良行为的，应当及时制止，并督促其父母或者其他监护人依法履行监护职责。

3. 父母离婚后拒不履行抚养义务，应如何维护未成年子女的合法权益？

【维权要点】

父母与子女间的关系，不因父母离婚而消除。离婚后，子女无论由父或母直接抚养，仍是父母双方的子女。离婚后，父母对于子女仍有抚养和教育的权利和义务。未成年人的父母离异的，离异双方对子女都有教育的义务，任何一方都不得因离异而不履行教育子女的义务。

【典型案例】

陈某（男，15 周岁）刚刚 2 周岁时，父母就离婚了。法院判决陈某由父亲抚养，但实际上陈某是与年迈的爷爷相依为命，父亲从不管他。之后母亲再嫁，也从不来看他。11 周岁时，爷爷去世，陈某便和父亲住在一起，父亲经常打骂他，后来还将其赶出家门，不管不问。陈某无家可归，四处流浪，沾染了许多恶习，最终因盗窃被送到某工读学校学习。陈某没有生活来源，其父母一次也没有来看过他，更不要说给其生活费了。2021 年 4 月，在当地居委会和律师的帮助下，陈某将其父母告上法庭，要求父母支付生活费。

【法官讲法】

本案涉及的是父母对未成年子女的监护责任和抚养义务。为维护未成年人的合法权益，保障未成年人健康成长，我国民法典、预防未成年人犯罪法、未成年人保护法等均对父母的监护职责和抚养义务作出了详尽的规定。如民法典第 27 条第 1 款规定："父母是未成年子女的监护人。"第 34 条第 1 款规定："监护人的职责是代理被监护人实施民事法律行为，保护被监护人的人身权利、财产权利以及其他合法权益等。"未成年人保护法第 15 条规定："未成年人的父母或者其他监护人应当学习家庭教育知识，接受家庭教育指导，创造良好、和睦、文明的家庭环境。共同生活的其他成年家庭成员应当协助未成年人的父母或者其他监护人抚养、教育和保护未成年人。"第 16 条规定："未成年人的父母或者其他监护人应当履行下列监护职责：（一）为未成年人提供生活、健康、安全等方面的保障；（二）关注未成年人的生理、心理状况和情感需求；（三）教育和引导未成年人遵纪守法、勤俭节约，养成良好的思想品德和行为习惯；……（九）预防和制止未成年人的不良行为和违法犯罪行为，并进行合理管教；……"第 17 条规定："未成年人的父母或者其他监护人不得实施下列行为：（一）虐待、遗弃、非法送养未成年人或者对未成年人实施家庭暴力；……"预防未成年人犯罪法第 16 条规定："未成年人的父母或者其他监护人对未成年人的预防犯罪教育负有直接责任，应当依法履行监护职责，树立优良家风，培养未成年人良好品行；发现未成年人心理或者行为异常的，应当及时了解情况并进行教育、引导和劝诫，不得拒绝或者怠于履行监护职责。"

本案中，陈某的父母离异后，陈某随父亲生活，但他的父亲却没有尽到抚养教育义务，经常打骂他并将其赶出家门，致使他离家出走在外流浪，并染上一些不良习惯。陈某的母亲也没有对他履行过相应的监护责任，既没有给过生活费，也没有关心过他的生活和学习情况。陈某身上之所以沾染了许多不良行为，其父母有着不可推卸的责任。未成年人陈某所在地的居委会和有关部门，帮助他把不履行监护和抚养义务的父母告上法庭是十分正确的。陈某父母应当支付陈某各项生活费用，直至其长大成人。

【法条指引】

中华人民共和国民法典

第二十七条第一款　父母是未成年子女的监护人。

第三十四条　监护人的职责是代理被监护人实施民事法律行为，保护被监护人的人身权利、财产权利以及其他合法权益等。

监护人依法履行监护职责产生的权利，受法律保护。

监护人不履行监护职责或者侵害被监护人合法权益的，应当承担法律责任。

因发生突发事件等紧急情况，监护人暂时无法履行监护职责，被监护人的生活处于无人照料状态的，被监护人住所地的居民委员会、村民委员会或者民政部门应当为被监护人安排必要的临时生活照料措施。

第三十六条　监护人有下列情形之一的，人民法院根据有关个人或者组织的申请，撤销其监护人资格，安排必要的临时监护措施，并按照最有利于被监护人的原则依法指定监护人：

（一）实施严重损害被监护人身心健康的行为；

（二）怠于履行监护职责，或者无法履行监护职责且拒绝将监护职责部分或者全部委托给他人，导致被监护人处于危困状态；

（三）实施严重侵害被监护人合法权益的其他行为。

本条规定的有关个人、组织包括：其他依法具有监护资格的人，居民委员会、村民委员会、学校、医疗机构、妇女联合会、残疾人联合会、未成年人保护组织、依法设立的老年人组织、民政部门等。

前款规定的个人和民政部门以外的组织未及时向人民法院申请撤销监护人资格的，民政部门应当向人民法院申请。

第一千零八十四条 父母与子女间的关系，不因父母离婚而消除。离婚后，子女无论由父或者母直接抚养，仍是父母双方的子女。

离婚后，父母对于子女仍有抚养、教育、保护的权利和义务。

离婚后，不满两周岁的子女，以由母亲直接抚养为原则。已满两周岁的子女，父母双方对抚养问题协议不成的，由人民法院根据双方的具体情况，按照最有利于未成年子女的原则判决。子女已满八周岁的，应当尊重其真实意愿。

中华人民共和国未成年人保护法

第十五条 未成年人的父母或者其他监护人应当学习家庭教育知识，接受家庭教育指导，创造良好、和睦、文明的家庭环境。

共同生活的其他成年家庭成员应当协助未成年人的父母或者其他监护人抚养、教育和保护未成年人。

第十六条 未成年人的父母或者其他监护人应当履行下列监护职责：

（一）为未成年人提供生活、健康、安全等方面的保障；

（二）关注未成年人的生理、心理状况和情感需求；

（三）教育和引导未成年人遵纪守法、勤俭节约，养成良好的思想品德和行为习惯；

（四）对未成年人进行安全教育，提高未成年人的自我保护意识和能力；

（五）尊重未成年人受教育的权利，保障适龄未成年人依法接受并完成义务教育；

（六）保障未成年人休息、娱乐和体育锻炼的时间，引导未成年人进行有益身心健康的活动；

（七）妥善管理和保护未成年人的财产；

（八）依法代理未成年人实施民事法律行为；

（九）预防和制止未成年人的不良行为和违法犯罪行为，并进行合理管教；

（十）其他应当履行的监护职责。

第十七条 未成年人的父母或者其他监护人不得实施下列行为：

（一）虐待、遗弃、非法送养未成年人或者对未成年人实施家庭暴力；

（二）放任、教唆或者利用未成年人实施违法犯罪行为；

（三）放任、唆使未成年人参与邪教、迷信活动或者接受恐怖主义、分裂主义、极端主义等侵害；

（四）放任、唆使未成年人吸烟（含电子烟，下同）、饮酒、赌博、流浪乞讨或者欺凌他人；

（五）放任或者迫使应当接受义务教育的未成年人失学、辍学；

（六）放任未成年人沉迷网络，接触危害或者可能影响其身心健康的图书、报刊、电影、广播电视节目、音像制品、电子出版物和网络信息等；

（七）放任未成年人进入营业性娱乐场所、酒吧、互联网上网服务营业场所等不适宜未成年人活动的场所；

（八）允许或者迫使未成年人从事国家规定以外的劳动；

（九）允许、迫使未成年人结婚或者为未成年人订立婚约；

（十）违法处分、侵吞未成年人的财产或者利用未成年人牟取不正当利益；

（十一）其他侵犯未成年人身心健康、财产权益或者不依法履行未成年人保护义务的行为。

中华人民共和国预防未成年人犯罪法

第十六条　未成年人的父母或者其他监护人对未成年人的预防犯罪教育负有直接责任，应当依法履行监护职责，树立优良家风，培养未成年人良好品行；发现未成年人心理或者行为异常的，应当及时了解情况并进行教育、引导和劝诫，不得拒绝或者怠于履行监护职责。

4. 父母双亡的非婚生子女，应由谁来抚养？

【维权要点】

非婚生子女享有与婚生子女同等的权利，任何组织或者个人不得加以危害和歧视。因此，法律关于祖父母、外祖父母与孙子女、外孙子女间的权利义务，同样适用于非婚生孙子女、外孙子女。

【典型案例】

2016年，王某（男）到某市经商时，与当地女青年刘某恋爱，后刘某怀孕，2018年生下一女，取名王甲。2019年，王某回到家乡，仍与刘某通信，每月给刘某和女儿寄生活费。2020年，王某又来到该市探望刘某与女儿，并答应和刘某登记结婚。王某在回到家乡后，经人介绍认识了郑某。经交往，王某决定与郑某结婚。婚后不久，王某收到刘某信息，说要来找王某，王某担心刘某的到来会影响他和郑某的夫妻关系，于是产生了杀害刘某的念头。2021年2月的一天，当刘某到达王某的家乡后，王某将其骗到郊区僻静处杀害。几个月后，刘某的母亲带着王甲来找女儿。经公安机关多方调查，破获了王某杀害刘某的案件。后王某被判死刑，王甲成了孤儿。刘某的母亲生活困难，没有抚养能力，要求王某的父母抚养王甲。王某的父母都是退休干部，退休金较高，但他们以王甲是非婚生子女为由拒绝抚养。

【法官讲法】

父母对于子女有抚养教育的义务。父母对子女的抚养教育义务始于子女出生。然而，当子女尚未成年且父母双亡，该未成年子女又该由谁抚养呢？民法典第1074条第1款规定："有负担能力的祖父母、外祖父母，对于父母已经死亡或者父母无力抚养的未成年孙子女、外孙子女，有抚养的义务。"这里的"有负担能力"既包括祖父母、外祖父母的身体状况良好，又包括他们的经济条件良好。此外，该法第1075条第1款还规定："有负担能力的兄、姐，对于父母已经死亡或者父母无力抚养的未成年弟、妹，有扶养的义务。"依此规定，对于父母双亡的未成年子女，由其有负担能力的兄、姐承担抚养监护义务，对父母虽健在但无力抚养的未成年弟、妹也同样适用。法律之所以作出这一规定，是因为兄弟姐妹是家庭成员中最近的旁系血亲。因而，在一定条件下，他们之间有相互扶养的权利和义务。当然，民法典的这一规定，既适用于亲兄弟姐妹之间，也同样适用于共同生活的同父异母或同母异父的兄弟姐妹之间、养兄弟姐妹之间以及形成实际扶养关系的继兄弟姐妹之间。由上述规定我们看到，父母双亡，其未成年的子女应由有负担能力的祖父母、外祖父母和有负担能力的兄、姐抚养监护。那么，对于父母双亡的未成年子女，应当由哪一类亲属首先承担抚养监护义务呢？民法典第27条规定："父母是未成年子女的监护人。未成年人的父母已经死亡或者没有监护能力的，由下列有监护能力的人按顺序担任监护人：（一）祖父母、外祖父母；（二）兄、姐；（三）其他愿意担任监护人的个人或者组织，但是须经未成年人住所地的居民委员会、村民委员会或者民政部门同意。"从亲属原理上说，其家庭成员的监护责任，直系血亲应先于旁系血亲，即祖父母、外祖父母对孙子女、外孙子女的抚养责任顺序应先于兄、姐。根据民法典第27条的规定，一般先由祖父母、外祖父母承担，祖父母、外祖父母死亡或者虽未死亡但无负担能力的，才由有负担能力的兄、姐承担。如果有负担能力的祖父母、外祖父母就由谁抚养未成年孙子女或外孙子女发生争执的，可由法院根据最有利于该未成年子女的原则确定。如果父母双亡的未成年子女的祖父母、外祖父母均没有负担能力，无法抚养该未成年子女，同时未成年子女又没有兄、姐，此时又该确定谁作为监护人呢？民法典第32条规定："没有依法具有监护资格的人的，监护人由民政部门担任，也可以由具备履行监护职责条件的被监护人住所地的居民委员会、村民委员会担任。"

具体到本案中，也应遵循上述原则解决刘某和王某的非婚生子女的抚养问题。民法典第1071条第1款规定："非婚生子女享有与婚生子女同等的权利，任何组织或者个人不得加以危害和歧视。"因此，法律关于祖父母、外祖父母与孙子女、外孙子女间的权利义务，同样适用于非婚生孙子女、外孙子女。依照相关法律规定，在未成年人的父母已经死亡或者没有监护能力的情况下，首先应由其祖父母、外祖父母抚养。因王甲外祖母生活困难无力抚养，所以应由其有负担能力的祖父母抚养。

【法条指引】

中华人民共和国民法典

第二十七条　父母是未成年子女的监护人。

未成年人的父母已经死亡或者没有监护能力的，由下列有监护能力的人按顺序担任监护人：

（一）祖父母、外祖父母；

（二）兄、姐；

（三）其他愿意担任监护人的个人或者组织，但是须经未成年人住所地的居民委员会、村民委员会或者民政部门同意。

第三十二条 没有依法具有监护资格的人的，监护人由民政部门担任，也可以由具备履行监护职责条件的被监护人住所地的居民委员会、村民委员会担任。

第一千零六十七条 父母不履行抚养义务的，未成年子女或者不能独立生活的成年子女，有要求父母给付抚养费的权利。

成年子女不履行赡养义务的，缺乏劳动能力或者生活困难的父母，有要求成年子女给付赡养费的权利。

第一千零七十一条 非婚生子女享有与婚生子女同等的权利，任何组织或者个人不得加以危害和歧视。

不直接抚养非婚生子女的生父或者生母，应当负担未成年子女或者不能独立生活的成年子女的抚养费。

第一千零七十四条 有负担能力的祖父母、外祖父母，对于父母已经死亡或者父母无力抚养的未成年孙子女、外孙子女，有抚养的义务。

有负担能力的孙子女、外孙子女，对于子女已经死亡或者子女无力赡养的祖父母、外祖父母，有赡养的义务。

第一千零七十五条 有负担能力的兄、姐，对于父母已经死亡或者父母无力抚养的未成年弟、妹，有扶养的义务。

由兄、姐扶养长大的有负担能力的弟、妹，对于缺乏劳动能力又缺乏生活来源的兄、姐，有扶养的义务。

5. 父母离婚后，未成年子女的抚养费应如何分担？

【维权要点】

父母与子女间的关系，不因父母离婚而消除。离婚后，子女无论由父或母直接抚养，仍是父母双方的子女。离婚后，父母对于子女仍有抚养和教育的权利和义务。离异的父母对子女的抚养义务应当包括孩子生病时负担相应的医疗费用。

【典型案例】

何某（男，某企业职工）与郑某（女，某小学教师）于 2010 年结婚，2012 年生育一子何某某。由于何某好逸恶劳，懒惰成性，经常旷工和迟到，多次被所在企业处分。何某非但不思悔改，反而变本加厉，盗窃企业的财物，被所在企业开除。失去工作后，何某便待在家里，好吃懒做，靠妻子来养活自己和孩子。郑某好言相劝，希望何某出去找点事做，以减轻家庭负担。周围的亲友也看不惯何某的做法，纷纷责备何某。何某把妻子和亲友的话全当成耳边风。平时稍有不如意，对妻子张口便骂，甚至拳脚相加。郑某不堪凌辱，终于提出了离婚的要求。一开始，何某坚决不同意离婚，但见妻子态度坚决，无法挽回，便提出要求：孩子由妻子抚养，家里的财物全部归自己。郑某一心想摆脱与何某的不幸婚姻，遂同意何某的要求。离婚后，郑某带着孩子到父母家里生活。2021 年何某某因病住院，由于郑某工资微薄，父母的经济条件又不好，无力支付大笔的医疗费用，郑某找到何某，要求与何某分担孩子的医疗费用，遭到何某的拒绝。无奈之下，郑某向人民法院提起诉讼，要求人民法院依法判决何某支付婚生子何某某的抚养费用。何某以自己没有工作、无经济收入为由，拒绝承担何某某的抚养费用。

【法官讲法】

我国民法典第 1084 条第 1 款、第 2 款规定："父母与子女间的关系，不因父母离婚而消除。离婚后，子女无论由父或者母直接抚养，仍是父母双方的子女。离婚后，父母对于子女仍有抚养、教育、保护的权利和义务。"第 1085 条规定："离婚后，子女由一方直接抚养的，另一方应当负担部分或者全部抚养费。负担费用的多少和期限的长短，由双方协议；协议不成的，由人民法院判决。前款规定的协议或者判决，不妨碍子女在必要时向父母任何一方提出超过协议或者判决原定数额的合理要求。"法院在审理涉及子女抚养问题时，通常从有利于子女身心健康、保障子女的合法权益出发，结合父母双方的抚养能力和抚养条件等具体情况进行解决。实践中对子女抚养费问题通常作如下具体处理：（1）子女抚育费的数额，可根据子女的实际需要、父母双方的负担能力和当地的实际生活水平确定。

有固定收入的，抚育费一般可按其月总收入20%—30%的比例给付。负担两个以上子女抚育费的，比例可适当提高，但一般不得超过月总收入的50%。无固定收入的，抚育费的数额可依据当年总收入或同行业平均收入，参照上述比例确定。有特殊情况的，可适当提高或降低上述比例。（2）抚育费应定期给付，有条件的可一次性给付。（3）对一方无经济收入或者下落不明的，可用其财物折抵子女抚育费。（4）父母双方可以协议子女随一方生活并由抚养方负担子女全部抚育费。但抚养方的抚养能力明显不能保障子女所需费用，影响子女健康成长的，不予准许。（5）抚育费的给付期限，一般至子女18周岁为止。16周岁以上不满18周岁，以其劳动收入为主要生活来源，并能维持当地一般生活水平的，父母可停止给付抚育费。（6）尚未独立生活的成年子女有下列情形之一，父母又有给付能力的，仍应负担必要的抚育费：①丧失劳动能力或虽未完全丧失劳动能力，但其收入不足以维持生活的；②尚在校就读的；③确无独立生活能力和条件的。（7）生父与继母或生母与继父离婚时，对曾受其抚养教育的继子女，继父或继母不同意继续抚养的，仍应由生父母抚养。（8）夫或妻一方收养的子女，对方未表示反对，并与该子女形成事实收养关系的，离婚后，应由双方负担子女的抚育费；夫或妻一方收养的子女，对方始终反对的，离婚后，应由收养方抚养该子女。（9）离婚后，一方要求变更子女抚养关系的，或者子女要求增加抚育费的，应另行起诉。

在本案中，何某与郑某离婚时，双方未对何某某抚养费用的负担问题进行约定。离婚后，由于何某某患病，郑某无力负担大笔医疗费用，要求何某予以分担。按照民法典的规定，父母与子女间的关系，不因父母离婚而消除。离婚后，子女无论由父或母直接抚养，仍是父母双方的子女。离婚后，父母对于子女仍有抚养和教育的权利和义务。离异的父母对子女的抚养义务应当包括孩子生病时负担相应的医疗费用。因此，何某作为孩子的生父，有义务负担上述费用。在何某拒绝负担的情况下，郑某向人民法院起诉，要求何某支付孩子的抚养费用，人民法院应当依法予以支持。何某在诉讼中，以自己没有工作、无经济收入为由拒绝负担孩子的抚养费用，对此，可用其财物折抵子女抚育费。何某在与郑某离婚时，取得了家里的全部财物，理应从当中划拨一部分作为孩子的抚育费。如果何某拒绝交付财物，郑某可以申请人民法院强制执行。

【法条指引】

中华人民共和国民法典

第一千零八十四条　父母与子女间的关系，不因父母离婚而消除。离婚后，子女无论由父或者母直接抚养，仍是父母双方的子女。

离婚后，父母对于子女仍有抚养、教育、保护的权利和义务。

离婚后，不满两周岁的子女，以由母亲直接抚养为原则。已满两周岁的子女，父母双方对抚养问题协议不成的，由人民法院根据双方的具体情况，按照最有利于未成年子女的原则判决。子女已满八周岁的，应当尊重其真实意愿。

第一千零八十五条　离婚后，子女由一方直接抚养的，另一方应当负担部分或者全部抚养费。负担费用的多少和期限的长短，由双方协议；协议不成的，由人民法院判决。

前款规定的协议或者判决，不妨碍子女在必要时向父母任何一方提出超过协议或者判决原定数额的合理要求。

第一千零八十六条　离婚后，不直接抚养子女的父或者母，有探望子女的权利，另一方有协助的义务。

行使探望权利的方式、时间由当事人协议；协议不成的，由人民法院判决。

父或者母探望子女，不利于子女身心健康的，由人民法院依法中止探望；中止的事由消失后，应当恢复探望。

6. 依法指定监护人后，未成年人的母亲可否要求变更？

【维权要点】

未成年人的父母拥有对未成年子女不可剥夺的监护权。一方面，父母对未成年子女享有法定的监护权，只要未成年人的父母没有死亡，而且他们有能力履行监护职责，任何人就不能取消他们的监护权；另一方面，父母对未成年子女负有法定的监护义务，只要他们有监护能力，他们就不能以任何借口推脱承担监护义务。

【典型案例】

陈某（女）与刘某（男）于 2018 年 12 月经法院调解离婚，婚生子刘甲（2周岁）由刘某抚养。双方离婚后不久，陈某便调离了单位，与陶某结婚。刘某也从原单位调到某建筑公司。2021年2月，刘某因公死亡。因建筑公司及刘某的亲属均不知陈某在何处，刘甲的祖父、姑姑对担任刘甲的监护人又有争议，建筑公司遂决定，由建筑公司支付刘甲的抚养费至其18周岁，并由居委会指定刘甲的祖父和姑姑作为刘甲的法定监护人。2022年，陈某得知刘某死亡的消息，便提出由自己抚养刘甲，遭到刘甲的祖父与姑姑的拒绝，居委会也表示应由刘甲的祖父与姑姑担任监护人。无奈，陈某向人民法院提起诉讼。

【法官讲法】

在本案中陈某与刘某离婚时，经协议，当时已有2周岁的婚生子刘甲由刘某抚养，这样刘某就成为刘甲的监护人，对刘甲行使监护权并承担监护义务。刘某因公死亡后，应由谁担任刘甲的监护人呢？根据民法典第27条第1款关于“父母是未成年子女的监护人”的规定，应由刘甲的母亲即陈某担任监护人。但当时陈某并不知道刘某已死亡，刘某的亲属和所在单位也无人知晓陈某的下落，在这种情况下，根据民法典第27条第2款“未成年人的父母已经死亡或者没有监护能力的，由下列有监护能力的人按顺序担任监护人：（一）祖父母、外祖父母；（二）兄、姐；（三）其他愿意担任监护人的个人或者组织，但是须经未成年人住所地的居民委员会、村民委员会或者民政部门同意”之规定，由刘甲的祖父和姑姑担任临时监护人是可行的。但是，由于刘甲的祖父与姑姑之间存在争议，因此，依据民法典第31条关于“对监护人的确定有争议的，由被监护人住所地的居民委员会、村民委员会或者民政部门指定监护人”之规定，刘某住所地居委会临时指定刘甲的祖父、姑姑共同担任刘甲的监护人。二人担任监护人以后，对刘甲履行了监护职责，使刘甲得到了妥善的照顾、抚养。这些事实表明，刘甲的祖父、姑姑担任监护人，是符合客观情况的，符合法律规定的精神，而且有能力履行好监护的职责。在这种情况下，陈某提出刘甲由她监护的诉讼请求，法院是否应该支持呢？民法典第27条规定，父母是未成年子女的监护人。这就是说，一方面，父母对未成年子女享有法定的监护权，只要未成年人的父母没有死亡，而且他们有能力履行监护职责，任何人就不能取消他们的监护权；另一方面，父母对未成年子女负有法定的监护义务，只要他们有监护能力，他们就不能以任何借口推脱承担监护义务。陈某是刘甲的母亲，是法定监护人，其依法对刘甲的监护权优先于指定监护人刘甲的祖父、姑姑。且陈某不具有任何不应行使监护权的情形，因此陈某请求由她抚养刘甲，应当予以支持。

【法条指引】

中华人民共和国民法典

第二十七条　父母是未成年子女的监护人。

未成年人的父母已经死亡或者没有监护能力的，由下列有监护能力的人按顺序担任监护人：

（一）祖父母、外祖父母；

（二）兄、姐；

（三）其他愿意担任监护人的个人或者组织，但是须经未成年人住所地的居民委员会、村民委员会或者民政部门同意。

第三十一条　对监护人的确定有争议的，由被监护人住所地的居民委员会、村民委员会或者民政部门指定监护人，有关当事人对指定不服的，可以向人民法院申请指定监护人；有关当事人也可以直接向人民法院申请指定监护人。

居民委员会、村民委员会、民政部门或者人民法院应当尊重被监护人的真实意愿，按照最有利于被监护人的原则在依法具有监护资格的人中指定监护人。

依据本条第一款规定指定监护人前，被监护人的人身权利、财产权利以及其他合法权益处于无人保护状态的，由被监护人住所地的居民委员会、村民委员会、法律规定的有关组织或者民政部门担任临时监护人。

监护人被指定后，不得擅自变更；擅自变更的，不免除被指定的监护人的责任。

7. 离婚后，擅改子女姓氏并阻止另一方进行探望，应当如何处理？

【维权要点】

离婚后，父母任何一方可将子女的姓氏改为父姓或母姓，但不得将子女的姓氏随意更改。不直接抚养子女的父或母，有探望子女的权利，另一方有协助的义务。

【典型案例】

孙某与张某因感情破裂于2018年离婚，婚生子孙甲（9周岁）随母亲张某生活，孙某一次性支付孙甲生活费、教育费共8万元。离婚后，孙某从事个体工商经营活动，常常东奔西走；张某则再婚，孙甲随母亲张某和继父刘某生活，相处融洽。2020年4月，张某将孙甲的姓氏改为刘姓。张某对孙甲的活动控制很严，外出护送护接，严禁孙甲接近孙某。由于孙某看望儿子受到张某的阻止，为此双方多次发生争执。2021年2月，孙某书面向张某提出，从2月的第二个星期六下午开始，每隔一个星期，他与孙甲共度周末一次。对孙某的书面要求，张某不予理睬，继续阻止孙某的探望。于是孙某向法院提起诉讼，要求判定将孙甲的姓氏恢复为原姓，同时保护其探望孙甲的权利。

【法官讲法】

在本案中，我们应当明确的是：首先，张某擅自将孙甲的姓氏改为刘姓存在不当。第一，根据民法典第1015条的规定，自然人应当随父姓或者母姓，但法律未规定父母任何一方可以将子女的姓名随意更改。因此，张某将儿子的姓氏改为其再婚丈夫的姓氏是没有法律依据的。第二，父母双方离婚时，子女年幼不能表达自己意志的，父母双方可以协商改变子女原用姓名；另外，父母离婚后，父母任何一方未经对方许可，单方面将子女的姓氏变更是不当的，如果生父或生母提出异议，另一方应恢复子女原来的姓名。在本案中，孙某与张某离婚后，在未取得孙某同意的情况下，张某单方将孙甲的姓氏改为其再婚丈夫的姓氏，使子女既非随父姓，也非随母姓，而是随继父姓，显然与相关的法律规定相违背。其次，我国民法典第1086条第1款规定："离婚后，不直接抚养子女的父或者母，有探望子女的权利，另一方有协助的义务。"本案中，孙某提出每隔一个星期与儿子孙甲共度周末一次，即是行使其探望权。如果孙甲与孙某短期生活，不会给孙甲的身心健康造成不良的影响；相反，会增进父子感情，对孙甲的身心健康发展都会有很大的好处。张某拒绝和阻止孙某探望孙甲，严禁孙某接近孙甲，这种行为实际上既侵犯了作为父亲对子女的探望权，也剥夺了未成年子女接受另一方抚养和教育的合法权益。孙某的诉请应依法予以支持。

【法条指引】

中华人民共和国民法典

第一千零一十五条　自然人应当随父姓或者母姓，但是有下列情形之一的，可以在父姓和母姓之外选取姓氏：

（一）选取其他直系长辈血亲的姓氏；

（二）因由法定扶养人以外的人扶养而选取扶养人姓氏；

（三）有不违背公序良俗的其他正当理由。

少数民族自然人的姓氏可以遵从本民族的文化传统和风俗习惯。

第一千零八十四条　父母与子女间的关系，不因父母离婚而消除。离婚后，子女无论由父或者母直接抚养，仍是父母双方的子女。

离婚后，父母对于子女仍有抚养、教育、保护的权利和义务。

离婚后，不满两周岁的子女，以由母亲直接抚养为原则。已满两周岁的子女，父母双方对抚养问题协议不成的，由人民法院根据双方的具体情况，按照最有利于未成年子女的原则判决。子女已满八周岁的，应当尊重其真实意愿。

第一千零八十六条　离婚后，不直接抚养子女的父或者母，有探望子女的权利，另一方有协助的义务。

行使探望权利的方式、时间由当事人协议；协议不成的，由人民法院判决。

父或者母探望子女，不利于子女身心健康的，由人民法院依法中止探望；中止的事由消失后，应当恢复探望。

8. 生母死亡后，未成年子女拒绝随父亲共同生活，应当如何处理？

【维权要点】

对子女抚养问题，应当依照民法典的有关规定，从有利于子女身心健康、保障子女的合法权益出发，结合父母双方的抚养能力和抚养条件等具体情况妥善解决。同时，父母即便没有与未成年子女共同生活，但仍应承担未成年子女的抚养义务。

【典型案例】

蓝某（男，某工厂职工）与游某（女，某医院护士）于2008年结婚，2014年二人协议离婚，双方约定婚生子蓝某某随游某共同生活，住房归蓝某所有。离婚后，游某携蓝某某到其妹和妹夫处居住。游某的妹妹和妹夫均为某学校老师，夫妻感情较好，但婚后一直未生育子女。游某和孩子来后，一家人十分和睦。由于自己没有孩子，游某的妹妹和妹夫对蓝某某十分疼爱，视同己出。在此期间，蓝某再次结婚，并生育一女，蓝某本人到某私营企业做临时工。2020年10月，游某在外出接诊过程中遭遇车祸身亡。所在医院给予蓝某某18万元抚恤金。游某去世后，蓝某某仍然随小姨、姨父生活。夫妇二人可怜孩子幼年丧母，对其更加疼爱，并将蓝某某送到当地的重点中学就读。夫妇二人轮流接送孩子，每逢周末，还带蓝某某去游乐园，尽量缓解孩子的丧母之痛。蓝某某与夫妇二人建立了深厚的感情。由于离婚后，蓝某从未探望过游某和孩子，直至2021年8月，蓝某才意外获悉游某已经去世且所在单位给予蓝某某18万元抚恤金一事，当即找到游某的妹妹和妹夫，要求将蓝某某交给自己抚养。游某的妹妹和妹夫认为蓝某品行不端，且已经再婚生子，工作又不稳定，收入微薄，由其抚养蓝某某，不利于孩子的健康成长，因此拒绝将蓝某某交给其抚养。蓝某某本人也舍不得离开小姨和姨父，不愿意随蓝某生活。蓝某遂向人民法院提起诉讼，要求将孩子判归自己抚养。游某的妹妹和妹夫答辩称，蓝某与游某离婚后，对游某母子不闻不问，从未探望过两人，更谈不上尽抚养义务。现在游某因车祸去世，蓝某主张由自己抚养蓝某某，主要是因为蓝某某在母亲去世后获得了18万元抚恤金，并非基于父子感情；否则在离婚时，蓝某就不会自愿将孩子交给游某抚养。而且蓝某现在已经再婚生子，经济条件也不好，蓝某某随其共同生活，学习、生活条件必然要受到诸多影响。蓝某某也向法庭书面表示，不愿随其父蓝某生活。

【法官讲法】

民法典第27条规定："父母是未成年子女的监护人。未成年人的父母已经死亡或者没有监护能力的，由下列有监护能力的人按顺序担任监护人：（一）祖父母、外祖父母；（二）兄、姐；（三）其他愿意担任监护人的个人或者组织，但是须经未成年人住所地的居民委员会、村民委员会或者民政部门同意。”第31条第1款、第2款规定：“对监护人的确定有争议的，由被监护人住所地的居民委员会、村民委员会或者民政部门指定监护人，有关当事人对指定不服的，可以向人民法院申请指定监护人；有关当事人也可以直接向人民法院申请指定监护人。居民委员会、村民委员会、民政部门或者人民法院应当尊重被监护人的真实意愿，按照最有利于被监护人的原则在依法具有监护资格的人中指定监护人。”如果孤立地理解和适用上述法律规定，本案应当支持蓝某的主张，将蓝某某判归其抚养。因为父母是子女当然的监护人，只有在父母已经死亡或者没有监护能力的情况下，其他亲属才有资格担任监护人。蓝某某的母亲虽然已经去世，但其父蓝某仍然健在，并且有住房和经济收入，具有抚养能力。在这种情况下，蓝某某的小姨和姨父应当将孩子交给生父蓝某抚养，而没有资格主张对蓝某某的抚养权。但考虑到本案虽然是抚养纠纷，但它的基本事实却与类似案件极不相同，因而在实际处理上，不能孤立地理解和适用法律规定；否则将会导致既有悖于法律的基本原则和精神，也不符合实际结果。人民法院审理离婚案件，对子女抚养问题，从有利于子女身心健康、保障子女的合法权益出发，结合父母双方的抚养能力和抚养条件等具体情况进行处理。本案在解决未成年人的抚养问题时，也是以有利于未成年人的健康成长、保障其合法权益为基本原则。

在具体的处理中，考虑了以下几个方面：（1）本案并非确定抚养权纠纷，而是解决未成年人随谁生活更为妥当的抚养纠纷。蓝某是蓝某某的生父，因此是孩子当然的法定监护人。在抚养权问题上，蓝某的任何其他亲属均无权与其争夺。但蓝某某在父母离异后，一直随母亲和小姨、姨父共同生活，一家人和睦相处，感情融洽。在游某去世后，蓝某某的小姨和姨父基于对游某的思念，对蓝某某更加疼爱，关心蓝某某的学习和生活，建立了深厚的情同父子、母子般的感情。相反，蓝某在离婚后对游某母子不闻不问，从未探望过母子二人，未尽到对蓝某某的抚养义务。即使是游某去世这样的大事，蓝某也是在近一年才得知。在蓝某某母亲突然离去的悲痛时刻，蓝某既未看望孩子，也没有给予其精神上的安慰。以上种种情况，必然使蓝某与蓝某某之间的父子感情受到极大的损害。在这种情况下，让蓝某某离开已经产生了深厚感情的小姨和姨父，随生父蓝某共同生活，是其从感情上无法接受的。(2) 纵观双方的生活环境和经济情况，蓝某某随其小姨和姨父共同生活，更有利于未成年人的健康成长。蓝某某的小姨和姨父均为教师，工作稳定，经济状况好，文化程度高，具备良好的抚养和教育蓝某某的能力。蓝某某随其生活，对其生活和学习均比较有利。而蓝某已经再婚，并已生育一女，本人在某私营企业做临时工，靠微薄的收入养育妻女，且工作和经济收入均不稳定。蓝某某随其生活，必然对其生活和学习产生不利影响。(3) 尊重限制民事行为能力人的个人意愿。民法典第 1084 条第 3 款规定："……子女已满八周岁的，应当尊重其真实意愿。"蓝某某已满 8 周岁，在诉讼中以书面形式表示不愿随其父共同生活。对于蓝某某的个人真实意愿，应当予以尊重和支持。否则违背未成年人的意愿，强迫其随蓝某生活，必然会使孩子在心理上无法接受，对其身心的健康成长造成不利影响。(4) 本案纠纷与游某因车祸去世后，蓝某某所获得的 18 万元抚恤金有关。从蓝某以往对蓝某某母子二人的态度可以判断，蓝某主张由自己抚养蓝某某，并不是基于父子感情，而是从经济利益出发。考虑到蓝某现在工作不稳定，经济收入低，蓝某某所获得的抚恤金由其小姨和姨父代为保管，用于蓝某某的生活和学习更为妥当。从这个角度看，蓝某某也应由其小姨和姨父抚养。(5) 确定蓝某某随其小姨和姨父共同生活，并未剥夺蓝某抚养未成年子女的法定权利。根据民法典第 1084 条第 1 款、第 2 款规定："父母与子女间的关系，不因父母离婚而消除。离婚后，子女无论由父或者母直接抚养，仍是父母双方的子女。离婚后，父母对于子女仍有抚养、教育、保护的权利和义务。"蓝某与游某经人民法院调解离婚，协议蓝某某随其母游某共同生活，但蓝某与蓝某某之间的父子关系并未因此而解除。作为孩子的生父，蓝某仍然具有抚养未成年子女的权利和义务。在父母离异后，蓝某某随其母共同生活，其母去世后，随小姨和姨父共同生活，只是对抚养环境的一种选择，并没有影响蓝某行使抚养未成年子女的权利。

综上所述，本案应当判决蓝某某随其小姨和姨父共同生活，但蓝某仍应当承担对蓝某某的抚养义务，并可以行使探望子女的权利。对此，蓝某某的小姨和姨父应当予以协助。

【法条指引】

中华人民共和国民法典

第十九条　八周岁以上的未成年人为限制民事行为能力人，实施民事法律行为由其法定代理人代理或者经其法定代理人同意、追认；但是，可以独立实施纯获利益的民事法律行为或者与其年龄、智力相适应的民事法律行为。

第二十七条　父母是未成年子女的监护人。

未成年人的父母已经死亡或者没有监护能力的，由下列有监护能力的人按顺序担任监护人：

（一）祖父母、外祖父母；

（二）兄、姐；

（三）其他愿意担任监护人的个人或者组织，但是须经未成年人住所地的居民委员会、村民委员会或者民政部门同意。

第三十一条　对监护人的确定有争议的，由被监护人住所地的居民委员会、村民委员会或者民政部门指定监护人，有关当事人对指定不服的，可以向人民法院申请指定监护人；有关当事人也可以直接向人民法院申请指定监护人。

居民委员会、村民委员会、民政部门或者人民法院应当尊重被监护人的真实意愿，按照最有利于被监护人的原则在依法具有监护资格的人中指定监护人。

依据本条第一款规定指定监护人前，被监护人的人身权利、财产权利以及其他合法权益处于无人保护状态的，由被监护人住所地的居民委员会、村民委员会、法律规定的有关组织或者民政部门担任临时监护人。

监护人被指定后，不得擅自变更；擅自变更的，不免除被指定的监护人的责任。

9. 子女上学后，可以要求增加抚养费吗？

【维权要点】

当父母离婚后，由一方抚养的子女，另一方应当负担子女生活费、教育费、医疗费的部分或者全部。随着时间和情况的变化，子女在必要时可以向父母任何一方提出超过协议或者判决原定数额的合理要求。

【典型案例】

马某与王某2015年结婚，2016年3月生一子马甲。马某由于工作常年在外地，马甲都是由王某照顾。2019年5月，王某提出离婚，双方对离婚均无异议，但均要求抚养孩子。最后，考虑到马甲只有3周岁，且多是由王某照顾，同时王某又有稳定的工作和收入，因此法院判决马甲跟随王某生活，马某每月给付抚养费800元。马某不服判决，拒付抚养费。后经法院多次做工作，马某才履行判决。2022年2月，马某为马甲上了终身平安保险，每月缴纳保险费800元。同年8月，马某与丁某结婚，丁某认为马某每月为马甲缴纳保险费800元，可以充抵抚养费。而王某认为，为儿子上保险属马某自愿，不能充抵抚养费；同时，儿子9月要上小学，所以要求马某增加抚养费。因双方协商未果，王某向法院提起诉讼。

【法官讲法】

关于离婚后未成年子女的抚养费问题，根据民法典第1084条第1款的规定："父母与子女间的关系，不因父母离婚而消除。离婚后，子女无论由父或者母直接抚养，仍是父母双方的子女。"该法第1085条规定："离婚后，子女由一方直接抚养的，另一方应当负担部分或者全部抚养费。负担费用的多少和期限的长短，由双方协议；协议不成的，由人民法院判决。前款规定的协议或者判决，不妨碍子女在必要时向父母任何一方提出超过协议或者判决原定数额的合理要求。"《最高人民法院关于适用〈中华人民共和国民法典〉婚姻家庭编的解释（一）》第58条规定："具有下列情形之一，子女要求有负担能力的父或者母增加抚养费的，人民法院应予支持：（一）原定抚养费数额不足以维持当地实际生活水平；（二）因子女患病、上学，实际需要已超过原定数额；（三）有其他正当理由应当增加。"法律之所以这样规定，是由于父母与子女之间是具有血缘关系的亲子关系，这种关系一旦产生，便具有了自身的独立性和稳定性，即使父母离婚了，这种血缘亲子关系依然存在，父母子女之间的权利义务关系均不受影响。但离婚毕竟改变了父母抚养子女的形式，因此，离婚后，不与子女共同生活的一方应负担子女必要的生活费和教育费的一部或全部。而且随着时间和情况的变化，子女还可以在必要时向其提出超过原定抚养费数额的合理要求。

本案中，马甲马上要上小学，各种费用必然相应增加，因此王某要求马某增加抚养费的请求是合理的。同时马某为马甲所买保险虽属好意，但并非是生活所需，况且受益时间尚远，不能解决目前所必需的生活和学习费用。因此，马某为马甲所买保险的费用不能充抵抚养费，马某不但要按照法院判决每月按时给付马甲的抚养费，而且应当增加抚养费的金额。

【法条指引】

中华人民共和国民法典

第一千零八十四条 父母与子女间的关系，不因父母离婚而消除。离婚后，子女无论由父或者母直接抚养，仍是父母双方的子女。

离婚后，父母对于子女仍有抚养、教育、保护的权利和义务。

离婚后，不满两周岁的子女，以由母亲直接抚养为原则。已满两周岁的子女，父母双方对抚养问题协议不成的，由人民法院根据双方的具体情况，按照最有利于未成年子女的原则判决。子女已满八周岁的，应当尊重其真实意愿。

第一千零八十五条 离婚后，子女由一方直接抚养的，另一方应当负担部分或者全部抚养费。负担费用的多少和期限的长短，由双方协议；协议不成的，由人民法院判决。

前款规定的协议或者判决，不妨碍子女在必要时向父母任何一方提出超过协议或者判决原定数额的合理要求。

最高人民法院关于适用《中华人民共和国民法典》婚姻家庭编的解释（一）

第五十八条 具有下列情形之一，子女要求有负担能力的父或者母增加抚养费的，人民法院应予支持：

（一）原定抚养费数额不足以维持当地实际生活水平；

（二）因子女患病、上学，实际需要已超过原定数额；

（三）有其他正当理由应当增加。

10. 祖父母代父母抚养子女的，能否追索抚养费？

【维权要点】

未成年子女的父母在有监护能力的情况下，不履行监护职责，应承担第三人抚养管理未成年子女所产生的必要费用。当事人双方之间的债权债务关系属于无因管理之债。未成年子女父母负有清偿义务。

【典型案例】

王某与吴某于2018年10月结婚，婚后于2021年生育一子王某某。在共同生活的过程中，两人经常为生活琐事发生激烈争吵。2021年12月，吴某提出离婚，王某表示同意，但在子女抚养问题上双方发生争执。两个人为自己今后的生活考虑，都不愿意抚养王某某，吴某起诉到法院。法院经审理后认为，王某某仍在哺乳期，依法判决由吴某抚养王某某，王某每月支付抚养费1000元。判决生效后，吴某拒不履行对王某某的抚养义务，将孩子弃之不顾。王某则将3000元抚养费交给自己的父母，对孩子也不闻不问。自此，王某某一直由王某的父母抚养。两位老人疼爱自己的小孙子，所以一直尽心尽力地照顾孩子，但对王某和吴某夫妻二人狠心抛弃孩子的行为，尤其是吴某拒不履行抚养义务的行为十分气愤。老人多次和吴某联系，并表明，如果吴某确实不愿意抚养王某某，也不勉为其难，但吴某应当支付王某某的抚养费，否则于情于理于法都说不通。但无情的吴某把老人的话当成了耳边风，不予理睬。吴某这种态度激怒了老人，王某某的祖父母向人民法院提起诉讼，认为根据法院判决，王某某应当由吴某抚养，而吴某拒不履行对王某某的抚养义务，孩子一直由祖父母代为照顾，自己为此支付了大量的抚养费用，与吴某因此形成了无因管理之债。请求人民法院依法判决吴某清偿此笔债务，支付王某某的抚养费6000元，并在今后每月支付800元抚养费。

【法官讲法】

民法典第121条规定："没有法定的或者约定的义务，为避免他人利益受损失而进行管理的人，有权请求受益人偿还由此支出的必要费用。"该条所确立的就是无因管理之债。所谓无因管理，是指既未受人委托，也不负有法律规定的义务，为避免他人利益受损失而对他人事务予以管理或者提供服务的行为。无因管理的管理人既无法定义务，又未受他人委托，然而一经管理他人事务或者提供服务，就会在管理人与本人之间产生一定的债权债务关系，即管理人应当像管理自己的事务那样尽心管理并应及时通知或者寻找本人，如有下落，应当将所管理的事务及时返还；管理人有权要求本人偿还为管理所支出的必要费用以及赔偿因管理而发生的损失，而本人负有赔偿管理者在管理过程中所支付的必要费用及直接损失的义务。无因管理所产生的债称之为无因管理之债。无因管理是一种助人为乐的义举，为法律所确认和保护。无因管理之债并不是基于当事人的意愿而设立的，而是基于法律规定所产生，因此，无因管理之债是法定之债。在本案中，王某某的祖父母与王某某之母吴某之间是否形成了无因管理之债，应当从以下几个方面进行分析。

1. 父母是子女的法定监护人。监护制度是对包括未成年人在内的无民事行为能力人和限制民事行为能力人的人身、财产及其他合法权益进行保护的一种民事法律制度。我国民法典第 27 条第 1 款规定："父母是未成年子女的监护人。"由此可知，父母是未成年子女的法定监护人，父母对未成年子女既享有监护的权利，又负有监护的义务，这种民事关系因子女的出生而开始。除法院因父母作为监护人对未成年人明显不利，依法取消其担任监护人的资格外，具有监护能力的父母既不能被非法剥夺监护权利，也不能无正当理由放弃履行监护职责，父母离婚不能消除父母与子女之间的关系，不影响其监护人的资格。本案中，王某和吴某经法院调解离婚，婚生子王某某由吴某抚养，吴某为王某某的监护人，负有对王某某的监护职责；王某支付王某某的抚养费，仍享有对王某某的监护权。

2. 祖父母可以成为被监护人的法定监护人，但其履行监护职责须具备特定条件。民法典第 27 条第 2 款规定："未成年人的父母已经死亡或者没有监护能力的，由下列有监护能力的人按顺序担任监护人：（一）祖父母、外祖父母；（二）兄、姐；（三）其他愿意担任监护人的个人或者组织，但是须经未成年人住所地的居民委员会、村民委员会或者民政部门同意。"其中第一项就是祖父母、外祖父母。祖父母是未成年人第二顺序的监护人，在一定情况下负有担任监护人的法定义务，但其担任监护人须具备两个前提：一是未成年人的父母双亡或丧失监护能力，或依法被取消监护职责；二是具有监护能力。在本案中，王某某的祖父母虽然具有法定监护人资格并具有抚养能力，但在王某某的父母有监护能力且未被依法取消监护职责的情况下，只具备对王某某的监护资格，没有对王某某监护的义务。

3. 王某某的祖父母抚养王某某的行为应为无因管理，吴某应承担相应的债务。根据上述分析，所谓无因管理，是指没有法定的或约定的义务，为避免他人利益受损失而进行管理或者服务的行为，是管理人和受益人之间发生的一种债的法律关系。在本案中，王某某的祖父母在王某和吴某都不抚养王某某的情况下，既无法定的义务，又未受其监护人吴某的委托，只因血缘亲属之情，为了有利于孙子的健康成长，自愿地抚养孙子王某某，并为此支付了6000元的费用。该行为符合无因管理的条件，无因管理之债应当成立。

综上所述，在王某某的父母有监护能力的情况下，王某某的祖父母无抚养孙子的义务，吴某作为王某某的监护人而不履行监护职责，应承担抚养管理王某某所产生的必要费用。因此，当事人双方之间的债权债务关系应属无因管理之债。吴某负有清偿义务。此外，依照民法典第37条的规定："依法负担被监护人抚养费、赡养费、扶养费的父母、子女、配偶等，被人民法院撤销监护人资格后，应当继续履行负担的义务。"故即便吴某因法定因素被撤销监护人资格，仍应负担抚养王某某的义务。

【法条指引】

中华人民共和国民法典

第三十七条 依法负担被监护人抚养费、赡养费、扶养费的父母、子女、配偶等，被人民法院撤销监护人资格后，应当继续履行负担的义务。

第一百二十一条 没有法定的或者约定的义务，为避免他人利益受损失而进行管理的人，有权请求受益人偿还由此支出的必要费用。

11. 未成年人的母亲尚健在，村民委员会能否指定其他近亲属作为监护人？

【维权要点】

只有在未成年人的父母死亡或丧失监护能力或对该子女有犯罪行为、

虐待行为或者担任监护人对该子女明显不利并经人民法院依法取消了监护人资格，未成年人的其他法定监护人对担任监护人有争议或者没有法定监护人时，才能由未成年人的父、母的所在单位或者未成年人住所地的居民委员会、村民委员会在近亲属中指定监护人。

【典型案例】

2021 年 4 月，章某（9 周岁）的父亲在车祸中丧生。在父亲死后，章某和母亲安某相依为命。2021 年 9 月，迫于生计，安某外出打工，将章某交给章某的祖父母章甲夫妇照顾。安某在外出打工期间结识了谭某并同居。章甲夫妇在得知这一情况后，便不再让安某接触章某。安某只好经常到章某的学校探望章某，并给其购买衣物。2022 年 5 月，章甲夫妇和安某就章某的监护问题发生纠纷，双方都请求章某住所地的村民委员会指定自己为章某的监护人。同年 6 月，村民委员会指定章甲夫妇为章某的监护人。安某得知此情况后，遂起诉至人民法院，请求人民法院依法撤销村民委员会的指定。

【法官讲法】

民法典第 27 条规定："父母是未成年子女的监护人。未成年人的父母已经死亡或者没有监护能力的，由下列有监护能力的人按顺序担任监护人：（一）祖父母、外祖父母；（二）兄、姐；（三）其他愿意担任监护人的个人或者组织，但是须经未成年人住所地的居民委员会、村民委员会或者民政部门同意。"第 31 条第 1 款、第 2 款规定："对监护人的确定有争议的，由被监护人住所地的居民委员会、村民委员会或者民政部门指定监护人，有关当事人对指定不服的，可以向人民法院申请指定监护人；有关当事人也可以直接向人民法院申请指定监护人。居民委员会、村民委员会、民政部门或者人民法院应当尊重被监护人的真实意愿，按照最有利于被监护人的原则在依法具有监护资格的人中指定监护人。"从以上法律规定来看，未成年人的法定监护人首先是父母。在本案中，安某作为章某的亲生母亲，享有当然的法定监护权，这是毋庸置疑的。那么，在章某的父亲死亡后，安某与他人同居的情况下，安某的法定监护权是否丧失呢？根据民法典第 36 条第 1 款规定："监护人有下列情形之一的，人民法院根据有关个人或者组织的申请，撤销其监护人资格，安排必要的临时监护措施，并按照最有利于被监护人的原则依法指定监护人：（一）实施严重损害被监护人身心健康的行为；（二）怠于履行监护职责，或者无法履行监护职责且拒绝将监护职责部分或者全部委托给他人，导致被监护人处于危困状态；（三）实施严重侵害被监护人合法权益的其他行为。”丧失监护权资格的情况还有死亡、丧失监护能力等。就本案而言，作为章某母亲的安某，一没有死亡，二没有丧失监护能力，三没有对章某有犯罪、虐待等严重损害其身心健康或者合法权益的行为。章某的父亲死亡后，其母亲安某和章某相依为命共同生活，并承担着抚养教育、保护章某人身财产合法权益不受侵犯的监督和保护的义务。后为了生活外出打工，让章某与章甲夫妇共同生活，应视为监护权的委托，并且为了生计外出打工是监护权委托他人行使的正当理由。受委托人代理监护人履行监护职责，安某作为监护人的地位并不改变。安某外出打工与他人同居，并不存在对章某担任监护人的明显不利的情形，且在章甲夫妇阻挠安某履行监护职责时，安某仍然积极主动地到章某所在学校探望章某，并给其购买衣物。可见，安某一直在积极正当地履行监护职责，也没有明确表示放弃监护权。

同时，父母对未成年人的监护权也是法律所不允许放弃的。民法典第1068条规定：“父母有教育、保护未成年子女的权利和义务。未成年子女造成他人损害的，父母应当依法承担民事责任。”第1042条规定：“……禁止家庭成员间的虐待和遗弃。”从以上法律规定可以看出，法律禁止遗弃家庭成员，本案中的安某没有放弃对章某的监护权，也不能自行放弃监护权。因此，安某的监护权并没有丧失，安某仍是章某的合法监护人。根据民法典第31条的规定，对监护人的确定有争议的，由被监护人住所地的居民委员会、村民委员会或者民政部门指定监护人，有关当事人对指定不服的，可以向人民法院申请指定监护人；有关当事人也可以直接向人民法院申请指定监护人。但是，本案中村民委员会指定监护人的指定行为没有法律效力。因为根据民法典第31条的规定，未成年人监护人指定行为产生的法定条件是：未成年人的父母死亡（指父母均已死亡）或丧失监护能力，其他法定监护人对担任未成年人的监护人有争议。争议的主体不包括未成年人的父母。只有在未成年人的父母死亡或丧失监护能力并经人民法院依法取消了监护人资格，未成年人的其他法定监护人对担任监护人有争议或者没有法定监护人时，才能由被监护人住所地的居民委员会、村民委员会或者民政部门指定监护人。在本案中，章某的母亲安某没有死亡，没有丧失监护能力，也没有被人民法院依法取消监护人资格，安某仍是章某的合法监护人。可见，村民委员会指定监护人的法定条件并没有发生，所以村民委员会指定章甲夫妇作为章某监护人的行为无法律效力。

【法条指引】

中华人民共和国民法典

第二十七条　父母是未成年子女的监护人。

未成年人的父母已经死亡或者没有监护能力的，由下列有监护能力的人按顺序担任监护人：

（一）祖父母、外祖父母；

（二）兄、姐；

（三）其他愿意担任监护人的个人或者组织，但是须经未成年人住所地的居民委员会、村民委员会或者民政部门同意。

第三十一条　对监护人的确定有争议的，由被监护人住所地的居民委员会、村民委员会或者民政部门指定监护人，有关当事人对指定不服的，可以向人民法院申请指定监护人；有关当事人也可以直接向人民法院申请指定监护人。

居民委员会、村民委员会、民政部门或者人民法院应当尊重被监护人的真实意愿，按照最有利于被监护人的原则在依法具有监护资格的人中指定监护人。

依据本条第一款规定指定监护人前，被监护人的人身权利、财产权利以及其他合法权益处于无人保护状态的，由被监护人住所地的居民委员会、村民委员会、法律规定的有关组织或者民政部门担任临时监护人。

监护人被指定后，不得擅自变更；擅自变更的，不免除被指定的监护人的责任。

第三十六条　监护人有下列情形之一的，人民法院根据有关个人或者组织的申请，撤销其监护人资格，安排必要的临时监护措施，并按照最有利于被监护人的原则依法指定监护人：

（一）实施严重损害被监护人身心健康的行为；

（二）怠于履行监护职责，或者无法履行监护职责且拒绝将监护职责部分或者全部委托给他人，导致被监护人处于危困状态；

（三）实施严重侵害被监护人合法权益的其他行为。

本条规定的有关个人、组织包括：其他依法具有监护资格的人，居民委员会、村民委员会、学校、医疗机构、妇女联合会、残疾人联合会、未成年人保护组织、依法设立的老年人组织、民政部门等。

前款规定的个人和民政部门以外的组织未及时向人民法院申请撤销监护人资格的，民政部门应当向人民法院申请。

第一千零四十二条 禁止包办、买卖婚姻和其他干涉婚姻自由的行为。禁止借婚姻索取财物。

禁止重婚。禁止有配偶者与他人同居。

禁止家庭暴力。禁止家庭成员间的虐待和遗弃。

第一千零六十八条 父母有教育、保护未成年子女的权利和义务。未成年子女造成他人损害的，父母应当依法承担民事责任。

12. 未成年人的父母及其家长无力履行抚养义务的，能否将监护权转让给社会福利机构？

【维权要点】

未成年人的父母已死亡或者没有监护能力的，其祖父母、外祖父母，兄、姐或关系密切的其他亲属、朋友亦无监护能力的，由未成年人的父、母的所在单位或者未成年人住所地的居民委员会、村民委员会或者民政部门担任监护人。民政部门举办的福利机构，具有监护资质。

【典型案例】

2020年11月，女孩岳某（13周岁）在放学回家途中被无业青年李某强奸。李某于次日被公安机关抓获，后又被人民法院依法判刑。2021年9月，被强奸后怀孕的岳某在当地卫生院产下一名女婴。因岳某尚未成年，无力抚养孩子，而强奸犯李某也已经被判刑入狱，岳某的父母都是当地农民，子女众多，家境贫寒，飞来横祸和婴儿的抚养问题使全家人一筹莫展。当地的福利院闻讯后，找到岳某的父母，表示可以收养婴儿，但必须经过法定程序。

经过多方协调，岳某所在的村民委员会指定婴儿的外公外婆，即岳某的父母为其监护人。然后由岳某的父母根据相关规定，与当地社会福利院签订了婴儿的监护权转移合同，委托社会福利院抚养婴儿。

【法官讲法】

我国民法典第 27 条规定："父母是未成年子女的监护人。未成年人的父母已经死亡或者没有监护能力的，由下列有监护能力的人按顺序担任监护人：（一）祖父母、外祖父母；（二）兄、姐；（三）其他愿意担任监护人的个人或者组织，但是须经未成年人住所地的居民委员会、村民委员会或者民政部门同意。"所谓监护，是指监护人对未成年人和精神病人的人身、财产及其他合法权益依法实行的监督和保护。根据民法典的上述规定，父母是未成年人的监护人。未成年人的父母已经死亡或者没有监护能力的，由有监护能力的祖父母、外祖父母，兄、姐，其他愿意担任监护人的个人或者组织担任监护人，但是须经未成年人住所地的居民委员会、村民委员会或者民政部门同意。

在本案中，岳某作为孩子的生母，是孩子的法定监护人。但岳某只有 13 周岁，按照民法典的规定，属于限制民事行为能力人，不具有劳动能力，也没有独立的经济来源，显然不具有监护能力，无力抚养女婴。因此，根据民法典的规定，本案中婴儿的外祖父母，即岳某的父母应该享有对婴儿的监护权。但在本案中，岳某的父母均是当地农民，子女众多，家境贫寒，对婴儿确实没有监护能力。女婴的生父又因犯罪而在狱中服刑，也无法行使对女婴的监护权。在这种情况下，根据民法典第 27 条、第 31 条的规定，女婴的监护权可以依法转移给福利院。但如果福利院要将女婴送他人抚养，必须征得女婴生母岳某的同意。婴儿监护权的转移可以由双方当事人以合同形式自行约定，只要合法，就是有效的，公证并非必经程序。将来，岳某年满 18 周岁成为完全民事行为能力人后，具备了抚养孩子的能力，有权要求收回对其女儿的监护权，福利院不得拒绝。在这种情况下，为抚育女婴而支付了相应费用的福利院能否对其抚养婴儿期间的付出要求岳某给予补偿呢？福利院一般是没有这一权利的。因为，福利院是当地民政部门下属的公益性的社会援助机构，抚养该婴儿是其社会责任。这里还必须明确，有监护职责和抚养义务的人不一定是监护人。就本案来讲，婴儿的生父已被判刑关押监狱，不能行使监护权；但他对女婴仍有抚养义务，如其有财产可供执行，仍可要求婴儿生父尽其抚养义务。

【法条指引】

中华人民共和国民法典

第二十七条　父母是未成年子女的监护人。

未成年人的父母已经死亡或者没有监护能力的，由下列有监护能力的人按顺序担任监护人：

（一）祖父母、外祖父母；

（二）兄、姐；

（三）其他愿意担任监护人的个人或者组织，但是须经未成年人住所地的居民委员会、村民委员会或者民政部门同意。

第三十一条　对监护人的确定有争议的，由被监护人住所地的居民委员会、村民委员会或者民政部门指定监护人，有关当事人对指定不服的，可以向人民法院申请指定监护人；有关当事人也可以直接向人民法院申请指定监护人。

居民委员会、村民委员会、民政部门或者人民法院应当尊重被监护人的真实意愿，按照最有利于被监护人的原则在依法具有监护资格的人中指定监护人。

依据本条第一款规定指定监护人前，被监护人的人身权利、财产权利以及其他合法权益处于无人保护状态的，由被监护人住所地的居民委员会、村民委员会、法律规定的有关组织或者民政部门担任临时监护人。

监护人被指定后，不得擅自变更；擅自变更的，不免除被指定的监护人的责任。

13. 父亲长期离家出走且拒不履行抚养患病女儿的义务，是否构成遗弃罪？

【维权要点】

所谓遗弃罪，是指对于年老、年幼、患病或者其他没有独立生活能力的人，负有扶养义务而拒绝扶养，情节恶劣的行为。父亲长期离家出走，拒不履行抚养患病女儿的义务，情节恶劣，应以遗弃罪追究其刑事责任。

【典型案例】

赵某与赵某某系父女关系。赵某某系脑瘫患儿，下肢瘫痪，终日依靠轮椅生活，大小便失禁，生活完全不能自理，其母高某不得不因此放弃工作，全家人只能依靠赵某的工资维持生活。自 2019 年起，赵某开始逃避对赵某某的抚养义务，不支付生活费，也不再为其治病。2020 年 10 月，赵某突然离家出走，在其离家出走期间，从未给家里写信、打电话，更谈不上给妻女生活费。其女免疫力差，治病所需的大宗费用只能依靠高某亲戚、朋友的资助。高某承受不住，几次把女儿锁在屋里，外出找工作，但回家后见到女儿不是哭闹着，就是摔倒在地上。此情此景使高某欲哭无泪。高某带着赵某某到处打听赵某的下落，并多次委托街道居委会、派出所及有关部门寻找赵某，均杳无音信。赵某某及高某依靠民政部门发放的家庭低保金和失业救济金生活。2021 年 2 月，赵某回乡后向法院起诉要求与高某离婚，被判决驳回，但赵某仍拒不回家。2022 年 3 月，赵某某（12 周岁）以请求追究赵某遗弃罪为由提起诉讼，并诉请给付生活费、医疗费等抚养费用。

【法官讲法】

刑法第 261 条对遗弃罪进行了规定："对于年老、年幼、患病或者其他没有独立生活能力的人，负有扶养义务而拒绝扶养，情节恶劣的，处五年以下有期徒刑、拘役或者管制。"所谓遗弃罪，是指对于年老、年幼、患病或者其他没有独立生活能力的人，负有扶养义务而拒绝扶养，情节恶劣的行为。这条规定的立法本意是为了更有力地保护无独立生活能力的家庭成员的合法权益，对那些无家庭责任感的人起到一定的警醒作用，同时，运用刑法武器同遗弃家庭成员的不法行为作斗争。本案中，赵某的行为完全符合遗弃罪的构成要件，依法应予惩处。

第一，行为人对被害人有扶养义务是构成遗弃罪的前提条件。遗弃罪侵犯的客体是家庭成员之间互相扶养的权利、义务关系。民法典婚姻家庭编已明确禁止家庭成员间的遗弃，夫妻之间、父母子女之间及家庭成员之间具有扶养、抚养和赡养的义务。在本案中，赵某系赵某某的生父，是法律明文规定的抚养义务主体之一。父母对子女的抚养义务，是社会所赋予并由国家法律规定的义务，它既是一项社会义务，也是一项法律义务。民法典第1067条第1款规定："父母不履行抚养义务的，未成年子女或者不能独立生活的成年子女，有要求父母给付抚养费的权利。"未成年人保护法第17条规定："未成年人的父母或者其他监护人不得实施下列行为：(一) 虐待、遗弃、非法送养未成年人或者对未成年人实施家庭暴力；……"这项义务自子女出生就自然开始，该义务包括生活上的供养及精神等方面的照顾、关怀、帮助。这种义务在法律上是无条件的、义不容辞和不可推卸的。成立家庭首先意味着承担责任、履行义务。而赵某却因种种原因拒绝承担这种法定义务，将生活重担完全放置在无收入又要抚育未成年残疾子女，同时还要支付大宗治疗费用的妻子高某身上。

第二，构成遗弃罪，行为人还须具有履行义务的能力。所谓履行义务的能力，是指有独立的经济能力，并在能够满足本人及家人最低生活标准(当时当地标准) 外有多余的情况。行为人是否有经济能力，需要审判机关结合其收入、开支情况及行为人能力（包括体力、脑力状况）加以综合分析认定。本案中的赵某正值壮年，具有完全民事行为能力和刑事责任能力，完全有能力以自己的劳动所得负担其妻女的生活。但被害人赵某某从出生时起就遭到其父的嫌弃，先是逃避对其抚养，不再支付生活费，不再为其治病，直至发展到离家出走，历时1年零4个月。其在主观上根本不想承担对赵某某的抚养责任。

第三，构成遗弃罪，行为人确须履行义务。遗弃罪侵犯的对象必须是年老、年幼、患病或者其他没有独立生活能力的人。根据我国有关法律规定，被遗弃者是家庭中的下列成员：(1) 因年老、疾病而丧失劳动能力，因而没有生活来源的人；(2) 虽有生活来源（如退休金等)，但因年老、疾病而生活不能自理的人；(3) 因年幼尚无独立生活能力的人；(4) 因残疾而无独立生活能力的人。残疾人保障法第2条第1款、第2款规定，残疾人是指在心理、生理、人体结构上，某种组织、功能丧失或者不正常，全部或者部分丧失以正常方式从事某种活动能力的人。残疾人包括视力残疾、听力残疾、言语残疾、肢体残疾、智力残疾、精神残疾、多重残疾和其他残疾的人。(本书中，残疾人专指丧失大部或全部劳动、生活能力的人。) 上述人员情况虽然各不相同，但他们的共同特点，是没有独立生活能力，若没有其他人的帮助和扶养就无法生活下去。本案中，赵某某时年12周岁，自幼患脑瘫，下肢瘫痪，终日依靠轮椅生活，大小便失禁，生活完全不能自理。此时精神上的关怀与抚慰、经济上的支持、生活上的照料尤为重要。但赵某却拒绝承担任何责任。

第四，构成遗弃罪，行为人的行为还须具有社会危害性。根据司法实践，遗弃罪的社会危害性通常表现在遗弃动机卑劣、手段恶劣并造成严重后果，如因遗弃致被害人生活无着落、流离失所；在遗弃过程中又对被害人施以打骂、虐待；遗弃行为屡教不改；由于遗弃引起被害人重伤、死亡或自杀；等等。家庭是社会的细胞，只有保证家庭的安定，才能保障社会的稳定。性质恶劣的遗弃行为使受害者身心遭受莫大的痛苦，造成家庭动荡，继而引发社会问题，给社会增加额外的负担，同时玷污了社会文明，应受到刑法的制裁。

第五，本案中赵某的行为已构成情节恶劣。根据我国刑法第261条的规定，考虑到行为人与被害人之间的特殊关系，故以“情节恶劣”作为构成犯罪的要件，限制了打击范围，从而确保了刑法武器能够准确地打击那些以恶劣手段或造成恶劣后果的遗弃犯罪。在本案中，如何考察赵某行为的恶劣程度是正确处理本案的关键。赵某行为的恶劣性表现在以下几个方面：(1) 赵某明知其妻高某无收入，明知其女既是未成年人又是残疾人，本应对女儿给予双重的关爱，明知这个家庭如果没有他的支撑，赵某某将面临生活陷入绝境的危险。在这种情况下，却采取放任的态度，离家出走，对家庭极端不负责任。(2) 在其离家出走期间，从未给家里写信、打电话，更谈不上给妻女生活费。其女免疫力差，治病所需的大宗费用，只能依靠高某亲戚、朋友的资助。高某承受不住，几次把女儿锁在屋里，外出找工作，这使高某欲哭无泪。赵某拒绝对具有法定抚养义务的生活不能自理者给予必需的生活照料，以不作为的形式不履行所负有的抚养义务，且执迷不悟。(3) 赵某的行为使其家庭成员痛苦不堪，其妻经常背着瘫痪的女儿到处打听赵某的下落，然而赵某回家后，一纸诉状要求与高某离婚，其诉求被法院判决驳回后仍拒不回家，其行为对这个特殊家庭来说，足以产生断绝经济来源，致妻女生活无着落，直接面对死亡威胁的严重后果。就本案来说，不能因为赵某某没有被冻、饿、病死，就否认赵某行为的恶劣性。

综上所述，赵某某完全没有独立生活能力，作为其父，赵某负有法律明文规定必须履行的抚养义务，但其却置家庭于不顾，离家出走长达1年零4个月之久，完全放弃履行义务。回乡后，赵某仍拒不履行其法定的精神抚慰和经济抚养义务。其行为已构成遗弃罪，应当依法追究其刑事责任。

【法条指引】

中华人民共和国刑法

第二百六十一条 对于年老、年幼、患病或者其他没有独立生活能力的人，负有扶养义务而拒绝扶养，情节恶劣的，处五年以下有期徒刑、拘役或者管制。

中华人民共和国未成年人保护法

第十七条 未成年人的父母或者其他监护人不得实施下列行为：

（一）虐待、遗弃、非法送养未成年人或者对未成年人实施家庭暴力；

（二）放任、教唆或者利用未成年人实施违法犯罪行为；

（三）放任、唆使未成年人参与邪教、迷信活动或者接受恐怖主义、分裂主义、极端主义等侵害；

（四）放任、唆使未成年人吸烟（含电子烟，下同）、饮酒、赌博、流浪乞讨或者欺凌他人；

（五）放任或者迫使应当接受义务教育的未成年人失学、辍学；

（六）放任未成年人沉迷网络，接触危害或者可能影响其身心健康的图书、报刊、电影、广播电视节目、音像制品、电子出版物和网络信息等；

（七）放任未成年人进入营业性娱乐场所、酒吧、互联网上网服务营业场所等不适宜未成年人活动的场所；

（八）允许或者迫使未成年人从事国家规定以外的劳动；

（九）允许、迫使未成年人结婚或者为未成年人订立婚约；

（十）违法处分、侵吞未成年人的财产或者利用未成年人牟取不正当利益；

（十一）其他侵犯未成年人身心健康、财产权益或者不依法履行未成年人保护义务的行为。

中华人民共和国民法典

第一千零六十七条第一款　父母不履行抚养义务的，未成年子女或者不能独立生活的成年子女，有要求父母给付抚养费的权利。

14. 离婚后，父母一方拒不履行协助探望义务，应当如何处理？

【维权要点】

所谓探望权，是指夫妻离婚或同居关系解除后，不与未成年子女共同生活的一方，享有按照双方约定的时间、地点、方式，探望、关心未成年子女或与其短时间共同生活的权利。与未成年子女共同生活的一方有义务协助另一方行使探望的权利。

【典型案例】

侯某与孙某于2020年5月离婚。法院考虑到两人的孩子侯某某尚处幼年，判决侯某某归由女方孙某抚养，侯某每周探望孩子一次，探望的地点为孙某家中。

离婚后，侯某由于想念孩子，按照判决的规定，多次前往孙某家中探望孩子。但每一次孙某都把家门紧锁，拒不让侯某探望。在长达半年的时间里，由于孙某的阻挠，侯某没能见上孩子一面。由于无法忍受父子不能相见的痛苦，侯某召集亲友前往孙某家中，试图强行探望子女，而孙某也纠集了亲友加以阻拦，双方险些发生冲突，幸亏居委会和片区民警赶到，才避免矛盾的升级。侯某被迫向人民法院起诉，要求依法维护自己探望子女的合法权益。

【法官讲法】

所谓探望权，是指夫妻离婚或同居关系解除后，不与未成年子女共同生活的一方，享有按照双方约定的时间、地点、方式，探望、关心未成年子女或与其短时间共同生活的权利。与未成年子女共同生活的一方有义务协助另一方行使探望的权利。从法理上看，探望权是基于父母子女关系而享有的一种身份权。夫妻离婚后，基于婚姻关系的各种身份权、财产权归于消灭，但是离婚并不能消灭父母和子女间的身份关系。父母子女之间的身份关系，不仅是父母对子女有抚养、教育的权利和义务的基础，也是不与未成年子女共同生活方对子女的探望权的法律基础。只要父母子女之间的身份关系存在，探望权就是不与未成年子女共同生活方的法定权利，非有法定理由不得予以限制或剥夺。探望权不仅可以满足父或母对子女的关心、抚养和教育的情感需要，保持和子女的往来，及时、充分地了解子女的生活、学习情况，更好地对子女进行抚养教育，而且可以增加孩子和非直接抚养方的沟通交流，减轻子女的家庭破碎感，有利于子女的健康成长。我国民法典第 1086 条规定：“离婚后，不直接抚养子女的父或者母，有探望子女的权利，另一方有协助的义务。行使探望权利的方式、时间由当事人协议；协议不成的，由人民法院判决。父或者母探望子女，不利于子女身心健康的，由人民法院依法中止探望；中止的事由消失后，应当恢复探望。”法律明文规定探望权，其宗旨就是维护未成年子女的合法权益，使离异子女既有父爱又有母爱，切实保护其子女的身心健康。

在本案中，孙某在离婚后拒不履行协助侯某探望子女的义务，不执行法院判决，应当承担法律责任。侯某应当通过法律途径来维护自己的合法权益，而不应该借助亲友强行探望。对孙某应当进行批评教育，使其自动地履行其法律义务。如果孙某仍然拒不履行协助探望的义务，人民法院可以强制执行，孙某如果拒不配合，对其可给予罚款或拘留的处罚。

【法条指引】

中华人民共和国民法典

第一千零八十六条 离婚后，不直接抚养子女的父或者母，有探望子女的权利，另一方有协助的义务。

行使探望权利的方式、时间由当事人协议；协议不成的，由人民法院判决。

父或者母探望子女，不利于子女身心健康的，由人民法院依法中止探望；中止的事由消失后，应当恢复探望。

15. 夫妻一方拒不执行轮流抚养子女的协议，应当如何处理？

【维权要点】

当事人在人民法院的调解下达成的轮流抚养协议，具有严肃性和权威性，当事人应当严格遵照履行。不履行协议约定的义务，确实影响了子女合法权益的实现，对方可以向人民法院申请执行，以维护法律的严肃性和权威性。

【典型案例】

2020 年 10 月，文某与杨某离婚。在法院的调解下，双方协议轮流抚养孩子文某某。之后文某和杨某按照协议约定，文某某在父母处各住 3 个月，循环往复。2021 年 12 月，文某建立了新的家庭，这对杨某造成了刺激。她开始不按协议履行，拒绝让文某再接走孩子，想以此来报复文某。经亲友多次调解，杨某的态度始终不见转变。文某想去探望孩子，也被杨某拒之门外。日夜思念幼子的文某在百般无奈下，向法院提起了诉讼，请求法院强制执行原协议。

【法官讲法】

离婚案件是人民法院经常受理的案件之一，在庭审中，常常出现当事人争夺子女的现象，尤其是独生子女。按传统的抚养方式，离婚后子女只能归一方直接抚养，这已明显不能满足一些当事人及子女的需要。因此，协议轮流抚养子女方式开始为人们所接受。《最高人民法院关于适用〈中华人民共和国民法典〉婚姻家庭编的解释（一）》第 48 条规定："在有利于保护子女利益的前提下，父母双方协议轮流直接抚养子女的，人民法院应予支持。"这为轮流抚养子女的方式提供了法律保障。采用协议轮流抚养子女的方式，能够保障子女期望的与父母双方都有接触，使子女得到相对完整的父爱和母爱，最大限度地减少因父母离婚对子女的伤害，有利于子女在身体、智力、情感等方面得到健康发展。同时，尽管父母离异后，一方直接抚养子女，另一方有权探视子女，但实际上探视权要受到很多条件的限制，不能满足另一方对子女实质意义上抚养、教育等权利的实现。轮流抚养子女，有利于保护离婚双方抚养子女的权利，也有利于减少因争夺子女抚养权引发的矛盾，进而有利于社会的稳定。

适用轮流抚养协议，在程序上要求有父母离婚的事实，父母自愿达成的轮流抚养协议，必须经人民法院依法确认；在权利主体方面，只有子女的父母都同意离婚，都要求抚养子女，而且都有抚养子女的能力和条件，目的也都是为了子女的健康成长时，才能达成轮流抚养子女的协议；在被抚养对象方面，只能是离婚父母的未成年子女。成年子女与离异父母之间存在的仅仅是普通的看望和扶助关系，而不发生抚养的法律关系；从抚养的客体上看，抚养协议的客体只是对未成年子女的抚养行为；从抚养协议的内容上看，具有精神性。确立轮流抚养协议旨在维护子女的最大利益，促成子女与父母之间的相互交流、彼此了解、共享亲情；从轮流抚养的行使方式上看，具有严格性。轮流抚养的行使必须按法律规定或双方约定的方式、期间进行，除此之外的抚养行为都不受法律保护；从权利义务的角度来看，抚养子女是当事人的权利，也是他们的义务。当轮流抚养权利的行使不利于保护子女利益时，这种权利理应受到限制。因此，当一方直接抚养比轮流抚养对子女成长更具优越性时，双方应该选择前者而放弃轮流抚养；从确定机构而言，法院是限制或剥夺当事人实行轮流抚养协议的唯一机构。与未成年子女共同生活的一方不得无故阻碍对方权利的行使，但如果对方的抚养行为侵害到子女的利益时，当事人一方可向人民法院起诉，由人民法院裁决是否限制或剥夺对方当事人权利的行使，或者直接由人民法院依职权裁决，而无须当事人的申请。从人民法院裁决考虑的内容来看，人民法院对子女轮流抚养协议的裁决，以最有利于子女的生活、学习及精神生活的满足为原则；从轮流抚养的方式来看，轮流抚养只能由双方协商确定，这是区别于一方直接抚养的重要标志。一方直接抚养，既可以由双方当事人约定，也可以由人民法院判决确定；而轮流抚养方式，目前仅允许双方约定。这主要是因为轮流抚养的适用，较一方直接抚养复杂得多，需要双方当事人相互协调、配合。双方自愿达成协议，有利于对协议的执行，更有利于避免对子女合法权益的损害。

在本案中，文某和杨某达成了轮流抚养子女的协议，但文某再婚后，出于报复文某的目的，杨某拒不履行协议，把孩子作为惩罚文某的武器，这种做法是错误的，不但会激化双方的矛盾，也不利于子女的健康成长。当事人在人民法院的调解下达成的轮流抚养协议，具有权威性和严肃性，当事人应当严格遵照履行。杨某的做法侵犯了文某抚养教育子女的合法权利，文某要求执行原协议的请求应当予以支持。如果杨某继续抚养子女，不利于子女健康成长的，文某也可以要求将孩子判归自己单独抚养，由杨某支付一定的抚养费。

【法条指引】

最高人民法院关于适用《中华人民共和国民法典》
婚姻家庭编的解释（一）

第四十八条 在有利于保护子女利益的前提下，父母双方协议轮流直接抚养子女的，人民法院应予支持。

16. 妻子离婚后将原协商做人工流产的孩子擅自生下，前夫是否应当承担抚养义务？

【维权要点】

夫妻双方自行协商，由怀孕女方做人工流产，虽是一种双方协议行为，但该协议行为对怀孕女方并不具有法律约束力。怀孕妇女是否生育子女，主要由怀孕的女方自己决定，属于其享有的一种特殊的人身权利，这种人身权利不因其与他人协商而受到限制。

【典型案例】

于某与赵某经人介绍于2020年3月结婚。婚后感情不和，双方决定离婚。此时赵某已怀孕5个月。双方协商同意，赵某去做人工流产，由于某承担赵某流产的一切费用。2021年7月，双方办理了离婚手续。离婚后，赵某对流产协议反悔，在未征得于某同意的情况下生育一男孩，并随赵某姓。赵某以孩子出生为由，要求于某履行抚养义务，每月支付抚养费1000元。于某以双方协商做人工流产，离婚后赵某自作主张将孩子生出，并随赵姓为理由，拒绝给付抚养费。为此，赵某向法院提起诉讼。

【法官讲法】

在本案中主要解决以下两个问题：首先，关于于某与赵某自行协商由赵某做人工流产的约束力问题。妇女权益保障法第32条规定："妇女依法享有生育子女的权利，也有不生育子女的自由。"在一般情况下，夫妻按照优生、优育的原则进行计划生育，夫妻双方经过协商，可以在女方已怀孕的情况下做人工流产，这是双方的一种自觉自愿的行为，并不是一方对另一方的强迫行为，也不是执行协商内容的行为。因此，夫妻双方自行协商，由怀孕女方做人工流产，虽是一种双方协议行为，但该协议行为对怀孕女方并不具有法律约束力。怀孕妇女是否生育子女，主要由怀孕的女方自己决定，属于其享有的一种特殊的人身权利，这种人身权利不因其与他人协商而受到限制。所以，本案于某与赵某双方虽然在离婚时协商同意由原告做人工流产，但事后（离婚后）赵某反悔，生下孩子，其行为并不违法，是行使生育权的表现。其次，关于离婚后女方所生孩子，男方应给付子女抚育费的问题。民法典第1067条第1款规定："父母不履行抚养义务的，未成年子女或者不能独立生活的成年子女，有要求父母给付抚养费的权利。"父母对子女的这种抚养教育义务，其性质是法定义务，不因父母离婚而免除父或母一方对子女的这种义务，也不因子女随父或母姓而免除对方的义务。因此，于某以其子随赵某姓而拒绝负担抚养费没有法律依据，不能成立。同时，在任何情况下出生的子女，即便父母有错，子女都是无辜的，是受国家法律保护的民事权利主体，依法享有法律规定的权益。因此，父或母对其所生子女，在子女未成年或不能独立生活时，没有任何理由拒绝承担抚养和教育的义务。据此，于某应当承担对孩子的抚养义务。

【法条指引】

中华人民共和国妇女权益保障法

第三十二条 妇女依法享有生育子女的权利，也有不生育子女的自由。

中华人民共和国民法典

第一千零六十七条 父母不履行抚养义务的，未成年子女或者不能独立生活的成年子女，有要求父母给付抚养费的权利。

成年子女不履行赡养义务的，缺乏劳动能力或者生活困难的父母，有要求成年子女给付赡养费的权利。

17. 离婚后，丈夫是否应对人工授精的子女承担抚养责任？

【维权要点】

婚姻关系存续期间，夫妻双方一致同意进行人工授精，所生子女应视为婚生子女，父母子女间的权利义务关系适用民法典的有关规定。

【典型案例】

肖某（女）与邹某（男）经人介绍于2007年结婚，婚后多年不育，经医院检查，邹某无生育能力。2010年，肖某通过熟人找到某大学附属医院，实施两次人工授精手术，均未成功。2012年，实施第三次手术，不久肖某怀孕，于2013年生育一子。之后双方常为生活琐事争吵。2021年，肖某向法院提起诉讼，要求与邹某离婚，孩子由其抚养，邹某承担孩子抚养费。邹某则认为孩子的抚养费应全部由肖某承担，因为孩子并非他亲生，与其无血缘关系。肖某做人工授精手术时，其虽在现场但并未表示同意进行人工授精，且并无书面手续证明其有同意的意思。因此不同意承担抚养费。经询问，孩子表示想跟母亲生活。法院最终判决孩子跟随肖某生活，邹某每月支付给孩子1000元抚养费。

【法官讲法】

本案涉及人工授精子女在我国的法律地位问题。1991年7月8日，最高人民法院在《关于夫妻离婚后人工授精所生子女的法律地位如何确定的复函》（现已失效）中指出："在夫妻关系存续期间，双方一致同意进行人工授精，所生子女应视为夫妻双方的婚生子女，父母子女之间权利义务关系适用《婚姻法》的有关规定。"2021年1月1日起实施的《最高人民法院关于适用〈中华人民共和国民法典〉婚姻家庭编的解释（一）》第40条规定："婚姻关系存续期间，夫妻双方一致同意进行人工授精，所生子女应视为婚生子女，父母子女间的权利义务关系适用民法典的有关规定。"本案中，邹某无生育能力，夫妻双方商定做人工授精手术。在先后三次做人工授精手术时，因都是通过关系找人进行，故双方均未办理书面同意手续。但在孩子出生后，邹某一直把孩子当成亲生子女一样养育，且已经8年。邹某以没有书面同意手续为由否认当初同意肖某做人工授精手术，并借此拒绝承担对孩子的抚养义务，是没有说服力的，其主张不能得到支持。根据当时的情况，应该认定邹某有同意进行人工授精的意思表示。按照上述司法解释的规定，孩子应视为邹某与肖某夫妻双方的婚生子女，其与邹某和肖某之间的权利义务关系应与亲生父母子女之间的权利义务关系一样得到承认和保护。按照民法典第1067条第1款的规定，父母不履行抚养义务的，未成年子女或者不能独立生活的成年子女，有要求父母给付抚养费的权利。邹某、肖某均应依法承担对孩子的抚养教育义务。另需要说明的是，由于孩子一直不知道自己是人工授精所生，在诉讼过程中，应采取保密措施和不公开开庭审理的办法，以保护当事人的隐私权，这更是为了孩子的声誉不受损害以及对其正常、健康成长造成不利影响。

【法条指引】

最高人民法院关于适用《中华人民共和国民法典》婚姻家庭编的解释（一）

第四十条 婚姻关系存续期间，夫妻双方一致同意进行人工授精，所生子女应视为婚生子女，父母子女间的权利义务关系适用民法典的有关规定。

中华人民共和国民法典

第一千零六十七条 父母不履行抚养义务的，未成年子女或者不能独立生活的成年子女，有要求父母给付抚养费的权利。

成年子女不履行赡养义务的，缺乏劳动能力或者生活困难的父母，有要求成年子女给付赡养费的权利。

18. 生父拒不进行亲子鉴定，非婚生子女能否主张抚养费？

【维权要点】

非婚生子女享有与婚生子女同等的权利，子女起诉请求确认亲子关系，并提供必要证据予以证明，另一方没有相反证据又拒绝做亲子鉴定的，人民法院可以认定确认亲子关系一方的主张成立。子女据此主张抚养费的，应予以支持。

【典型案例】

2019 年初，齐某与张某建立恋爱关系，同居至 2020 年初分手。2020 年 4 月，齐某与王某登记结婚。2020 年 8 月，齐某生育一子王小某，出生证明记载王小某母亲为齐某，父亲为王某。2021 年 5 月，王某因怀疑王小某并非自己亲生，即私下进行了亲子鉴定，检验结果不支持王某是王小某的生物学父亲，王某以此为由与齐某离婚。2021 年 6 月，王小某起诉王某要求给付抚养费，王某要求进行亲子鉴定，经鉴定，排除王某是王小某的生物学父亲。2021 年 11 月，王小某起诉主张张某是其生父并要求给付抚养费。张某认可在 2019 年初至年底与齐某有过恋爱关系，并承认恋爱期间与齐某有两性关系，但不认可其是王小某的父亲，因为其与齐某恋爱期间，齐某还和别人发生过性关系。但从道义上，同意每月给付王小某抚养费 800 元。

王小某为证明其系齐某与张某之子，提供了证人证言、通话记录、QQ 聊天记录等证据，上述证据已形成了合理证据链条，应视为达到了“必要证据”的条件，证明王小某与张某可能存在亲子关系。张某虽不同意王小某的主张，但没有充足的相反证据反驳其主张。王小某要求就其与张某的亲子关系进行司法鉴定，但张某在法院多次释明后仍拒绝进行亲子鉴定，且未说明正当理由，故张某应承担相应的法律责任。最终，法院推定王小某与张某存在父子关系，张某应支付王小某的抚养费。

【法官讲法】

随着经济社会的快速发展，人们的生活观念、婚育观念等均发生了很大变化。男女双方非婚生育子女，极易引起双方就子女是否亲生及抚养等问题发生纠纷。但非婚生子女享有与婚生子女同等的权利，保护未成年人的合法权益是我国各项法律的基本原则。对亲子关系的认定，结合审判实践和社会发展需要，《最高人民法院关于适用〈中华人民共和国民法典〉婚姻家庭编的解释（一）》第 39 条第 2 款进行了明确规定：“父或者母以及成年子女起诉请求确认亲子关系，并提供必要证据予以证明，另一方没有相反证据又拒绝做亲子鉴定的，人民法院可以认定确认亲子关系一方的主张成立。”

本案中，根据双方陈述及王小某的出生日期可知，齐某怀上王小某时尚在与张某同居期间，证人证言、通话记录、QQ聊天记录等证据已形成了合理证据链条，应视为达到了“必要证据”的条件，证明王小某与张某可能存在亲子关系。张某在法院多次释明后仍拒绝进行亲子鉴定，且未说明正当理由，故推定王小某与张某存在父子关系，张某应支付王小某的抚养费。此类案件的正确裁判，有利于发挥司法裁判的道德指引作用。

【法条指引】

中华人民共和国民法典

第一千零七十一条 非婚生子女享有与婚生子女同等的权利，任何组织或者个人不得加以危害和歧视。

不直接抚养非婚生子女的生父或者生母，应当负担未成年子女或者不能独立生活的成年子女的抚养费。

最高人民法院关于适用《中华人民共和国民法典》婚姻家庭编的解释（一）

第三十九条 父或者母向人民法院起诉请求否认亲子关系，并已提供必要证据予以证明，另一方没有相反证据又拒绝做亲子鉴定的，人民法院可以认定否认亲子关系一方的主张成立。

父或者母以及成年子女起诉请求确认亲子关系，并提供必要证据予以证明，另一方没有相反证据又拒绝做亲子鉴定的，人民法院可以认定确认亲子关系一方的主张成立。

19. 同居关系解除后，法院判决的抚养费不能满足生活和学习需求，能否追要费用？

【维权要点】

非婚生子女享有与婚生子女同等的权利，原定抚养费不足以维持实际生活，或者子女因患病、上学，实际需求已超过原定数额等正当理由，子女有权要求有负担能力的父母增加抚养费。

【典型案例】

王某与某单位员工郑某于2008年起同居，2010年1月生育一女王小某。王小某出生后半年左右，王某与郑某关系破裂，郑某搬出与王某的共同居所。就王小某的抚养费问题，经法院多次判决，郑某于2010年9月至2016年8月每月给付王小某抚养费400元；2016年9月至2019年1月每月给付王小某抚养费1000元；2019年2月起每月给付王小某抚养费1000元。

多年来，王小某一直随王某及王某的另外两个子女一起生活，王某为照顾三个子女，日常以打零工为主要生活来源。

2013年9月，王小某上幼儿园后每月需要交纳保育费、伙食费共计800元。就王小某幼儿园所需费用问题，王某与郑某未能协商一致，2021年5月，王某再次代王小某向法院提起诉讼，要求郑某支付一半幼儿园费用。经法院调解，郑某同意支付上述费用的一半。

【法官讲法】

本案涉及非婚生子女的扶养费问题以及抚养费不能满足生活和学习需求时能否追要费用问题。父母对子女有抚养教育的义务，非婚生子女享有与婚生子女同等的权利。不直接抚养非婚生子女的生父或者生母，应当负担未成年子女或者不能独立生活的成年子女的抚养费。抚养费包括子女生活费、教育费、医疗费等费用。抚养费的数额，可以根据子女的实际需要、父母双方的负担能力和当地的实际生活水平确定。子女抚养费的协议或者判决，不妨碍子女在必要时向父母任何一方提出超出原协议或者判决原定数额的合理要求。如果存在原定抚养费数额不足以维持当地实际生活水平；因子女患病、上学，实际需要已超过原定数额；或者有其他正当理由的，子女可以要求有负担能力的父或者母增加抚养费。本案中，法院虽已对王小某的抚养费数额作出过判决，但王小某自2013年9月开始上学，为保障其能够正常地接受教育和生活，其教育费用、生活费用均有所增加，其实际支出的费用已远超原定抚养费数额，且郑某作为单位员工，收入稳定，有给付能力，王某收入微薄且有多个子女需要抚养，故王小某要求郑某承担幼儿园期间教育费和生活费的诉求应当得到支持。

【法条指引】

中华人民共和国民法典

第一千零六十七条第一款 父母不履行抚养义务的，未成年子女或者不能独立生活的成年子女，有要求父母给付抚养费的权利。

第一千零七十一条 非婚生子女享有与婚生子女同等的权利，任何组织或者个人不得加以危害和歧视。

不直接抚养非婚生子女的生父或者生母，应当负担未成年子女或者不能独立生活的成年子女的抚养费。

第一千零八十五条 离婚后，子女由一方直接抚养的，另一方应当负担部分或者全部抚养费。负担费用的多少和期限的长短，由双方协议；协议不成的，由人民法院判决。

前款规定的协议或者判决，不妨碍子女在必要时向父母任何一方提出超过协议或者判决原定数额的合理要求。

最高人民法院关于适用《中华人民共和国民法典》婚姻家庭编的解释（一）

第三条 当事人提起诉讼仅请求解除同居关系的，人民法院不予受理；已经受理的，裁定驳回起诉。

当事人因同居期间财产分割或者子女抚养纠纷提起诉讼的，人民法院应当受理。

第四十二条 民法典第一千零六十七条所称“抚养费”，包括子女生活费、教育费、医疗费等费用。

第四十九条第一款 抚养费的数额，可以根据子女的实际需要、父母双方的负担能力和当地的实际生活水平确定。

第五十八条 具有下列情形之一，子女要求有负担能力的父或者母增加抚养费的，人民法院应予支持：

（一）原定抚养费数额不足以维持当地实际生活水平；

（二）因子女患病、上学，实际需要已超过原定数额；

（三）有其他正当理由应当增加。

第三章　未成年人财产权益保护

1. 监护人用被监护人的财产炒股，是否侵犯了被监护人的财产权益?

【维权要点】

监护人应当履行监护职责，保护被监护人的人身、财产及其他合法权益，除为被监护人的利益外，不得处理被监护人的财产。监护人依法履行监护的权利，受法律保护。

【典型案例】

宋某的父母在一次车祸中双双死亡，时年，宋某只有 7 周岁。宋某的父母留下 15 万元遗产。宋某的祖父母、外祖父母由于年老体弱无法照顾宋某，宋某的叔叔宋甲愿意做宋某的监护人。由于宋甲在事业单位，工作、收入稳定且还没有结婚，于是宋某住所地的居民委员会便指定宋甲担任宋某的监护人。半年后，宋某的姨妈张某从国外回来，发现宋甲动用了宋某继承遗产中的 10 万元买了股票，并且已被套牢。张某认为，股市风云变幻，风险很大，如果把钱赔进去，宋某将来的生活就没了保障。宋甲则认为，他之所以拿宋某的钱去买股票是为了将死钱变为活钱，使钱增值。双方发生争执，最后张某提出由自己接替宋甲担任宋某的监护人，宋甲反对。于是张某向人民法院提起诉讼，要求撤销宋甲的监护人资格，由自己担任宋某的监护人。

【法官讲法】

监护是我国民法典中一项专门为了监督和保护未成年人而设置的民事法律制度。设置监护制度，有利于保护被监护人的利益，弥补他们民事行为能力上的不足，使他们的民事权利能力得到实现，从而得以生存和发展。民法典第 34 条第 1—3 款规定：“监护人的职责是代理被监护人实施民事法律行为，保护被监护人的人身权利、财产权利以及其他合法权益等。监护人依法履行监护职责产生的权利，受法律保护。监护人不履行监护职责或者侵害被监护人合法权益的，应当承担法律责任。”第 35 条规定：“监护人应当按照最有利于被监护人的原则履行监护职责。监护人除为维护被监护人利益外，不得处分被监护人的财产。未成年人的监护人履行监护职责，在作出与被监护人利益有关的决定时，应当根据被监护人的年龄和智力状况，尊重被监护人的真实意愿。成年人的监护人履行监护职责，应当最大程度地尊重被监护人的真实意愿，保障并协助被监护人实施与其智力、精神健康状况相适应的民事法律行为。对被监护人有能力独立处理的事务，监护人不得干涉。”由此可见，作为监护人，一方面有履行监护职责的义务，保护被监护人的身体健康，照料被监护人的生活，代为保管被监护人的财产，代理其参加民事活动和民事诉讼活动；另一方面还有履行监护职责的权利，监护人依法履行监护职责，不受他人干涉。对于监护人不履行监护职责或者滥用监护权，给被监护人造成财产损失的，应当赔偿损失。

本案中，宋某继承其父母的 15 万元遗产是其个人财产，宋甲是被指定的宋某的监护人。宋甲应当履行监护职责，保护宋某的人身、财产及其他合法权益，除为了被监护人的利益外，不得处理被监护人的财产。然而，宋甲却动用了宋某的 10 万元钱去购买股票，虽然其解释说是为了宋某的钱增值，但由于股票已经被套牢，显然这种行为的结果并不能给宋某带来任何利益。宋甲不但没有保护好宋某的个人合法财产，而且还影响了其经济利益，给宋某造成了财产损失。根据民法典第 34 条、第 35 条的规定，宋甲应当向宋某承担赔偿责任，同时，由于他作为监护人滥用监护权，侵害被监护人的合法权益，未能很好地履行监护职责，因此，可由利害关系人或者有关单位申请，要求人民法院撤销宋甲的监护人资格。在本案中，宋某的姨妈张某属于民法典第 28 条规定的“其他愿意担任监护人的个人”，为了保护宋某的合法权益，她向法院提出了两项申请：一是撤销宋甲的监护人资格；二是改由自己担任宋某的监护人。由于宋甲滥用监护权，损害了被监护人的合法权益，因此，应当查明情况并征得宋某本人的意见，撤销宋甲的监护人资格。宋某的姨妈不但具有作为监护人的各方面能力，而且愿意承担监护职责，因此，由张某担任宋某的监护人是合理的。宋某的姨妈提出的两项申请，应当予以支持。宋甲还应赔偿以宋某个人财产炒股所造成的损失。

【法条指引】

中华人民共和国民法典

第二十八条 无民事行为能力或者限制民事行为能力的成年人，由下列有监护能力的人按顺序担任监护人：

（一）配偶；

（二）父母、子女；

（三）其他近亲属；

（四）其他愿意担任监护人的个人或者组织，但是须经被监护人住所地的居民委员会、村民委员会或者民政部门同意。

第三十一条 对监护人的确定有争议的，由被监护人住所地的居民委员会、村民委员会或者民政部门指定监护人，有关当事人对指定不服的，可以向人民法院申请指定监护人；有关当事人也可以直接向人民法院申请指定监护人。

居民委员会、村民委员会、民政部门或者人民法院应当尊重被监护人的真实意愿，按照最有利于被监护人的原则在依法具有监护资格的人中指定监护人。

依据本条第一款规定指定监护人前，被监护人的人身权利、财产权利以及其他合法权益处于无人保护状态的，由被监护人住所地的居民委员会、村民委员会、法律规定的有关组织或者民政部门担任临时监护人。

监护人被指定后，不得擅自变更；擅自变更的，不免除被指定的监护人的责任。

第三十四条 监护人的职责是代理被监护人实施民事法律行为，保护被监护人的人身权利、财产权利以及其他合法权益等。

监护人依法履行监护职责产生的权利，受法律保护。

监护人不履行监护职责或者侵害被监护人合法权益的，应当承担法律责任。

因发生突发事件等紧急情况，监护人暂时无法履行监护职责，被监护人的生活处于无人照料状态的，被监护人住所地的居民委员会、村民委员会或者民政部门应当为被监护人安排必要的临时生活照料措施。

第三十五条 监护人应当按照最有利于被监护人的原则履行监护职责。监护人除为维护被监护人利益外，不得处分被监护人的财产。

未成年人的监护人履行监护职责，在作出与被监护人利益有关的决定时，应当根据被监护人的年龄和智力状况，尊重被监护人的真实意愿。

成年人的监护人履行监护职责，应当最大程度地尊重被监护人的真实意愿，保障并协助被监护人实施与其智力、精神健康状况相适应的民事法律行为。对被监护人有能力独立处理的事务，监护人不得干涉。

2. 未成年学生获得大额奖金，应当归谁所有？

【维权要点】

未成年学生接受奖励、赠与、报酬，他人不得以行为人无民事行为能力、限制民事行为能力为由，主张以上行为无效。

【典型案例】

王某与张某于 2011 年结婚，2013 年生育一子王某某。2018 年，王某与张某因感情不和而离婚。婚生子王某某随父亲王某生活。2021 年 8 月，王某某到某商场购买文具时，看到了该商场门口张贴的有奖销售海报。该商场称，在 8 月进行有奖销售活动，凡在该商场购物满 50 元的消费者均有机会参与抽奖。奖项为特等奖一名，一、二、三等奖若干名。特等奖奖金 5000 元。王某某遂用父亲给自己的钱购买了一支 60 元的钢笔，商场发给王某某一张奖券。2021 年 9 月，王某某在父亲王某的陪同下到该商场参加公开抽奖，意外地抽中了特等奖。父子二人兑奖后，高高兴兴地回了家。张某从儿子口中获悉此事后，当即找到王某称：王某某刚满 8 周岁，属于限制民事行为能力人，没有能力领取大额奖金，奖金应当归监护人即孩子的父母所有。因此，张某要求王某将奖金的一半，即 2500 元分给自己。王某当即拒绝，认为既然王某某随自己生活，张某就丧失了对孩子的监护权，自己才是孩子的监护人，履行对王某某的监护职责和抚养义务。因此，王某某中奖所得的奖金与张某没有任何关系，应当归自己和孩子所有。双方为此而发生争执，张某向当地人民法院提起诉讼，要求平分奖金。

【法官讲法】

本案争议的焦点是未成年人王某某获得的大额奖金应当归谁所有，是王某某本人还是其监护人，即王某某的父母。这涉及公民的民事权利能力和民事行为能力的问题。所谓公民的民事权利能力，是指法律赋予公民享有民事权利、承担民事义务的资格。正确地理解民事权利能力，必须将它与民事权利的概念区别开来。首先，民事权利能力是民事主体取得具体的民事权利、承担具体的民事义务的前提和基础，没有前者就没有后者；反之，有后者必然有前者。其次，民事权利能力是享有民事权利的资格和承担民事义务的资格的统一，所以，民事权利能力的完整称呼应当是民事权利、义务能力，它具有权利能力和义务能力的统一性；而民事权利仅指权利，不包括民事义务。它们在具体的民事法律关系中是一对相互对立、相互对等的概念。最后，民事权利能力不是与生俱来的，而是由国家法律赋予的，它的内容和范围直接由体现统治阶级意志的法律确定；而民事权利则是在具体的民事法律关系中产生的，它的内容和范围直接取决于民事主体的意志。

公民的民事行为能力则是公民能够独立有效地实施民事法律行为的地位和资格。公民独立进行民事活动，不仅要具有民事权利能力，而且还要具有相应的民事行为能力；如果没有相应的民事行为能力，就必须由他人代理进行。设立民事行为能力制度，至少可以起到两个作用：其一，保障未获得成熟理智者的利益，使其不因为自己的轻率行为蒙受损失；其二，维护交易秩序，将未获得成熟理智者排除在其能力不能承担的民事活动或市场活动之外，以免因其误入而又不能承担民事责任的状况发生，影响与其发生法律关系者的利益。当然，无民事行为能力人或者限制民事行为能力人虽然不能或不能完全以自己的行为参与民事活动，取得民事权利，承担民事义务，但他们进行的纯粹取得民事权利，不损害他人利益的行为是有效的。

在本案中，5000 元奖金应当归王某某所有。王某某作为我国公民，从出生时起就已经具有民事权利能力，他可以依法享有各种民事权利。同时，作为已满 8 周岁的未成年人，他又属于限制民事行为能力人，尽管他不能独立从事民事活动，必须由他的法定代理人即王某某的监护人王某和张某代理，但其接受奖励、赠与、报酬等纯获利益的行为或者活动却是有效的。王某某获得的奖金可以由直接抚养他的监护人——王某代为管理，但该笔奖金并不因此而成为父子二人的共有财产。因此，王某关于该笔奖金应当归其与王某某共同所有的说法和张某关于“王某某刚满 8 周岁，属于限制民事行为能力人，没有能力领取大额奖金，奖金应当归监护人即孩子的父母所有”的说法，都是不正确的。而王某提出的“既然王某某随自己生活，张某就丧失了对孩子的监护权，自己才是孩子的监护人，履行对王某某的监护职责和抚养义务”的说法也是错误的。

民法典第 1084 条规定：“父母与子女间的关系，不因父母离婚而消除。离婚后，子女无论由父或者母直接抚养，仍是父母双方的子女。离婚后，父母对于子女仍有抚养、教育、保护的权利和义务……”张某与王某离婚后，并没有丧失对王某某的监护权，仍然是孩子的法定监护人，承担着对王某某的监护职责与抚养义务。民法典第 36 条规定：“监护人有下列情形之一的，人民法院根据有关个人或者组织的申请，撤销其监护人资格，安排必要的临时监护措施，并按照最有利于被监护人的原则依法指定监护人：（一）实施严重损害被监护人身心健康的行为；（二）怠于履行监护职责，或者无法履行监护职责且拒绝将监护职责部分或者全部委托给他人，导致被监护人处于危困状态；（三）实施严重侵害被监护人合法权益的其他行为。本条规定的有关个人、组织包括：其他依法具有监护资格的人，居民委员会、村民委员会、学校、医疗机构、妇女联合会、残疾人联合会、未成年人保护组织、依法设立的老年人组织、民政部门等。前款规定的个人和民政部门以外的组织未及时向人民法院申请撤销监护人资格的，民政部门应当向人民法院申请。”根据上述法律规定，父母离婚后，未与子女共同生活的一方只有具有上述行为之一，并且由人民法院认可，才能被取消监护权。在本案中，张某对王某某并没有上述行为，因此，她对王某某的法定监护权是受法律保护的。

【法条指引】

中华人民共和国民法典

第十三条　自然人从出生时起到死亡时止，具有民事权利能力，依法享有民事权利，承担民事义务。

第十四条　自然人的民事权利能力一律平等。

第十九条　八周岁以上的未成年人为限制民事行为能力人，实施民事法律行为由其法定代理人代理或者经其法定代理人同意、追认；但是，可以独立实施纯获利益的民事法律行为或者与其年龄、智力相适应的民事法律行为。

第二十七条第一款　父母是未成年子女的监护人。

第三十六条　监护人有下列情形之一的，人民法院根据有关个人或者组织的申请，撤销其监护人资格，安排必要的临时监护措施，并按照最有利于被监护人的原则依法指定监护人：

（一）实施严重损害被监护人身心健康的行为；

（二）怠于履行监护职责，或者无法履行监护职责且拒绝将监护职责部分或者全部委托给他人，导致被监护人处于危困状态；

（三）实施严重侵害被监护人合法权益的其他行为。

本条规定的有关个人、组织包括：其他依法具有监护资格的人，居民委员会、村民委员会、学校、医疗机构、妇女联合会、残疾人联合会、未成年人保护组织、依法设立的老年人组织、民政部门等。

前款规定的个人和民政部门以外的组织未及时向人民法院申请撤销监护人资格的，民政部门应当向人民法院申请。

第一千零八十四条　父母与子女间的关系，不因父母离婚而消除。离婚后，子女无论由父或者母直接抚养，仍是父母双方的子女。

离婚后，父母对于子女仍有抚养、教育、保护的权利和义务。

离婚后，不满两周岁的子女，以由母亲直接抚养为原则。已满两周岁的子女，父母双方对抚养问题协议不成的，由人民法院根据双方的具体情况，按照最有利于未成年子女的原则判决。子女已满八周岁的，应当尊重其真实意愿。

3. 未成年学生受赠的钱物，能否作为夫妻共同财产加以分割？

【维权要点】

未成年人因受赠而得的财物构成家庭财产的一部分。但家庭财产不等同于夫妻共同财产，不能在夫妻离婚时进行分割。

【典型案例】

王某与贾某系夫妻关系，生有一女王甲。王甲9周岁时，家里有我国台湾地区的亲戚回大陆探亲，正巧碰上王甲过生日，就送给王甲一台笔记本电脑，临走时还给了王甲5000美元，让其将来读大学时使用。王某夫妻非常高兴，他们把女儿原来的压岁钱3000元人民币和5000美元全部存进了银行。两年后，两人因感情破裂离婚，并将女儿的3000元人民币和5000美元以及笔记本电脑作为夫妻共同财产予以分割。对于女儿的3000元人民币及5000美元现金由夫妻两人平均分割，笔记本电脑归王某所有，王甲随贾某共同生活。王甲的叔叔知道此事后，要求王某夫妻将属于王甲的3000元人民币及5000美元、笔记本电脑全部归还给王甲，并由贾某代为保存。王某、贾某拒不归还，最终王甲的叔叔要求人民法院予以裁决。

【法官讲法】

赠与，是指赠与人把自己所有的或者有权处分的财物无偿送给受赠人的行为。对公民来说，赠与人必须具有相应的民事行为能力，一般须是完全民事行为能力人；限制民事行为能力人根据民法典只能作出与其年龄、智力状况相适应的赠与行为；而无民事行为能力人不得作为赠与人实施赠与行为。根据民法典的规定，限制民事行为能力人接受奖励、赠与、报酬、赔偿费或者进行其他对本人有利而不损害他人权益的行为，应予保护。王某有权接受别人的赠款或赠物，那么该赠与的财物是否归未成年本人所有呢？一般而言，未成年人因受赠而得的财物构成家庭财产的一部分，但家庭财产不等同于夫妻共同财产。本案中，王某与贾某离婚后，无视女儿王甲的财产权利，把一切财产都归入夫妻共同财产进行分割的做法是错误的。

首先，家庭财产的范围大于夫妻共同财产的范围，两者不能混淆。夫妻共同财产，是指夫妻在婚姻关系存续期间所得的财产；而家庭财产，既包括夫妻共同财产，又包括未成年子女的财产，还包括其他家庭成员的财产。其次，在离婚分割夫妻共同财产时，应当首先把夫妻共同财产从家庭其他成员的财产中区分出来，或者把家庭其他成员的财产剥离出去，然后再进行分割，不能混在一起。特别是在当今的社会条件下，未成年子女可能通过多种途径获得数额巨大的赠与财产，他们作为家庭成员中的一员当然也依法享有自己的合法财产权益，父母作为他们的法定监护人，有权利、有责任对他们的财产进行监管，但不能利用自己担任监护人的身份侵犯未成年子女的财产所有权。最后，王某、贾某离婚时将属于女儿王甲的笔记本电脑分给男方王某，将女儿的3000元人民币以及5000美元两人平分，这是严重侵犯未成年子女财产权的行为。他们应当将现金归还给女儿，由抚养女儿的母亲贾某代为保管，而且只能是在为了女儿自身利益需要的情况下动用；笔记本电脑也应返还。

在此需要说明的一点是，限制民事行为能力人虽然有权接受赠款、赠物，虽然该赠与的财物归其个人所有，但这不等于说该未成年人可以随意支配处分该赠与的财物。根据民法典的规定，未成年人能否处分别人赠与的财物，与其民事行为能力有着密切的关系。一般而言，8周岁以下的未成年人是无民事行为能力人，他们不能亲自参与民事活动，一切民事法律行为都必须由他们的法定监护人代理进行，所以他们对自己接受的赠款、赠物是不能随意支配、处分的，只能由监护人代为管理；8周岁以上不满18周岁的未成年人，属限制民事行为能力人，他们可以进行与他们的年龄、智力状况相适应的民事活动，其他民事活动则须由其法定代理人代理进行，或征得法定代理人的同意。

【法条指引】

中华人民共和国民法典

第十九条　八周岁以上的未成年人为限制民事行为能力人，实施民事法律行为由其法定代理人代理或者经其法定代理人同意、追认；但是，可以独立实施纯获利益的民事法律行为或者与其年龄、智力相适应的民事法律行为。

4. 未成年学生擅自购买贵重物品，其买卖行为是否有效?

【维权要点】

8周岁以上未成年学生可以独立实施纯获利益的民事法律行为或者与其年龄、智力相适应的民事法律行为。其他民事活动由其法定代理人代理实施，或者征得法定代理人的同意后进行。

【典型案例】

李某（男，15周岁）为某中学学生。在学校里，李某与同班的一名女生十分要好，有早恋的倾向。班主任和家长多次对李某进行说服教育，但两个人仍然来往密切。2020年11月，适逢女孩的生日，李某特别想为自己喜欢的女孩买一件像样的生日礼物。放学后，李某独自一人来到商场，四处转悠。在首饰柜台前，李某看到一条款式十分漂亮的项链。到了晚上，李某在床上辗转反侧，难以入睡。夜深后，李某偷偷地爬了起来，来到父母的卧室外，他趴在门边听了一会儿，父母都睡着了。李某悄悄地打开了房门，溜了进去，在床头柜上找到母亲的皮包。打开皮包时，他的心跳得特别厉害，不时地看着在床上酣睡的父母。回到自己的房间，李某一数，足有1500元。

第二天早晨，李某趁父母还没有起床，早早地爬了起来，背上书包跑了出去。在学校里，李某上完第一节课，就一溜烟地跑到了商场。在首饰柜台前，李某掏出1300元，指着那条项链说："我买这个。"营业员看了看李某，没说什么，为李某开了票，李某交了钱后，她把已经包装好的项链给了李某。兴致正高的李某又来到文具柜台前，为自己买了一个60元的书包。下午放了学，到了回家的时候，李某才感到有些后怕，父母现在一定正为丢钱的事而着急，一旦问起自己来该怎么办？回家后，在父母的追问下，李某承认了偷钱的事实，并把买项链的情况从头到尾告诉了父母。李某的父母带着孩子来到商场，要求退货，遭到商场的拒绝。商场认为，物品没有质量上的瑕疵，没有理由给李某退货。双方争执不下，李某的父母将商场诉至人民法院，以李某为未成年人，无购买贵重物品的行为能力为由，要求判决商场返还商品的价款。

【法官讲法】

民法典第19条规定："八周岁以上的未成年人为限制民事行为能力人，实施民事法律行为由其法定代理人代理或者经其法定代理人同意、追认；但是，可以独立实施纯获利益的民事法律行为或者与其年龄、智力相适应的民事法律行为。"《最高人民法院关于适用〈中华人民共和国民法典〉总则编若干问题的解释》第5条规定："限制民事行为能力人实施的民事法律行为是否与其年龄、智力、精神健康状况相适应，人民法院可以从行为与本人生活相关联的程度，本人的智力、精神健康状况能否理解其行为并预见相应的后果，以及标的、数量、价款或者报酬等方面认定。”因为8周岁以上的未成年人虽然具备了一定的理解和判断能力，但其身心仍然处于发育阶段，认识和辨别能力还未完全成熟。对一些重大民事行为的性质和后果还不能进行准确的判断。因此，他们只能进行与其年龄和智力发育状况相适应的民事活动，其他民事活动由其法定代理人代理实施，或者征得法定代理人的同意后进行。按照民法典的规定，无民事行为能力人、限制民事行为能力人的监护人是他的法定代理人。未成年人的父母是未成年人的监护人。对未成年人而言，超越他的年龄和智力发育状况的民事活动，一般应当由其父母代理或征得其父母的同意后实施。

在本案中，李某15周岁，属于限制民事行为能力人，只能订立纯获利益的合同及与其年龄、智力、健康状况相适应的合同，与他人订立的其他合同为效力待定的合同，只有经过其法定代理人（未成年人的父母）的追认才能生效，否则不发生效力。效力待定的合同为法律直接规定的，不能因为合同相对人不知情（如在本案中，商场并不知道李某属于未成年人）而主张合同有效。但不是限制民事行为能力人所订立的所有合同均为效力待定的合同，这取决于合同的内容是否为纯获利益，是否与其年龄、智力、精神健康状况相适应。相适应的并不是效力待定的合同，如果符合其他合同生效要件，合同自成立时起即生效；反之，该合同为效力待定的合同。本案中，李某与商场的买卖合同究竟是什么类型的呢？显然，这个合同不是纯获利益的合同，但是否与其年龄、智力、精神健康状况相适应就要进一步分析了。根据《最高人民法院关于适用〈中华人民共和国民法典〉总则编若干问题的解释》的规定，限制民事行为能力人实施的民事法律行为是否与其年龄、智力、精神健康状况相适应，人民法院可以从行为与本人生活相关联的程度，本人的智力、精神健康状况能否理解其行为并预见相应的后果，以及标的、数量、价款或者报酬等方面认定。本案中，李某是未成年人，项链是特殊商品，而且属于贵重商品，李某作为未成年人对其没有判断能力，不能对合同本身的性质、内容和结果作出判断，这些都超出了其意识能力范围，因此买卖项链的合同应为效力待定的合同，李某父母不予追认，合同无效，双方取得财产、价款的依据消失，应互相返回财产。至于购买书包的合同，应当认定为有效。李某作为中学生对学习用品应当有基本的认识，对合同的内容、性质、后果等有判断的能力，所以，该合同应是有效的。李某父母不能主张该合同无效。因此，在本案中，商场应该返还李某买项链的1300元，而对买书包的60元则不用返还。

【法条指引】

中华人民共和国民法典

第十九条 八周岁以上的未成年人为限制民事行为能力人，实施民事法律行为由其法定代理人代理或者经其法定代理人同意、追认；但是，可以独立实施纯获利益的民事法律行为或者与其年龄、智力相适应的民事法律行为。

最高人民法院关于适用《中华人民共和国民法典》总则编若干问题的解释

第五条 限制民事行为能力人实施的民事法律行为是否与其年龄、智力、精神健康状况相适应，人民法院可以从行为与本人生活相关联的程度，本人的智力、精神健康状况能否理解其行为并预见相应的后果，以及标的、数量、价款或者报酬等方面认定。

5. 未成年人未经家长同意用贵重首饰抵偿欠款，该行为是否有效?

【维权要点】

8周岁以上未成年学生可以独立实施纯获利益的民事法律行为或者与其年龄、智力相适应的民事法律行为。其他民事活动由其法定代理人代理实施，或者征得法定代理人的同意后进行。

【典型案例】

陈某是个初二女生，在网上认识了异地的男生朱某，两个人开始网恋。某天，朱某让陈某到他家乡去找他，陈某遂向同学林某借了500元路费，并用母亲送她的价值2000元的白金项链作为抵押。陈某返家后，无法筹到500元还给林某，就跟林某商议用白金项链抵偿借款，从此两不相欠。林某也接受了陈某的提议。时间一长，陈某的母亲发现陈某的项链不见了，即询问陈某，陈某只好告诉了母亲整件事情的经过。陈母马上找到林某的家长，请求归还项链，并答应把陈某欠的500元归还林某。林某的家长拒绝了陈母的请求，认为陈某是个中学生，年龄也不小了，说话应该算数，况且这是陈某自愿的，没有任何人强迫她。双方为此发生争执，陈某的父母向当地人民法院提起诉讼，认为陈某尚未成年，属于限制民事行为能力人，只能进行与其年龄、智力状况相适应的民事活动，其他民事活动应当由其监护人代理。陈某在未经父母同意的情况下用价值2000元的白金项链抵押借款并用该项链抵偿欠款，没有法律效力。自己将偿还陈某的借款，而林某应当归还陈某的白金项链。

【法官讲法】

我国法律将自然人的民事行为能力分为三种：完全民事行为能力、限制民事行为能力、无民事行为能力。完全民事行为能力人是指具有完全民事行为能力，可以独立进行民事活动的18周岁以上的公民，16周岁以上不满18周岁但以自己的劳动收入为主要生活来源的未成年人视为完全民事行为能力人。无民事行为能力人是指不满8周岁的未成年人和不能辨认自己行为的精神病人，不能独立进行民事活动。陈某只是初二学生，不满18周岁，属于限制民事行为能力人。《最高人民法院关于适用〈中华人民共和国民法典〉总则编若干问题的解释》第5条规定："限制民事行为能力人实施的民事法律行为是否与其年龄、智力、精神健康状况相适应，人民法院可以从行为与本人生活相关联的程度，本人的智力、精神健康状况能否理解其行为并预见相应的后果，以及标的、数量、价款或者报酬等方面认定。"本案中，陈某在未征得父母同意的情况下，擅自用母亲送她的白金项链抵押借款并用其偿还欠款，显然与她的年龄、智力不符。因为这种行为远远超出了她的日常生活的范围，不是与其本人的生活紧密相关的行为，以陈某的智力状况，尚不能正确地理解这种行为的性质与后果。白金项链的价值也较大。按照司法解释的规定，陈某用白金项链抵押借款和偿还欠款，不属于与其年龄、智力状况相适应的民事活动，该行为应当征得她的法定代理人即陈某的监护人的同意后进行。陈某在未征得父母同意的情况下实施该行为，没有法律效力。林某应当将项链归还。陈某的父母也有责任代其偿还欠款。

在日常生活中，不适合限制民事行为能力的未成年人单独从事的民事活动主要有以下几种：（1）购买贵重物品，例如用压岁钱购买贵重玩具；（2）接受与本人生活关联不大的消费性服务；（3）出卖物品；（4）将自己的贵重物品赠与或转让给他人；（5）借款，如在本案中陈某用白金项链向同学抵押借款的行为；（6）签订合同；等等。需要说明的是，上述这些行为对于8—18周岁的未成年人不能一概而论，应当区别对待。我们应当根据他们的年龄、智力、心理成熟程度、精神健康状况、与生活学习的关联程度、家庭经济状况来具体分析。例如，花300多元买个电子词典，对于8—9岁的孩子来说，与其年龄、智力就不相适应，但是对于正在上高中学习的17—18岁的孩子来说，其年龄、智力就可以理解，又与他的学习关联程度很大；再如，花200多元购买一件名牌服装的行为，对于一个生活条件非常优越、父母经常为其买名牌服装的14—15岁的中学生来说，其年龄、智力可以理解，并且家庭经济状况也可以接受。但是对于一个家庭经济很困难、同样14—15岁的中学生来说，他有可能不能理解这一行为的后果，并且花费的数额对于他的家庭来说也比较难以承受。因此，判断未成年人可以单独从事哪些民事活动、不能单独从事哪些民事活动，不能一概而论，还要根据具体情况具体分析，但最基本的原则还是看与他的年龄、智力是否相适应。如果其年龄、智力不能理解，即使行为与他的本人生活有关联、家庭经济能够接受，那么没有经过父母的同意或追认，也不能够去从事。同时，民法典第19条规定："八周岁以上的未成年人为限制民事行为能力人，实施民事法律行为由其法定代理人代理或者经其法定代理人同意、追认；但是，可以独立实施纯获利益的民事法律行为或者与其年龄、智力相适应的民事法律行为。"

【法条指引】

中华人民共和国民法典

第十九条 八周岁以上的未成年人为限制民事行为能力人，实施民事法律行为由其法定代理人代理或者经其法定代理人同意、追认；但是，可以独立实施纯获利益的民事法律行为或者与其年龄、智力相适应的民事法律行为。

最高人民法院关于适用《中华人民共和国民法典》
总则编若干问题的解释

第五条　限制民事行为能力人实施的民事法律行为是否与其年龄、智力、精神健康状况相适应，人民法院可以从行为与本人生活相关联的程度，本人的智力、精神健康状况能否理解其行为并预见相应的后果，以及标的、数量、价款或者报酬等方面认定。

6. 未成年学生如何维护自己获得劳动报酬的权利？

【维权要点】

年满16周岁、未满18周岁的未成年人，如果完成了规定年限的义务教育，不再继续升学的，依法可以从事有经济收入的劳动或者个体劳动。符合法律规定条件的未成年人工作后，有权从用人单位获取劳动报酬。

【典型案例】

毛某（男，16周岁）出生在一个普通的农民家庭。毛家有3个孩子，毛某是老大。由于身体不好，毛某的父母都失业在家，靠着领取政府的最低生活保障金和做点小买卖养活全家。毛某眼看着父母艰辛地支撑着这个家，弟弟、妹妹吃不好、穿不好，心里异常焦急，他觉得自己是家里的老大，应该承担起责任来，为父母分担家庭的重担，让弟弟、妹妹生活得更好些。高中毕业后，毛某坚持不再读书，要求参加劳动。一开始，毛某的父母不忍心让自己的孩子就这样放弃学业，因为毛某在学校里的成绩十分优异，是个十分受老师喜欢的好学生，但毛某的态度十分坚决。父母看着家里的情况，觉得毛某的想法也有道理，这个家仅靠他们实在是支撑不下去了。经父母同意，毛某外出寻找工作，并在一家私人的汽车修配厂找到了一份临时工作。老板让毛某在修配厂里干些零活，答应一个月给毛某1500元。毛某考虑到自己刚刚参加工作，没有什么工作经验和手艺，这里的钱虽然少，但毕竟有些经济收入，而且还可以借这个机会学些手艺。就这样，毛某在汽车修配厂开始了他的劳动生涯。

毛某吃苦耐劳，工作十分勤奋，每天一大早就来到厂里，什么活都抢着干，再苦、再累也没有一句怨言。工厂里的师傅和徒工都十分喜欢他，有些师傅还有意教毛某一些手艺，毛某很认真地学着。转眼一个月过去了，别人都领到了工资，老板却对毛某绝口不提工资的事。毛某找到老板要工资，老板推说下个月一块给他，让他好好干。毛某信以为真，没再说什么。第二个月结束了，到了领工资那一天，还是没有毛某的份，毛某十分气愤，找到老板理论。毛某的工友们对老板的做法十分气愤，都为毛某打抱不平。一个工友偷偷找到了毛某，让他到法院去告老板，大家都愿意为他做证，一定帮他把工钱讨回来。毛某一开始还有点犹豫，但在工友的热心鼓励下，他终于鼓起勇气，决定用法律的武器来保护自己的合法权益。第二天，毛某就到人民法院起诉，并提交了工友们出具的书面证言，经人民法院核实后，证实毛某在某汽车修配厂按约定劳动两个月，应当获得3000元劳动报酬。汽车修配厂的经营者应当按照约定，履行支付劳动报酬的义务。人民法院依法判决，汽车修配厂老板自判决生效之日起15日内，支付毛某的报酬3000元。面对人民法院的判决，老板乖乖地付给了毛某工资。毛某感到特别的高兴，因为他不但讨回了劳动报酬，更重要的是他学会了在自己的权益受到侵犯时，不忍气吞声，而是运用法律的武器保护自己。面对未来，毛某充满了信心，因为他知道，不论什么时候，法律都是自己的守护神。

【法官讲法】

我国的未成年人保护法和《禁止使用童工规定》均有明确规定：禁止使用童工。即任何单位和个人不得招用未满16周岁的未成年人从事有经济收入的劳动。依上述规定，在我们国家，一般不允许招用未满16周岁的未成年人做工。但有些单位，如文艺、体育和特种工艺单位，由于行业的需要，确需招用未满16周岁的文艺工作者、运动员和艺徒，经县级以上（含县级）劳动行政部门批准后可招用。尚不具备实施初级中等义务教育条件的农村贫困地区，未升入初中的13周岁至15周岁的少年，如确实需要，可以从事有经济收入的、力所能及的辅助性劳动，但其范围和行业应按省、自治区和直辖市人民政府的规定，严加限制。16周岁至18周岁的未成年人可以就业，但在劳动中应受到特殊保护。未成年人保护法第61条规定，任何组织和个人依照国家有关规定招收已满16周岁未满18周岁的未成年人的，应当在工种、劳动时间、劳动强度和保护措施等方面执行国家有关规定，不得安排其从事过重、有毒、有害的劳动或危险作业。

在我国，年满16周岁、未满18周岁的未成年人，如果完成了规定年限的义务教育，不再继续升学的，依法可以从事有经济收入的劳动或者个体劳动。依照我国劳动法第3条的规定，未成年人享有如下劳动权利：(1) 就业的权利。年满16周岁的未成年人享有就业的权利。未成年人已经受完规定年限的义务教育不再升学的，政府有关部门和社会团体、企事业单位应当根据实际情况，对他们进行职业技术培训，为他们创造劳动就业条件。(2) 选择职业的权利。在法律允许的范围内，未成年人有权依照自己的意愿选择自己从事的职业。(3) 取得劳动报酬的权利。未成年工在向用人单位付出劳动的同时，有权获得相应的劳动报酬。(4) 休息休假的权利。未成年人有权在法定工作时间之外享受法定的休息时间和法定节假日。(5) 获得劳动安全卫生保护的权利。未成年工有权获得特殊的劳动保护。不得安排未成年工从事矿山井下、有毒有害、国家规定的第4级体力劳动强度的劳动和其他禁忌从事的劳动。用人单位应当对未成年工定期进行健康检查。(6) 接受职业技能培训的权利。未成年人有权获得必要的职业培训。职业培训的内容包括职业道德、职业技术、法律知识、预防犯罪教育等。(7) 享受社会保险和福利的权利。未成年工在患病、负伤、失业等情形下，有权获得社会保险待遇，有权享受国家和用人单位提供的各项福利待遇。(8) 提请劳动争议处理的权利。未成年人与用人单位发生劳动争议时，有权依法申请调解、仲裁或者提起诉讼。(9) 其他劳动权利。例如依法参加和组织工会的权利；以合法方式参与民主管理的权利；就保护自身合法权益与用人单位进行平等协商的权利等。

综上所述，符合法律规定条件的未成年人工作后，有权从用人单位获取劳动报酬，即工资。依劳动法的有关规定，用人单位分配工资应遵循按劳分配原则，实行同工同酬。国家实行最低工资保障制度。最低工资的具体标准由省、自治区、直辖市人民政府规定。用人单位支付未成年人的工资不得低于当地最低工资标准。用人单位可以根据本单位的生产经营特点和经济效益，依法自主确定本单位的工资分配方式和工资水平，但不能克扣或无故拖欠未成年劳动者的工资。在本案中，汽车修配厂老板拒不支付给毛某约定的工资，显然侵犯了未成年工的合法权益，人民法院依法判决其履行支付劳动报酬的义务，有力地维护了未成年人的合法权益，是正确的，体现了保护未成年人的法律精神。

在本案中，毛某在到某汽车修配厂工作时，未与老板签订劳动合同，是一大失误。劳动合同是劳动者与用人单位确立劳动关系、明确双方权利和义务的协议。未成年人一旦与单位建立劳动关系，就应当订立劳动合同。只有订立了劳动合同，未成年人的劳动权益才能得到可靠的保障。在发生劳动争议时，才能有据可凭，自己的合法权益才能得到法律及时、有效的保护。劳动合同应当以书面形式订立，依照劳动法的规定，劳动合同中必须具备下列条款：(1) 劳动合同期限；(2) 工作内容；(3) 劳动保护和劳动条件；(4) 劳动报酬；(5) 劳动纪律；(6) 劳动合同终止的条件；(7) 违反劳动合同的责任。上述七项条款为劳动合同的必备条款，除此之外，未成年人与用人单位还可以协商约定其他内容，如试用期、保守用人单位商业秘密等。

用人单位与未成年人订立劳动合同时，应当遵循平等自愿、协商一致的原则，不得违反国家法律和行政法规的规定。劳动合同依法订立即具有法律约束力，双方应当严格按照合同的规定履行各自应尽的义务。用人单位在与未成年人订立劳动合同时，不得以任何形式向未成年人收取定金、保证金（物）或抵押金（物）。下列劳动合同为无效劳动合同：一是违反法律、行政法规的劳动合同。例如，餐厅、旅馆招用未满16周岁的未成年人做工而订立的劳动合同；含有要求未成年人从事矿山井下、有毒有害、易燃易爆等禁忌性劳动内容的劳动合同。二是采取欺诈、威胁等手段订立的劳动合同。用人单位谎称高薪、高福利，诱骗未成年人与之订立的劳动合同或以暴力等手段迫使未成年人订立的劳动合同。无效的劳动合同，从订立的时候起，就没有法律约束力。未成年人如果认为自己与用人单位订立的合同有违法内容，或者自己是在受欺诈、威胁的情况下订立的劳动合同，可以通过两种方法确认劳动合同无效：一种是向当地的劳动争议仲裁委员会申请仲裁；另一种是到当地人民法院提起诉讼。劳动合同是否无效，由劳动争议仲裁委员会或者人民法院确认。

根据我国劳动法的规定，劳动争议可以通过调解、仲裁、诉讼三种手段加以解决。

1. 调解。用人单位可以设立劳动争议调解委员会，在自愿的基础上，调解本单位内部发生的劳动争议。劳动争议调解委员会由单位的职工代表、用人单位代表和工会代表组成。劳动争议发生后，未成年人可以申请调解。申请调解，应当自知道或应当知道其权利被侵害之日起30日内，以口头或书面形式向调解委员会提出调解申请。调解委员会调解劳动争议，应当自当事人申请调解之日起30日内结束，到期未结束的，视为调解不成。经调解，用人单位与未成年工双方达成协议的，应当按照协议履行；调解不成的，未成年人可以申请仲裁。

2. 仲裁。仲裁是劳动争议处理程序中的第二个环节。我国的县、市、市辖区设立劳动争议仲裁委员会，负责处理本地区发生的劳动争议。劳动争议仲裁委员会由劳动行政部门代表、同级工会代表、用人单位代表组成。劳动争议调解不成，当事人一方要求仲裁的，可以向劳动争议仲裁委员会申请仲裁。未成年工一方也可以不经调解，直接向劳动争议仲裁委员会申请仲裁。提出仲裁要求的一方应当自劳动争议发生之日起60日内向劳动争议仲裁委员会提出书面申请。仲裁裁决一般应当在收到仲裁申请的60日内作出。当事人对仲裁裁决没有异议的，必须履行。未成年工对仲裁裁决不服的，可以自收到仲裁裁决书之日起15日内向人民法院提起诉讼。如果用人单位在法定期限内不起诉又不履行仲裁裁决的，未成年工可以凭仲裁裁决书到人民法院申请强制执行。

3. 诉讼。人民法院依照民事诉讼程序对劳动争议案件进行审理，并以调解或判决方式结案，这是劳动争议案件的最终处理方式。人民法院受理劳动争议案件的条件是：第一，案件经过劳动争议仲裁委员会的仲裁；第二，争议当事人不服裁决，在规定期限内起诉；第三，属于受诉人民法院管辖。但在本案中，毛某直接向人民法院提起诉讼，要求保护自己获得劳动报酬的权利。虽然毛某与某汽车修配厂的劳动争议未先经过劳动争议仲裁委员会的仲裁程序，人民法院直接受理本案，在程序上似乎有缺陷，与法不符，但人民法院出于给予未成年人劳动权益以特殊保护的考虑，希望尽快地解决未成年工与用人单位的纠纷，其出发点是好的。人民法院在经过调查核实的情况下，迅速判决某汽车修配厂履行支付劳动报酬的义务，支付毛某的工资，有利于对未成年人合法权益的及时保护，不应该在程序上求全责备。如果人民法院驳回毛某的起诉，让毛某先向劳动争议仲裁委员会申请仲裁，对仲裁裁决不服再起诉，一方面可能会打击毛某运用法律武器保护自己合法权益的积极性；另一方面，随着程序的复杂化和时间的延长，情况可能发生意外的变化，丧失解决问题的最佳时机，最终使毛某的合法权益无法得到法律的救济。这是我们大家都不希望看到的。

【法条指引】

中华人民共和国未成年人保护法

第六十一条第三款 招用已满十六周岁未成年人的单位和个人应当执行国家在工种、劳动时间、劳动强度和保护措施等方面的规定，不得安排其从事过重、有毒、有害等危害未成年人身心健康的劳动或者危险作业。

7. 企业招用未满16周岁的未成年人是否违法？

【维权要点】

我国有关法律和招工政策，将最低就业年龄定为16周岁，并明令禁止使用童工。任何组织和个人不得招用未满16周岁的未成年人，国家另有规定的除外。

【典型案例】

董某（男），某中学学生，由于厌学情绪十分严重，多次严重违反校规，2020年5月，最终被学校作劝退处理。董某的父亲是某机械厂工人，为了不让儿子整天游手好闲，在其再三恳求下，厂里招用了董某，此时董某只有14周岁，工厂与董某没有签订正式的用工合同。2021年2月，某机械厂与某轴承厂合资成立了某机械有限公司，董某被调去任冲压操作工，由于没有进行必要的岗前安全技术培训，同时董某所用机器已经3年没有彻底检修且没有安装安全防护装置，在超负荷运转下，最终导致机器失控，董某左手三根手指被机器切下。事后，在董某劳动关系的归属和工伤待遇及伤残治疗上，出现了机械厂与机械有限公司相互推诿的现象。于是董某向该市劳动仲裁委员会提起申诉。

【法官讲法】

所谓童工，是指不满16周岁与单位或个人发生劳动关系、从事有经济收入的劳动或者从事个体劳动的未成年人。为了保护未成年人的身心健康，促进义务教育的实施，我国有关法律和招工政策，将最低就业年龄定为16周岁，并明令禁止使用童工。未成年人保护法第61条第1款规定："任何组织或者个人不得招用未满十六周岁未成年人，国家另有规定的除外。""国家另有规定的除外"是指文艺、体育和特种工艺单位可以招用未满16周岁的未成年人。但在招用的同时必须依照国家有关规定，履行审批手续，并保障其接受义务教育的权利。同时，义务教育法第14条第1款规定："禁止用人单位招用应当接受义务教育的适龄儿童、少年。"而对于年满16周岁、未满18周岁的未成年人，如果完成了规定年限的义务教育，不再继续升学的，依法可以从事有经济收入的劳动或者个体劳动，即年满16周岁后，才具有劳动权利。

为了保护未成年人的合法权益，对于已经招用童工或者发生劳动纠纷后的责任认定都有明确的规定。《禁止使用童工规定》第10条规定："童工患病或者受伤的，用人单位应当负责送到医疗机构治疗，并负担治疗期间的全部医疗和生活费用。童工伤残或者死亡的，用人单位由工商行政管理部门吊销营业执照或者由民政部门撤销民办非企业单位登记；用人单位是国家机关、事业单位的，由有关单位依法对直接负责的主管人员和其他直接责任人员给予降级或者撤职的行政处分或者纪律处分；用人单位还应当一次性地对伤残的童工、死亡童工的直系亲属给予赔偿，赔偿金额按照国家工伤保险的有关规定计算。"如果使用童工的单位或者个人不承担童工患病伤残的医疗费、生活费或者抚恤费以及童工死亡不给予经济赔偿的，童工的监护人可作为其代理人提出调解、仲裁、诉讼的请求。

依据上述这些规定，在本案中，某机械厂明知董某未满16周岁但在董某的父亲一再坚持和恳求下，出于照顾老工人的考虑，招用了董某，虽然有一定的客观原因，但是其招用童工已经构成事实，违反了国家禁止招用童工的规定，因此对于董某在工作中因意外事故而致残负有责任。同时，董某发生工伤事故是在某机械有限公司的工作之中，虽然是某机械厂调派的，但是他与机械有限公司之间存在用工与被用工关系，所以，某机械有限公司同样对董某因工致残负有责任。综上所述，机械厂和机械有限公司必须对董某因工致残共同承担赔偿责任，其中包括董某的医疗费、药费、住院费等一切治疗费用。董某医疗终结后，机械厂应依据董某的工伤致残情况，报请劳动鉴定委员会确定其伤残程度并发给董某伤残抚恤费。另外，董某与某机械有限公司的劳务关系必须终止。

【法条指引】

中华人民共和国未成年人保护法

第六十一条第一款 任何组织或者个人不得招用未满十六周岁未成年人，国家另有规定的除外。

中华人民共和国义务教育法

第十四条 禁止用人单位招用应当接受义务教育的适龄儿童、少年。

根据国家有关规定经批准招收适龄儿童、少年进行文艺、体育等专业训练的社会组织，应当保证所招收的适龄儿童、少年接受义务教育；自行实施义务教育的，应当经县级人民政府教育行政部门批准。

禁止使用童工规定

第十条 童工患病或者受伤的，用人单位应当负责送到医疗机构治疗，并负担治疗期间的全部医疗和生活费用。

童工伤残或者死亡的，用人单位由工商行政管理部门吊销营业执照或者由民政部门撤销民办非企业单位登记；用人单位是国家机关、事业单位的，由有关单位依法对直接负责的主管人员和其他直接责任人员给予降级或者撤职的行政处分或者纪律处分；用人单位还应当一次性地对伤残的童工、死亡童工的直系亲属给予赔偿，赔偿金额按照国家工伤保险的有关规定计算。

8. 成年人出资让未成年人抽奖，中奖奖金应当归谁所有?

【维权要点】

无民事行为能力人、限制民事行为能力人接受奖励、赠与报酬，他人不得以行为人无民事行为能力、限制民事行为能力为由，主张以上行为无效。因此，成年人出资让未成年人抽奖，中奖奖金应当属于未成年人所有。

【典型案例】

2021年8月某日，25周岁的王某与邻居家12周岁的小孩李某上街去玩，正好遇上福利奖券抽奖活动，王某抽了几张都未中奖，便叫李某去抽，但李某没有钱，王某当即拿出5元钱给李某，李某说回去还给他，王某说不用还了。结果，李某抽奖中了一等奖，奖金10万元。在李某将奖金领回后，王某声称李某是小孩，属无民事行为能力人，抽奖的钱是他本人出的，所以奖金应归他所有，他可以支付李某劳务费5000元。李某的父母不同意，双方发生争执。王某遂诉至法院。

【法官讲法】

王某交与李某5元钱的行为应属于赠与行为，中奖奖金应归李某所有。理由是：王某在此之前不仅没有明确表示请李某代替他去抽奖，而李某中奖时他也未表示其是代替自己抽奖，因此无法认定二人之间有委托关系。而且当李某说回去还钱时王某说不用。根据民法典第657条的规定，赠与合同是赠与人将自己的财产无偿给予受赠人，受赠人表示接受赠与的合同。本案中王某给李某5元钱的行为是其真实意思表示，显然属于赠与行为，标的物所有权应从交付时转移。也就是说李某拿王某给的5元钱去抽奖等于用自己的钱抽奖。李某虽仅有12周岁，但根据民法典第19条的规定："八周岁以上的未成年人为限制民事行为能力人，实施民事法律行为由其法定代理人代理或者经其法定代理人同意、追认；但是，可以独立实施纯获利益的民事法律行为或者与其年龄、智力相适应的民事法律行为。"另外，《最高人民法院关于适用〈中华人民共和国民法典〉总则编若干问题的解释》第5条规定："限制民事行为能力人实施的民事法律行为是否与其年龄、智力、精神健康状况相适应，人民法院可以从行为与本人生活相关联的程度，本人的智力、精神健康状况能否理解其行为并预见相应的后果，以及标的、数量、价款或者报酬等方面认定。"本案中，李某已年满12周岁，应属限制民事行为能力人，完全能够理解抽奖行为的意义并预见到行为的后果可能中奖，而且抽奖对抽奖主体并无限制，李某具备抽奖的资格，其中奖行为与奖券出售人间形成的合同关系独立、合法、有效。

综上所述，王某交与李某5元钱的行为应属于赠与行为，中奖奖金应归李某所有。

【法条指引】

中华人民共和国民法典

第十九条 八周岁以上的未成年人为限制民事行为能力人，实施民事法律行为由其法定代理人代理或者经其法定代理人同意、追认；但是，可以独立实施纯获利益的民事法律行为或者与其年龄、智力相适应的民事法律行为。

第六百五十七条 赠与合同是赠与人将自己的财产无偿给予受赠人，受赠人表示接受赠与的合同。

最高人民法院关于适用《中华人民共和国民法典》总则编若干问题的解释

第五条 限制民事行为能力人实施的民事法律行为是否与其年龄、智力、精神健康状况相适应，人民法院可以从行为与本人生活相关联的程度，本人的智力、精神健康状况能否理解其行为并预见相应的后果，以及标的、数量、价款或者报酬等方面认定。

9. 遗嘱可以剥夺未成年学生的继承权吗？

【维权要点】

为了保护未成年人的利益，对于未成年的法定继承人，法律是禁止以遗嘱方式剥夺其继承权的。遗嘱应当为缺乏劳动能力又没有生活来源的继承人保留必要的遗产份额。

【典型案例】

陈某于2008年结婚，2009年陈某的妻子因难产，生下陈甲后死亡。陈某得子丧妻，因此把全部的希望都寄托在儿子的身上，由于过分溺爱，陈甲养成了许多恶习。陈甲经常在学校与同学打架，而且抽烟喝酒，并经常偷东西，陈某多次管教都没有效果。2021年，陈甲外出长达几个月没有音信。在此期间，陈某因绝症而去世，在住院期间都是由其邻居王某照顾。陈某去世前，留下遗嘱：由于陈甲不务正业，且屡教不改，败坏陈家名声，因此不得继承陈某遗产；全部遗产由患病期间对其进行照料的王某继承。陈甲回家得知这一消息后，向法院提起诉讼，要求王某归还全部遗产。

【法官讲法】

民法典第1123条规定："继承开始后，按照法定继承办理；有遗嘱的，按照遗嘱继承或者遗赠办理；有遗赠扶养协议的，按照协议办理。"由此可见，我国遗产继承发生的根据有三种方式：法定继承、遗嘱继承和遗赠、遗赠扶养协议。本案涉及了第一种、第二种继承方式。所谓遗嘱，是指被继承人在生前按照法律规定的内容和方式对自己的财产预作处分，并在死亡时发生法律效力的法律行为。遗嘱有两种：一是遗嘱继承；二是遗嘱赠与。遗嘱继承是指在被继承人死亡后，按其生前所立的遗嘱内容，将其遗产转移给指定的法定继承人的一种继承方式。与法定继承相比，遗嘱继承虽也是一种继承方式，但其优先于法定继承，即被继承人生前如果立有合法有效的遗嘱，就应当首先按照遗嘱的规定进行遗嘱继承；在没有遗嘱或者有遗嘱但遗嘱被人民法院判决无效，以及有遗嘱但遗嘱仅处分了部分财产的情况下，才按法定继承方式进行。而遗赠是指公民以遗嘱方式将其遗产的一部分和全部赠给国家、集体组织、社会团体或者法定继承人以外的人。遗赠是遗嘱的特殊形式。它与遗嘱的区别在于：（1）在遗赠中，获得财产的不是法定继承人，而是国家、集体组织、社会团体或者其他非法定继承人。而在遗嘱中获得财产的肯定是法定继承人中的一人或数人；（2）遗赠是一种单方法律行为，只要将遗赠内容载入遗嘱，不需要遗赠受领人同意即为有效；（3）遗赠受领人并不直接参与遗产的分配，而只是从继承人或其他遗嘱执行人那里取得遗赠财产；（4）一般情况下，遗赠受领人在受领遗赠中，不负有义务。但如果在遗赠中写明受赠人接受遗赠要完成遗赠人指定的一定公益义务时，受赠人必须履行遗赠指定的义务后，才能受领遗赠。

综上，依据现行法律规定，公民不仅可以通过设定遗嘱的方式改变继承人的范围、顺序和继承份额，而且还可以取消法定继承人的继承权，把财产遗赠给法定继承人以外的人。但是，为了保护未成年人的利益，对于未成年的法定继承人，法律是禁止以遗嘱方式剥夺其继承权的。

民法典规定遗嘱自由的同时，对遗嘱自由又作出了一些限制性的规定：(1) 立遗嘱人必须具有民事行为能力。立遗嘱是一种民事法律行为，立遗嘱人必须具有完全民事行为能力，即遗嘱能力。民法典第 1143 条第 1 款规定："无民事行为能力人或者限制民事行为能力人所立的遗嘱无效。"(2) 遗嘱必须是遗嘱人的真实意思表示。受胁迫、欺骗所立的遗嘱因其不符合遗嘱人的真实意思而无效；伪造的遗嘱无效；遗嘱被篡改的，被篡改的内容无效。(3) 遗嘱内容不得违反法律，不得损害国家、集体的利益。遗嘱内容若违反上述规定，违反的部分一律无效。(4) 遗嘱应当为缺乏劳动能力又没有生活来源的继承人保留必要的遗产份额。由此可见，公民立遗嘱时不能剥夺法定继承人中无独立生活能力的未成年人的继承权。否则，该遗嘱无效。被遗嘱剥夺继承权的无独立生活能力和缺乏劳动能力的未成年法定继承人可依法律规定继承其应继承的份额。必要时，还可以适当多分一部分遗产。另外，民法典第 1125 条第 1 款规定："继承人有下列行为之一的，丧失继承权：（一）故意杀害被继承人；（二）为争夺遗产而杀害其他继承人；（三）遗弃被继承人，或者虐待被继承人情节严重；（四）伪造、篡改、隐匿或者销毁遗嘱，情节严重；（五）以欺诈、胁迫手段迫使或者妨碍被继承人设立、变更或者撤回遗嘱，情节严重。"陈甲并没有以上所列的行为，因此他有权继承其父亲陈某的遗产。本案中，陈某以儿子陈甲不务正业为由，剥夺其继承权是没有法律依据的。陈某的遗嘱没有给年仅 12 周岁尚未成年的陈甲留下适当的遗产，以保证缺乏劳动能力又没有生活来源的儿子的正常生活，是违反法律规定的，因而其遗嘱部分无效。当然，陈某的遗嘱也不是全部无效，只要为陈甲保留必要的遗产份额，其他部分陈某仍可以自由处理。作为遗赠，不是法定继承人的王某有权接受陈某的遗赠。因此本案中，王某应将部分遗产交还给陈甲，至于具体的份额可由法院裁决。

综上所述，被继承人立遗嘱时，不应当剥夺未成年人的合法继承权。这不仅是法律制度规定的，也是社会主义道德要求的，更是保护未成年人健康成长的需要。

【法条指引】

中华人民共和国民法典

第一千一百二十三条　继承开始后，按照法定继承办理；有遗嘱的，按照遗嘱继承或者遗赠办理；有遗赠扶养协议的，按照协议办理。

第一千一百二十五条　继承人有下列行为之一的，丧失继承权：

（一）故意杀害被继承人；

（二）为争夺遗产而杀害其他继承人；

（三）遗弃被继承人，或者虐待被继承人情节严重；

（四）伪造、篡改、隐匿或者销毁遗嘱，情节严重；

（五）以欺诈、胁迫手段迫使或者妨碍被继承人设立、变更或者撤回遗嘱，情节严重。

继承人有前款第三项至第五项行为，确有悔改表现，被继承人表示宽恕或者事后在遗嘱中将其列为继承人的，该继承人不丧失继承权。

受遗赠人有本条第一款规定行为的，丧失受遗赠权。

第一千一百四十三条　无民事行为能力人或者限制民事行为能力人所立的遗嘱无效。

遗嘱必须表示遗嘱人的真实意思，受欺诈、胁迫所立的遗嘱无效。

伪造的遗嘱无效。

遗嘱被篡改的，篡改的内容无效。

10. 宿舍发生火灾致学生财产损害，学校应否承担赔偿责任？

【维权要点】

在寄宿制学校，学生都是在学校提供的集体宿舍居住生活。学习用品和生活用品以及现金或存折等，都放在集体宿舍，在火灾事故中造成财产损失，学校是否应当承担赔偿责任，应当视具体情况而定。

【典型案例】

程某系某寄宿制中学高三（2）班的学生，住该校女生宿舍 3 号楼 405 室。2021 年 6 月的一个晚上，由于临近高考，程某学习非常用功，下了晚自习回到宿舍以后，宿舍楼在23点准时熄灯，可程某还想抓紧时间再复习一会儿功课，便私自点了一根蜡烛，在床上学习。学了一阵后，由于过度疲劳，程某便迷迷糊糊地睡着了。过了一会儿，忽然听见一声惊呼，程某醒了过来，只见宿舍里一片火光，程某床上及邻铺均被火势包围，同宿舍同学被惊醒后赶紧起床灭火，经过一阵扑打，火焰被扑灭，幸无人员伤亡，只是程某及邻铺严某床上物品被烧毁，给严某造成经济损失约500元。严某将程某及学校告上法庭，要求二被告赔偿损失。

【法官讲法】

火灾事故的防范，是事关公共安全的重大问题。学校在为学生提供集体住宿的同时，必须提供符合国家公安部和各地方公安消防部门有关规定的安全保障服务。这不仅关系到学生的财产安全，更关系到学生的人身安全问题。一旦发生火灾事故，应当是由当地公安部门进行调查处理，公安部门就火灾发生的原因及责任人的确定作出结论。如果公安部门的结论认定火灾事故的原因是学校的安全设施及消防设施存在缺陷，在这种情况下，学校应当就事故给学生造成的财产损失承担全部赔偿责任。我国未成年人保护法第129条第1款规定："违反本法规定，侵犯未成年人合法权益，造成人身、财产或者其他损害的，依法承担民事责任。"如果公安部门的结论认定火灾事故发生的原因是个别学生违反学校管理规定，擅自接拉电线使用电器产品、在宿舍点蜡烛看书等行为，学校在安全管理制度及实际效果检查方面没有疏忽的，则应当由引起火灾事故发生的学生及其监护人承担赔偿责任。如果认定学生在集体宿舍使用明火是引起火灾的原因之一，而学校在安全管理方面存在严重过失也是导致事故发生的原因之一，则引起火灾的学生及其家长和学校应当对受害学生的财产损失等承担连带赔偿责任。

本案中学校不应当承担连带责任。我国民法典第1168条规定，承担连带责任的条件是"二人以上共同实施侵权行为，造成他人损害的，应当承担连带责任"。而在本案中，造成严某财产损害的唯一原因，是被告程某违反学校的规章制度，熄灯后在床上点蜡烛看书失火所致。该侵权行为是独立的，不存在与校方的相互联合，学校与致害行为既不构成同一致害原因，亦无共同过失，与学校的教育管理不存在必然、直接的因果关系，故学校对严某的财产损失不承担赔偿责任，而应由被告的监护人承担赔偿责任。

【法条指引】

中华人民共和国民法典

第一千一百六十八条　二人以上共同实施侵权行为，造成他人损害的，应当承担连带责任。

中华人民共和国未成年人保护法

第一百二十九条　违反本法规定，侵犯未成年人合法权益，造成人身、财产或者其他损害的，依法承担民事责任。

违反本法规定，构成违反治安管理行为的，依法给予治安管理处罚；构成犯罪的，依法追究刑事责任。

11. 学生财物在学校期间被盗，学校是否有保护的责任？

【维权要点】

学校的责任主要是对学生进行文化教育并保障学生的人身安全，对于学生的财产安全并无保障的义务，教师和学校可以协助学生及家长追查丢失的贵重物品，但不承担民事赔偿责任。

【典型案例】

赵某是某小学五年级的学生，家境比较富裕，经常带些新颖的玩具到学校里和同学们一块玩。一天，赵某的父母从国外给赵某带回一个较为昂贵的玩具，赵某十分喜欢，第二天便带到学校里玩，课间同学们都觉得十分新鲜，纷纷围过来玩。玩了一会儿，赵某要上厕所，便把玩具放在课桌里，跑了出去。等他回来时，玩具已经不见了，混乱中同学们都说不清楚谁拿了玩具。赵某便哭着报告了老师，老师在班里要求谁拿了玩具赶紧交出来，否则便要搜查，还要受到处分，但仍然没有同学主动交出。

【法官讲法】

本案所要解决的是，对于学生携带的学习用品、生活用品和其他财产等，在学校期间发生被盗的情况，学校及教师是否存在保护的责任问题?

学生的财物在学校被盗，有两种情况：一是被学校以外的人员盗窃；二是被本校学生盗窃。随着人们生活水平的不断提高，小学生、中学生自己掌握的物品和现金的价值越来越大，学生之间的贫富差别也十分明显，对于未成年的学生来讲，采取偷盗的方式来满足自己的占有欲和满足感的情况并不少见。而学校的责任主要是对学生进行文化教育并保障学生的人身安全，对于学生的财产安全并无保障的义务，所以，我们认为，教师和学校可以协助学生及家长追查丢失的贵重物品，但不承担民事赔偿责任。具体内容包括：

其一，对于小学生随身携带的物品，学生的家长应当进行必要的监督。

如果学生在上学时携带贵重的财产，发生丢失或损坏的情况，首先应当由学生的监护人承担责任。学生在学校发现自己的物品丢失，向班主任老师汇报以后，教师出于教育学生的目的，可以通过教育，要求实施了偷窃行为的学生主动将物品交给老师或归还给失主，并对该学生进行批评教育。如果没有学生主动承认错误，也没有学生举报相关情况，那么，即使没有找到丢失的物品，学校也尽到了应尽的责任，擅自携带贵重物品到学校的学生家长应当承担对孩子监督不力的后果。学校和教师没有权利对学生，包括被怀疑的学生进行搜查，明确认识这一点是非常重要的。在现实中，有个别小学，当学生反映自己的物品丢失后，班主任老师令全班的学生互相检查。有的学校，在发现学生偷盗现象比较严重时，就组织老师利用学生集中到操场的时间，秘密搜查学生的书包等，这种做法，我们是不赞同的。

首先，人身搜查是涉及一个人的人格尊严的问题。根据我国刑事诉讼法的规定，可以进行人身搜查的机关是国家公安机关；可以进行人身搜查的前提条件是有确切的证据；可以进行人身搜查的程序是公安人员报请公安局局长批准以后，持有搜查证。尽管在事实上许多小学生并没有认识到自己的人格尊严权利，但法律对公民人格尊严权利的保护并不以本人是否认识为前提，所以，学校和教师不能为了维护学生的财产权利，就忽视其他学生的人格尊严权利。

其次，即使是能够当场查出实施偷盗行为的学生并找回学生丢失的物品，让一个小学生在众目睽睽之下承认自己的错误行为，并不会产生好的教育效果，实际上的结果往往是，被公开揭露的学生受到同学的歧视，不愿意再进入学校上学，为了有一个良好的成长环境，学生家长不得不选择转学。有的学生则出现性格孤僻，或对他人采取暴力行为，也有的学生承受不了同学的指责而轻生。

最后，班主任在接到学生举报指明某个学生实施偷盗行为，需要对本人进行了解和教育时，应当通知学生的家长在场。对有不良行为的学生进行单独教育，为学生能够纠正自己的错误行为创造一个良好的成长环境是非常重要的。我们不能为保护一个学生的财产权利而忽视另一个学生的人格尊严。

其二，对于中学生，学生本人对自己随身携带的物品具有一定的保管能力，学生的家长也应当进行必要的监督。

发生学生随身携带物品丢失的情况，学校同样应承担协助调查的义务。出于教育学生的考虑，教师可以说服学生主动承认错误，将财物归还失主，在必要时，根据丢失财物的数额决定是否向公安部门报告，即使不能找回被盗财物，学校也尽到了责任。

如果学生被盗的财产价值较大，根据我国刑法的规定，16 周岁以上的人应当对自己的犯罪行为，包括盗窃行为承担刑事责任，而 14 周岁至 16 周岁的未成年人对杀人等重大的犯罪行为承担刑事责任。对于 14 周岁以上实施犯罪行为，符合劳动教养条件的未成年人，学校可以向公安机关报告，由公安机关决定是否应当对实施犯罪行为的学生实行劳动教养。无论属于哪种情况，学校和教师只有权向公安机关报告，而无权公开对学生进行搜查，包括让学生互相搜查。

对于学生存放在学校内的自行车被盗问题。在这种情况下，学校是否要承担保管不善的赔偿责任呢？这要根据学校与学生之间是否就自行车的保管问题达成协议而定。如果学校仅仅是为学生提供一个专门的自行车的存放地点，并没有派人负责保管，也没有收取任何保管费用；那么，不能认定学校同意对自行车承担保管的义务。因为根据我国原合同法中有关保管合同的规定，保管合同可以是有偿的，也可以是无偿的，但保管合同的成立必须是明确的，即双方当事人必须就保管义务达成协议。退一步讲，即使是学校承担为学生保管自行车的义务，根据我国民法典第 897 条的规定："保管期内，因保管人保管不善造成保管物毁损、灭失的，保管人应当承担赔偿责任。但是，无偿保管人证明自己没有故意或者重大过失的，不承担赔偿责任。"如果学校在指定学生自行车存放地点的同时，聘请专人看管，并收取一定的保管费用，可以认定，学生与自行车看管人之间形成保管合同，发生被看管物品丢失的情况，应当由具体的保管人员承担赔偿责任。

【法条指引】

中华人民共和国民法典

第八百九十七条 保管期内，因保管人保管不善造成保管物毁损、灭失的，保管人应当承担赔偿责任。但是，无偿保管人证明自己没有故意或者重大过失的，不承担赔偿责任。

12. 学生在课堂上玩玩具，老师能否予以没收？

【维权要点】

学校不是国家机关，针对学生在上课时携带不应当携带的物品，学校是没有法律理由予以没收的。但如果学生所携带的物品影响学生的学习，教师可以暂时收缴、保管。为了维持课堂教学秩序，教师有权利责令学生交出影响学习的玩具等物品，而教师对这些物品仅仅是负保管义务。在对学生的行为进行必要的教育之后，或交还给学生本人或交给学生的家长。

【典型案例】

小明是某小学二年级的学生。小明过 8 岁生日的时候，父母给他买了一把玩具手枪，小明爱不释手，连上学都带在身边。一天，在上数学课时，小明又把枪拿出来玩，并且引得前后左右的同学都来围观，引起一阵骚乱，数学老师警告小明不能在课堂上玩玩具，小明只好把玩具收了起来。可是过了一会儿，趁老师往黑板上写字的时候，小明又把枪拿出来瞄准其他同学，又扰乱了课堂纪律，数学老师发现后十分生气，一把把玩具手枪抢过来，隔着窗户扔了出去，并对全班同学说："以后谁再在课堂上玩玩具，一律没收，不再返还。"小明回家后，父母问他枪弄哪儿去了，小明哭了起来，说被老师没收了。小明的父母遂去学校请求老师返还，可老师说当时扔了出去，不知道丢在哪儿了，并批评家长不该让孩子带玩具到学校。

【法官讲法】

本案要探讨的是学校有没有没收学生财物的权利。财产权是指以实现财产利益为内容，直接体现某种物质利益的权利。对学生来说，由于他们绝大多数是消费人群，所以他们在学校期间主要涉及的是财产所有权或者使用权。所有权是指所有人对自己的财产依法享有的占有、使用、收益、处分，并禁止他人非法侵犯的权利。对自然人来讲，所有权可以是原始取得，比如劳动所得，非劳动的合法收入；也可以是继受取得，比如买卖，赠与。学生所有的财产主要来自父母和其他亲属的赠与，包括各种学习用品，生活用品，也包括监护人交给学生支配的生活费用。

没收财产是指国家机关依据法律规定，对实施违法犯罪行为的人，没收其财产的一种处罚措施。作为一种处罚措施，其基本条件是：(1) 有权决定没收财产的机关是国家专门机关，如公安机关等；(2) 没收财产的处罚只能针对非法获得或持有的财产；(3) 没收财产的处罚决定必须有法律的明文规定。

学校不是国家机关，针对学生在上课时携带不应当携带的物品，学校是没有法律理由予以没收的。但如果学生所携带的物品影响学生的学习，教师可以暂时收缴、保管。为了维持课堂教学秩序，教师有权利责令学生交出影响学习的玩具等物品，而教师对这些物品仅仅是负保管义务。在对学生的行为进行必要的教育之后，或交还给学生本人或交给学生的家长。但是，如果学生携带危险物品或者学校明令禁止学生携带的物品，比如鞭炮，装有铁制颗粒或塑料颗粒的玩具手枪，匕首、腰刀，还有不宜青少年阅读的书籍等，那就另当别论了，一旦教师发现，教师不但有权利收缴并交到学校，而且还应当对携带危险物品或违禁物品的学生及其家长进行批评教育，个别的危险物品应当交当地公安部门处理。教师的这项权利是基于学校维护校园公共安全的职责而产生的。

教师收缴学生携带的与学习无关的财物后，应当妥善保管。如果因为教师保管不善，发生收缴物品丢失或者学生多次携带玩具等非学习用品在课堂上玩，教师气愤之下，当众将玩具摔坏等，学校或教师是否要承担赔偿责任呢？从法律方面分析，教师的上述做法，侵犯了学生的财产权利。我国民法典第 1165 条规定："行为人因过错侵害他人民事权益造成损害的，应当承担侵权责任。依照法律规定推定行为人有过错，其不能证明自己没有过错的，应当承担侵权责任。"这一规定对教师和学校也是同样适用的。学生上课时携带与学习无关的物品的行为固然应当批评，但这不是学生丧失财产权利的法律理由。在实际生活中，往往因为财产数额小，而教师是为了让学生能够认真听课，所以学生及家长一般都不予追究。家长不予追究，并不意味着教师的做法是正确的、合法的。

【法条指引】

中华人民共和国民法典

第一千一百六十五条 行为人因过错侵害他人民事权益造成损害的，应当承担侵权责任。

依照法律规定推定行为人有过错，其不能证明自己没有过错的，应当承担侵权责任。

13. 在学校宿舍存放的财产被盗，学校应否承担赔偿责任？

【维权要点】

对于学校宿舍盗窃犯罪事件的发生，不是学校所能够预见并控制的，只要学校根据自身的情况，在安全管理方面采取了基本的防范措施，就不应当为违法犯罪行为承担民事责任。

【典型案例】

曹某、刘某、郭某、何某是某中学高三（4）班的学生，某中学是一所全封闭的寄宿制学校，曹某、刘某、郭某、何某住在一个宿舍里。一天晚上，四名同学放学回到宿舍里，发现宿舍的门被撬开了，赶紧进去一看，均有一定财物丢失，共损失价值约600元，四名同学赶紧报告班主任，并要求学校赔偿。

【法官讲法】

本案是关于学生在学校宿舍存放的财产被盗与学校的责任问题。首先，宿舍财产被盗，属于刑事案件或治安案件，应当由当地公安机关依法处理。从法律上讲，盗窃属于违法犯罪的行为，应当由当地公安部门负责侦查并追回赃物。实施盗窃行为构成犯罪的，根据《最高人民法院关于适用〈中华人民共和国刑事诉讼法〉的解释》第176条的规定，被告人非法占有、处置被害人财产的，应当依法予以追缴或者责令退赔。被害人提起附带民事诉讼的，人民法院不予受理。追缴、退赔的情况，可以作为量刑情节考虑。实施盗窃行为不构成犯罪的，属于治安案件，应当由公安机关负责追查、追缴或者责令退赔。对于盗窃犯罪等事件的发生，不是学校所能够预见并控制的，只要学校根据自身的情况，在安全管理方面采取了基本的防范措施，就不应当为违法犯罪行为承担民事责任。

其次，学校对学生宿舍的安全负有一定的管理责任。从保障学生人身、财产安全的角度考虑，凡是向学生提供住宿的学校都应当建立保卫机构和相应的制度。目前，教育部对有住宿学生的中学、小学是否应当设立学校保卫部门以及学校保卫部门的工作职责等，没有明确的法规，只有1997年2月13日国家教育委员会颁布的《高等学校内部保卫工作规定（试行）》。从该规定的内容看，我们可以得出以下结论：（1）学校保卫部门的性质是依照法律、法规、规章和学校的管理制度，对校园实施治安及安全管理的学校的职能部门。在地方公安机关的指导和监督之下开展工作。因此，学校保卫部门不是公安机关，对非法占有学生财产的盗窃案件没有侦查权力。如果学校保卫部门不及时报告公安机关侦查案件，仅凭学校的一般性调查，很难追回学生的财产损失；如果学校自行调查盗窃案件，则属于超越职责的行为；如果学校保卫部门在调查盗窃案件时，采取违法的方式，侵犯了嫌疑人的人身权利，还会导致学校承担侵权的民事责任。（2）学校保卫部门的主要任务是：①对学校学生、教师进行法治、安全防范基本知识的宣传教育。②防范校外犯罪分子针对学校的破坏活动，及时处置各种突发性事件，协助国家安全、公安机关制止危害国家公共安全的行为。③采取安全技术防范措施，防止盗窃、破坏财物和治安灾害事故的发生。④调解处理学校内部治安纠纷，维护校园治安秩序。⑤对校内有轻微违法但尚未构成犯罪的人员进行帮助、教育。⑥及时向公安机关报告校内发生的刑事、治安案件、治安灾害事故和其他严重危及治安的情况；保护发案现场并协助公安机关侦破校内发生的刑事案件和治安案件。⑦管理校园内的暂住人口和流动人口。⑧依据有关规定对扰乱校园秩序的人员进行处理。可见，学校保卫部门有义务提请学校采取必要的防范盗窃的措施，保护学生的财产安全，减少盗窃、火灾等刑事案件和治安案件发生的可能，但这并不意味着学校对学生的财产承担保管人的责任。(3) 学校保卫部门不履行职责的处理。其一，行政处罚。指对因不重视治安保卫工作，制度不健全，防范不力，导致发生盗窃、破坏财物和治安灾害事故或刑事、治安案件及因教育管理不力，本单位人员违法违纪情况严重的，学校应对有关单位和责任人进行行政处理。其二，追究法律责任。对违反国家法律、法规、规章及校内有关规定，不依法履行职责和实施违法乱纪行为的有关责任人员，依法追究其法律责任或给予纪律处分。这里的法律责任主要是指因保卫部门的严重渎职行为而发生重大人员伤亡或者重大财产损失事件，有关责任人员的行为构成重大责任事故犯罪，应当承担的刑事责任。

最后，虽然在教育部的文件中没有明确规定学校对学生宿舍财物丢失承担一定的赔偿责任，但也没有完全否定学校承担赔偿责任的可能性。现实中的情况是，即使学生贵重财产在宿舍中被盗，而且案件没有及时侦破或者盗窃行为人无赔偿能力，一般情况下，学校是不会承担赔偿责任的。理由很简单：其一，学校向学生提供宿舍不是以营利为目的的商业行为；其二，学校仅向学生提供住宿场地，并不提供宿舍内的卫生服务和财物保管服务。这样的理由越来越受到学生的质疑。从民法理论上分析，学校向学生提供住宿场所，无论收费高低，事实上存在一种民事法律关系，属于民法中的合同法律关系。尽管学校向学生提供住宿服务与旅店向顾客提供的服务相比较，存在一定的差别，但是“不营利”能否成为免除安全管理责任的理由呢？根据我国民法典第 506 条的规定：“合同中的下列免责条款无效：(一) 造成对方人身损害的；(二) 因故意或者重大过失造成对方财产损失的。”这说明，如果因为合同一方当事人的重大过失，导致对方当事人的财产损失的，法律责任是不能免除的。比如，在物业管理关系中，业主如果能够证明其财产被盗与物业管理公司在安全防范措施方面存在重大过错之间存在一定的因果关系，法院一般会判决物业管理公司承担一定的赔偿责任。在旅馆与顾客的合同关系中，如果顾客能够证明旅馆在安全管理方面存在重大过错，导致自己住宿的房间内的财产被盗而无法追回损失的，法院也会判决旅馆承担一定的赔偿责任。那么，民法典第506条的规定是否适用于学校与学生之间的住宿关系呢？从法律上看，该条规定没有任何除外规定。因此，学校对学生宿舍的财产被盗事件，不承担民事责任的唯一理由是学校在宿舍安全管理方面没有重大的过失。如果学校不能证明这一点，那么学校承担连带责任的可能性就是存在的。随着学校对学生生活方面的服务和管理逐渐向市场化转化，由无偿提供使用向有偿提供服务转变，这种可能性会增大。所以，学校在学生宿舍的安全管理方面，应当给予高度的重视，特别是对未成年人住宿的地方，应采取必要的保卫措施。例如，依法履行必要的安全教育；提示学生注意妥善保管自己的物品，贵重物品不应当存放在宿舍；采取必要的防范技术措施；一旦发生盗窃案件，积极协助当地公安部门侦破案件；等等。

如果学校认真履行了上述义务，就是尽到了应尽的义务，即使不能完全阻止盗窃案件的发生，至少学校会因为在安全管理方面没有重大过错而免除法律责任。

另外，作为学生，发现自己寝室被盗后，应该怎么办呢？不少同学首先想到的是赶紧翻看自己的柜子、箱子、抽屉，看自己的钱财短少了些什么。另一些同学则出于关心、好奇等原因前来围观、安慰。结果，待公安保卫部门接到报案来到现场时，现场的原始状态已发生很大变动，一些与犯罪活动存在内在联系的痕迹、物证已遭到破坏，一些与犯罪毫无关系的痕迹、物证又出现在现场，使得公安保卫人员难以对犯罪活动作出准确判断，影响了破案工作。发现寝室被盗后应注意以下问题：

1. 发现寝室门被撬，抽屉、箱子的锁被撬坏或被翻动，则很可能盗窃分子已来光顾，应立即向学校保卫部门报告，并告知系有关领导。

2. 保护好现场。犯罪现场是判断犯罪分子进行犯罪活动和真实反映犯罪人客观情况的基础，只有把现场保护好了，侦查人员才有可能把犯罪分子遗留下的手印、脚印、犯罪工具等所有痕迹、物证发现和收集起来，而这些正是揭露和证实犯罪的有力证据。如果案件发生在寝室内，可在寝室门前（一楼还包括窗外）设岗看守，阻止同学围观，不能让人进屋，更不能翻动室内的任何物品，封闭室内现场。对盗窃分子可能留下痕迹的门柄、锁头、窗户、门框等也不能触摸，以免把无关人员的指纹留在上面，给勘查现场、认定犯罪分子带来不必要的麻烦。

3. 如果发现存折被盗，应尽快到储蓄所办理挂失手续。

4. 如实回答前来勘验和调查的公安保卫干部提出的各种问题。回答一要实事求是，不可凭想象、推测；二要认真回忆，力求全面、准确。

5. 积极向负责侦查破案的公安保卫干部提供情况，反映线索，协助破案。反映情况时要尽量提供各种疑点、线索，不要觉得此事无关紧要而忽略；也不要觉得涉及某个同学怕伤感情。公安保卫部门有义务为反映情况的同学保密。例如，某同学寝室被盗后，该同学想到自己第二节课时没听课，到商店买东西，在商店里看见的一个人很像是同寝室另一同学的老乡，该人前不久来城做生意还来寝室玩过，接触中感到这人行为谈吐都不正派。但这位同学一是怕看错人；二是没有任何真凭实据，凭空怀疑怕同学知道了伤感情；三是怕连带出自己不上课的情节而受批评，因此好几天都没说。后在保卫干部反复启发下打消了顾虑，反映了这一线索。经保卫部门调查侦破，很快掌握了这个“老乡”的作案证据，追回大部分赃物，为该宿舍同学挽回了损失。

【法条指引】

中华人民共和国民法典

第五百零六条 合同中的下列免责条款无效：

（一）造成对方人身损害的；

（二）因故意或者重大过失造成对方财产损失的。

第一千一百六十五条 行为人因过错侵害他人民事权益造成损害的，应当承担侵权责任。

依照法律规定推定行为人有过错，其不能证明自己没有过错的，应当承担侵权责任。

第一千一百六十六条　行为人造成他人民事权益损害，不论行为人有无过错，法律规定应当承担侵权责任的，依照其规定。

14. 学生参加学校组织的活动获得幸运奖品，学校是否拥有处分权？

【维权要点】

无民事行为能力人、限制民事行为能力人接受奖励、赠与、报酬，他人不得以行为人无民事行为能力、限制民事行为能力为由，主张以上行为无效。学生参加学校组织的活动获得幸运奖品，对其处分应由其法定监护人代理进行或征得法定监护人的同意后进行，学校不拥有处分权。

【典型案例】

16 周岁的周某是某高中二年级女生。2021 年 5 月，在学校的组织下参加该市某电台一档综艺节目。在去参加节目前，学校对参加节目的同学作了两个规定：一是入场时按队入场，入场后，每排的第一个同学统一发座位号，可以不对号入座；二是不管老师还是学生，如果中了奖，奖品统一归学校处理。在节目现场，周某所持有的 134 号座位号被宣布为幸运号码，她激动地上台领取价值 6800 元的奖品。在得奖的第二天，学校教导处主任告诉她，这个奖品她不能拿，首先在节目现场她手中所持的座位号确实为 134 号，但实际所坐的座位却不是 134 号，而是另外一名同学，这个奖品应由这名坐在 134 号座位上的同学去领取。另外，在参加节目前，学校与学生做过约定，所获奖品应归学校统一处理，因此周某不能获得这个奖品。后该价值 6800 元的奖品已经让学校赠与了某福利院。周某的家长认为学校这个做法没有任何道理，于是向法院提起诉讼，要求学校将奖品返还，并向周某道歉。

【法官讲法】

本案涉及的法律问题有两个：一是奖品所有权的归属；二是学校与学生就奖品的归属的约定是否有效。

首先，中奖者应是手持 134 号的周某还是实际坐在 134 号座位上的同学呢？周某主张当时她参加节目时给她的座位号就是 134 号，所以对实际座位号并未在意。而学校主张 134 号实际坐着的是另外一名女生，不是周某。由于134号持有者究竟是谁并未明确，已经无法查明。在这种事实不明的情况下，周某自认为是134号走上讲台领奖是具有法律效力的，因为难以查明134号持有者的情况是由于学校自身造成的，因而这一情况所导致的不利后果不应由实际中奖人周某承担。既然周某的中奖行为是有效的，因此周某具有对获得奖品的所有权。

那么学校与学生事先就中奖问题所作的约定是否能让学校从周某手中拿走奖品呢？学校与16周岁的未成年学生周某约定将奖品归学校所有是无效的。因为根据我国民法典的规定，16周岁的未成年人是限制民事行为能力人，而限制民事行为能力人除了能独立实施纯获利益的民事法律行为或者与其年龄、智力相适应的民事法律行为之外，其他的民事活动不能单独参加，应由其法定监护人代理进行或征得法定监护人的同意后进行。本案中学校与周某就价值为6800元的大额奖品的归属进行约定，这显然是不适当的。因为6800元就我国目前来说，属于数额较大的财产。对此，限制行为能力人是不能处置的，其处置权应由其家长来行使。既然学校与未成年学生之间就奖品归属的约定是无效的，那么学校依据该无效约定占有本应由周某所有的奖品就失去了正当理由。学校应当无条件地向周某返还奖品。

在本案中，校方将其非法占有的周某的奖品赠与某福利院是不妥当的，但基于福利院的福利性质，加之赠与行为已经完成，可以认定这一赠与行为有效。这样，奖品的所有权从交付之时起就已经转移给了福利院。但校方对周某的责任并未因此而了结，它应当对周某承担赔偿责任。因为奖品是特定物或者是已经特定化了的物，所以因校方原因造成其无法返还原物的，应当照价赔偿。奖品价值为6800元，所以校方应向周某赔偿损失6800元。

【法条指引】

中华人民共和国民法典

第十九条 八周岁以上的未成年人为限制民事行为能力人，实施民事法律行为由其法定代理人代理或者经其法定代理人同意、追认；但是，可以独立实施纯获利益的民事法律行为或者与其年龄、智力相适应的民事法律行为。

第二十条　不满八周岁的未成年人为无民事行为能力人，由其法定代理人代理实施民事法律行为。

15. 让未成年子女在店里帮忙，是否属于违法使用童工？

【维权要点】

我国法律、法规严格禁止使用童工的行为，即禁止让未满 16 周岁的未成年人参加经营性的劳动或者个体劳动。

【典型案例】

严某（男）和苏某（女）都是农民。两人于 2007 年结婚。婚后，生育了一男一女。2019 年，两人将一双儿女交给老人照顾，双双到城里打工。严某有一手炒菜的好手艺。2020 年 6 月，夫妇二人在城里租了一个临街的店面，开了一个小餐馆。严某负责掌勺，苏某在前堂招呼客人。由于餐馆的饭菜味道好，价格又公道，经济实惠，很快就赢得了顾客的赞誉。生意一天比一天红火。严某夫妇起早贪黑，辛勤忙碌，但还是逐渐感到应付不过来。一开始，两人想过请服务员，但餐馆刚刚开张，收入有限，暂时还承担不起请人的费用。这时，大女儿刚好初中毕业，没再升学，闲在家里，于是，严某夫妇就商量着将女儿接到城里来帮忙。2020 年 12 月，严某夫妇的大女儿来到了他们的店里，帮着招呼客人和干些杂活。由于自幼生长在农村，女儿十分吃苦耐劳，干活特别勤快，给严某夫妇减轻了不小的负担。夫妻二人看在眼里，喜在心里。但就在这时，一件意想不到的事情发生了。2021 年春节过后，当地人力资源和社会保障局组织对个体工商户用工情况进行大检查。在检查中发现，严某夫妇的大女儿不满 16 周岁。人力资源和社会保障局对严某夫妇作出了处罚决定：责令其停止非法使用童工的行为，并对其处以 1000 元罚款。严某夫妇对此很不理解，让自己的子女到店里来帮忙，怎么成了非法使用童工呢？人力资源和社会保障局对严某夫妇的处罚正确吗？

【法官讲法】

未成年人保护法第 61 条规定：“任何组织或者个人不得招用未满十六

周岁未成年人，国家另有规定的除外。营业性娱乐场所、酒吧、互联网上网服务营业场所等不适宜未成年人活动的场所不得招用已满十六周岁的未成年人。招用已满十六周岁未成年人的单位和个人应当执行国家在工种、劳动时间、劳动强度和保护措施等方面的规定，不得安排其从事过重、有毒、有害等危害未成年人身心健康的劳动或者危险作业。任何组织或者个人不得组织未成年人进行危害其身心健康的表演等活动。经未成年人的父母或者其他监护人同意，未成年人参与演出、节目制作等活动，活动组织方应当根据国家有关规定，保障未成年人合法权益。”第 125 条规定：“违反本法第六十一条规定的，由文化和旅游、人力资源和社会保障、市场监督管理等部门按照职责分工责令限期改正，给予警告，没收违法所得，可以并处十万元以下罚款；拒不改正或者情节严重的，责令停产停业或者吊销营业执照、吊销相关许可证，并处十万元以上一百万元以下罚款。”劳动法第 15 条规定：“禁止用人单位招用未满十六周岁的未成年人。文艺、体育和特种工艺单位招用未满十六周岁的未成年人，必须遵守国家有关规定，并保障其接受义务教育的权利。”第 94 条规定：“用人单位非法招用未满十六周岁的未成年人的，由劳动行政部门责令改正，处以罚款；情节严重的，由市场监督管理部门吊销营业执照。”国务院《禁止使用童工规定》第 2 条规定：“国家机关、社会团体 、企业事业单位、民办非企业单位或者个体工商户（以下统称用人单位）均不得招用不满 16 周岁的未成年人（招用不满 16 周岁的未成年人，以下统称使用童工）。禁止任何单位或者个人为不满 16 周岁的未成年人介绍就业。禁止不满 16 周岁的未成年人开业从事个体经营活动。”第 3 条规定：“不满 16 周岁的未成年人的父母或者其他监护人应当保护其身心健康，保障其接受义务教育的权利，不得允许其被用人单位非法招用。不满 16 周岁的未成年人的父母或者其他监护人允许其被用人单位非法招用的，所在地的乡（镇）人民政府、城市街道办事处以及村民委员会、居民委员会应当给予批评教育。”第 6 条规定：“用人单位使用童工的，由劳动保障行政部门按照每使用一名童工每月处 5000 元罚款的标准给予处罚；在使用有毒物品的作业场所使用童工的，按照《使用有毒物品作业场所劳动保护条例》规定的罚款幅度，或者按照每使用一名童工每月处 5000 元罚款的标准，从重处罚。劳动保障行政部门并应当责令用人单位限期将童工送回原居住地交其父母或者其他监护人，所需交通和食宿费用全部由用人单位承担。用人单位经劳动保障行政部门依照前款规定责令限期改正，逾期仍不将童工送交其父母或者其他监护人的，从责令限期改正之日起，由劳动保障行政部门按照每使用一名童工每月处1万元罚款的标准处罚，并由工商行政管理部门吊销其营业执照或者由民政部门撤销民办非企业单位登记；用人单位是国家机关、事业单位的，由有关单位依法对直接负责的主管人员和其他直接责任人员给予降级或者撤职的行政处分或者纪律处分。”

从上述法律规定可以看出，我国法律、法规严格禁止使用童工的行为，即禁止让未满16周岁的未成年人参加经营性的劳动或者个体劳动。这是由于未成年人还处于生长发育阶段，其生理、心理状态还未完全成熟，如果过早地进入劳动领域对其身心发育不利，而且也影响社会上未来的劳动力供给水平。因此，劳动就业是保护未成年人安全和健康的重要环节，只有科学地处理好未成年人的劳动问题，才能保证未成年人在德智体各方面都得到全面发展。所以，我国法律、法规对未成年人参加劳动进行了严格的限制，除法律、法规另有规定的外，禁止让未满16周岁的未成年人参加劳动。

严某夫妇让未满16周岁的女儿来店里帮忙，名为帮忙，实为使用童工，因为他们从事的是营利性活动，女儿帮忙也显然不是家务劳动。也就是说，严某夫妇与女儿之间已经形成了雇佣劳动关系，应当向女儿支付相应的报酬。即使他们没有支付报酬，也不能阻却其与女儿间雇佣劳动关系的形成。但这种雇佣关系是违法的，根据劳动法、未成年人保护法及《禁止使用童工规定》的相关规定，当地人力资源和社会保障局对严某夫妇的处罚是正确的。严某夫妇应当接受处罚，立即改正。

【法条指引】

中华人民共和国未成年人保护法

第六十一条　任何组织或者个人不得招用未满十六周岁未成年人，国家另有规定的除外。

营业性娱乐场所、酒吧、互联网上网服务营业场所等不适宜未成年人活动的场所不得招用已满十六周岁的未成年人。

招用已满十六周岁未成年人的单位和个人应当执行国家在工种、劳动时间、劳动强度和保护措施等方面的规定，不得安排其从事过重、有毒、有害等危害未成年人身心健康的劳动或者危险作业。

任何组织或者个人不得组织未成年人进行危害其身心健康的表演等活动。经未成年人的父母或者其他监护人同意，未成年人参与演出、节目制作等活动，活动组织方应当根据国家有关规定，保障未成年人合法权益。

第一百二十五条 违反本法第六十一条规定的，由文化和旅游、人力资源和社会保障、市场监督管理等部门按照职责分工责令限期改正，给予警告，没收违法所得，可以并处十万元以下罚款；拒不改正或者情节严重的，责令停产停业或者吊销营业执照、吊销相关许可证，并处十万元以上一百万元以下罚款。

禁止使用童工规定

第二条 国家机关、社会团体 、企业事业单位、民办非企业单位或者个体工商户（以下统称用人单位）均不得招用不满 16 周岁的未成年人（招用不满 16 周岁的未成年人，以下统称使用童工）。

禁止任何单位或者个人为不满 16 周岁的未成年人介绍就业。

禁止不满 16 周岁的未成年人开业从事个体经营活动。

第三条 不满 16 周岁的未成年人的父母或者其他监护人应当保护其身心健康，保障其接受义务教育的权利，不得允许其被用人单位非法招用。

不满 16 周岁的未成年人的父母或者其他监护人允许其被用人单位非法招用的，所在地的乡（镇）人民政府、城市街道办事处以及村民委员会、居民委员会应当给予批评教育。

第四章　未成年人人身权益的保护

1. 父母虐待未成年子女，应当如何处理？

【维权要点】

所谓虐待罪，是指对共同生活的家庭成员，经常以打骂、冻饿、禁闭、强迫过度劳动、有病不给治疗、限制自由、凌辱人格等手段，从肉体上和精神上进行摧残、折磨，情节恶劣的行为。虐待罪，是侵犯公民人身权利、民主权利犯罪的一种。这种行为不仅破坏了法律保护的家庭成员之间的平等关系，也侵犯了家庭成员的人身权利。因此，刑法规定这种行为构成犯罪，处以刑罚。在虐待罪中，有许多是针对未成年家庭成员实施的，对未成年人的身心健康危害极大，对他们的成长会产生恶劣的影响，是情节比较严重的一种情况。

【典型案例】

江某（男）与李某（女）于 2012 年结婚。婚后生育了一个女儿。但两人都受重男轻女思想的影响，一心想要个儿子。在这种观念的驱使下，两人不顾国家的计划生育政策，生育了第二胎。但事与愿违，第二胎仍然是个女孩，取名江某某。江某和李某非常失望，为了生育第三胎，将江某某寄养到亲属家里，一直到江某某 7 岁时才将其接回。此间，李某违反政策生育了第三胎，是一个男孩。江某某回到自己家后，由于自幼未和父母生活在一起，缺乏亲情，江某和李某对她非常冷淡。刚回家便遭到冷遇，本来就内向、腼腆的江某某更加不敢和父母亲近，在家里畏首畏尾，手足无措。时间一长，江某和李某对她越来越厌恶和歧视，连两个姐弟也跟着欺负和捉弄江某某。江某和李某觉得江某某在家里碍手碍脚的，是个多余的人，稍有不如意，就拿江某某出气，轻则劈头盖脸一顿臭骂，重则拳打脚踢，吃饭也不让江某某吃饱，经常指使江某某干一些力所不及的体力活。江某某被折磨得没有了人样，终日神情呆滞，蓬头垢面，瘦得只剩下了皮包骨头，穿着一件到处开缝，落满了补丁的旧衣服，走起路来也是摇摇晃晃，身上被打得青一块紫一块。周围的乡亲看了都觉得可怜，不止一次地劝过她的父母，不能这样对待自己的孩子。江某某的父母却认为这是自己家里的事，别人管不着。长此以往，江某某落了一身的病，身体虚弱不堪，经常感冒、咳嗽、拉肚子。但江某和李某从来不给她看病，而且只要江某某一生病，就将她撵出家门，以免传染给其他子女。

一次，江某某得了重感冒，被无情的父母赶了出来。正值寒冬腊月，外面天寒地冻，寒风凛冽，江某某穿着一身单薄的衣衫，冻得浑身发抖，只好钻到了谷场上的干草垛里避寒。一个好心的村民经过时发现了可怜的江某某，将她接回自己家里，为江某某洗了澡，换了干净衣服，还给她喂了热粥，吃饱了让江某某盖好棉被，躺在床上休息。村民找来了村干部和江某某的父母以及江家的亲友，希望能说服江某某的父母，让他们把江某某接回去，善待自己的孩子。但江某某的父母非但听不进众人的劝说，反而认为江某某让他们丢了脸，当着大家的面将江某某拖下床，一顿毒打。江某某的父母被拉走后，经大家商议，将江某某先安排在亲属家中，并向当地妇联进行了反映。当地妇联获悉了江某某的悲惨经历，立即找到了她。妇联的工作人员向江某某讲明了她父母行为的恶劣性质和她的权利。在当地妇联的帮助下，弱小的江某某终于拿起了法律的武器，来维护自己的合法权益，将自己的父母起诉到了人民法院。

【法官讲法】

本案是一起虐待未成年子女，且情节十分恶劣的典型案件。江某某父母的行为性质是十分恶劣的。他们对江某某的打骂、不给饭吃、不给衣穿、有病不给治等虐待行为是经常性的，而且是故意实施的，给江某某的身心健康造成了极大的伤害，不但使江某某身体上受到极大的折磨，病痛缠身，而且给她幼小的心灵造成了无法弥补的创伤，为她正常的心理发育和未来成长投下了一层挥之不去的阴影。江某和李某的行为已经严重侵犯了未成年人的合法权益，违反了我国未成年人保护法和刑法的有关规定，构成了虐待罪。

未成年人保护法第 129 条规定：“违反本法规定，侵犯未成年人合法权益，造成人身、财产或者其他损害的，依法承担民事责任。违反本法规定，构成违反治安管理行为的，依法给予治安管理处罚；构成犯罪的，依法追究刑事责任。”刑法第 260 条规定：“虐待家庭成员，情节恶劣的，处二年以下有期徒刑、拘役或者管制。犯前款罪，致使被害人重伤、死亡的，处二年以上七年以下有期徒刑。第一款罪，告诉的才处理，但被害人没有能力告诉，或者因受到强制、威吓无法告诉的除外。”未成年人保护法在这一方面的规定是对刑法关于虐待罪的规定的重申和强调，即虐待家庭中的未成年人情节恶劣，已构成犯罪的，要依照刑法的规定加以处罚，追究其刑事责任。

所谓虐待罪，是指对共同生活的家庭成员，经常以打骂、冻饿、禁闭、强迫过度劳动、有病不给治疗、限制自由、凌辱人格等手段，从肉体上和精神上进行摧残、折磨，情节恶劣的行为。虐待罪，是侵犯公民人身权利、民主权利犯罪的一种。这种行为不仅破坏了法律保护的家庭成员之间的平等关系，也侵犯了家庭成员的人身权利。因此，刑法规定这种行为构成犯罪，处以刑罚。在虐待罪中，有许多是针对未成年的家庭成员实施的，对未成年人的身心健康危害极大，对他们的成长会产生恶劣的影响，是情节比较严重的一种情况。所以，未成年人保护法引述了刑法的有关规定，强调要严格依照刑法的规定惩处这种犯罪行为。

根据刑法的规定，未造成重伤、死亡的虐待罪属于自诉案件，即由被害人或其代理人向司法机关提出控告，才予以处罚。这是因为虐待罪的受害人与犯罪人生活在同一家庭当中，生活上往往有一定的依赖关系，在受害人认为可以忍受的情况下，应尽量以其他方法加以处理。如果受害人因被非法拘禁或伤病等原因无法起诉，其代理人或检察机关可以代理其提出控告。虐待行为造成受害人重伤、死亡的，可以由检察机关提起公诉。

值得注意的是，目前在被虐待、遗弃、歧视的未成年人中，大部分是女性。江某某的父母就因为第二胎想生一个男孩，结果生了一个女孩，才对江某某大加虐待的。因此，根据未成年人保护法第 17 条的规定，未成年人的父母或者其他监护人不得虐待、遗弃、非法送养未成年人或者对未成年人实施家庭暴力。未成年人往往不懂得法律，在惨遭虐待的时候，不知道自己有哪些合法权益受到侵犯，更不知道如何用法律的武器来维护自己的合法权益。针对这种情况，了解事情真相的人，一定要把情况及时、如实地反映到当地的公安机关、共青团、妇联等部门，以便及时采取措施救助受虐待、遗弃、歧视的未成年人，将违法的责任人绳之以法。

【法条指引】

中华人民共和国未成年人保护法

第十五条 未成年人的父母或者其他监护人应当学习家庭教育知识，接受家庭教育指导，创造良好、和睦、文明的家庭环境。

共同生活的其他成年家庭成员应当协助未成年人的父母或者其他监护人抚养、教育和保护未成年人。

第十七条 未成年人的父母或者其他监护人不得实施下列行为：

（一）虐待、遗弃、非法送养未成年人或者对未成年人实施家庭暴力；

（二）放任、教唆或者利用未成年人实施违法犯罪行为；

（三）放任、唆使未成年人参与邪教、迷信活动或者接受恐怖主义、分裂主义、极端主义等侵害；

（四）放任、唆使未成年人吸烟（含电子烟，下同）、饮酒、赌博、流浪乞讨或者欺凌他人；

（五）放任或者迫使应当接受义务教育的未成年人失学、辍学；

（六）放任未成年人沉迷网络，接触危害或者可能影响其身心健康的图书、报刊、电影、广播电视节目、音像制品、电子出版物和网络信息等；

（七）放任未成年人进入营业性娱乐场所、酒吧、互联网上网服务营业场所等不适宜未成年人活动的场所；

（八）允许或者迫使未成年人从事国家规定以外的劳动；

（九）允许、迫使未成年人结婚或者为未成年人订立婚约；

（十）违法处分、侵吞未成年人的财产或者利用未成年人牟取不正当利益；

（十一）其他侵犯未成年人身心健康、财产权益或者不依法履行未成年人保护义务的行为。

第一百二十九条 违反本法规定，侵犯未成年人合法权益，造成人身、财产或者其他损害的，依法承担民事责任。

违反本法规定，构成违反治安管理行为的，依法给予治安管理处罚；构成犯罪的，依法追究刑事责任。

中华人民共和国刑法

第二百六十条　虐待家庭成员，情节恶劣的，处二年以下有期徒刑、拘役或者管制。

犯前款罪，致使被害人重伤、死亡的，处二年以上七年以下有期徒刑。

第一款罪，告诉的才处理，但被害人没有能力告诉，或者因受到强制、威吓无法告诉的除外。

2. 溺婴的行为应当如何处理?

【维权要点】

婴儿无论大小、性别，在法律上都是公民，其生命受到法律的保护，而且需要特殊保护，任何机关和个人都不得侵犯。溺婴行为是非法剥夺婴儿生命的行为，属于故意杀人罪。

【典型案例】

邱某和张某两人经人介绍结婚。当地重男轻女，认为只有男孩才延续香火，家里没有男孩就是断后的思想十分盛行。由于邱某是家里的独苗，因此，邱某和张某以及双方的老人都非常想要个男孩。不久，张某怀孕，并在医院诞下一名女婴。这一结果使夫妇二人和双方的父母都十分失望。情急之下，失去理智的邱某向妻子提出了将女婴溺毙的想法。张某虽然于心不忍，但为邱家延续香火的想法最终战胜了亲情，同意了丈夫的提议。邱某趁深夜值班护士休息的空当儿，到婴儿室抱走了女婴。在病房里，张某怀抱自己的亲生骨肉，心如刀割，左右为难。最后，在丈夫的催促下，张某终于下定了决心。邱某打来了一盆冷水，将婴儿的头残忍地浸入水中，婴儿挣扎了几下，没过多久，心跳便停止了。邱某又将死亡的婴儿放回了婴儿室。第二天，护士发现婴儿已经死亡，经检查为溺死，医院当即向公安机关报了案。公安机关传讯了邱某和张某，两人承认了溺杀婴儿的事实，被依法逮捕，并由检察机关以故意杀人罪提起公诉。

【法官讲法】

所谓溺婴，就是将初生婴儿淹死的违法行为。溺婴的发生主要有以下几种原因：(1) 未婚男女发生性关系，致使女方怀孕，为了保全名节而将新生婴儿溺死；(2) 父母双方或者其中的一方为达到离婚或者再嫁的目的，将婴儿溺死；(3) 溺婴最主要的原因是由于重男轻女的封建思想在作怪，生育了女婴的父母为了争取生育指标，暗地里将女婴溺死。自1980年以来，我国实行的“一对夫妇只生一个孩子”的计划生育政策使得我国的人口问题得到了缓解。但是，在我国，尤其是一些农村地区，受“不孝有三，无后为大”等封建糟粕的影响，溺婴特别是溺死女婴的行为相当严重。

婴儿无论大小、性别，在法律上都是公民，其生命受到法律的保护，而且需要特殊保护，任何机关和个人都不得侵犯。刑法第232条规定：“故意杀人的，处死刑、无期徒刑或者十年以上有期徒刑；情节较轻的，处三年以上十年以下有期徒刑。”该条规定的是故意杀人罪。所谓故意杀人罪，是指故意非法剥夺他人生命的行为。它是侵犯公民人身权利罪中最严重的犯罪。故意杀人罪具有以下特征：(1) 该罪侵犯的客体是他人的生命权利；(2) 在客观方面，该罪表现为行为人具有非法剥夺他人生命的行为，包括以作为的形式，如枪击、刀刺、水淹等和不作为的形式，如母亲不哺乳婴儿致其饿死等；(3) 在主观方面，该罪必须具有杀人的故意。即行为人明知自己的行为会使受害人死亡，并且希望或者放任这种结果的发生。根据上述分析，溺婴的行为显然属于故意杀人罪的范畴。溺婴的行为本身就是非法剥夺婴儿生命的行为，它完全具备了故意杀人罪的构成要件：溺婴的行为侵犯的客体是公民（在这里是婴儿）的生命权利；客观上，行为人实施了非法剥夺他人（婴儿）生命的行为；主观上，行为人具有杀人（婴儿）的故意。因此，对于溺婴的行为，应当按照故意杀人罪来进行处罚。由此可见，刑法的有关规定对婴儿的生命权利给予了严格的保障。

在本案中，邱某和张某共同实施了溺死婴儿的行为。其行为已经构成了故意杀人罪，应当依法追究其刑事责任。

【法条指引】

中华人民共和国刑法

第二百三十二条　故意杀人的，处死刑、无期徒刑或者十年以上有期徒刑；情节较轻的，处三年以上十年以下有期徒刑。

3. 父母疏于照看，商场电梯伤害幼童谁之错？

【维权要点】

家长是孩子安全的第一责任人，家长应结合未成年人的生理、心理、智力发展状况等，采取必要的措施，防止未成年人处于危险之中，并进行相关安全知识教育，增强其自我保护的意识和能力。商场除负有为消费者提供符合安全标准的设施、设置必要安全标识的义务外，还应勤勉地尽到对不法侵害的防范和制止义务。

【典型案例】

3 岁的姗姗与父母到某购物中心购物。在乘坐自动扶梯下行时，姗姗父亲站在前排，姗姗母亲边看手机边牵着坐在扶梯台阶上的姗姗。期间，姗姗用左手触摸扶梯缝隙后受伤，但姗姗母亲并未察觉仍在看手机，直到姗姗出现异常才将其拽起抱离扶梯。经诊断，姗姗左手受伤严重，并因此支付医疗费等各项费用 2 万余元。事发后，经执法人员和专业技术人员对购物中心自动扶梯进行查看，该自动扶梯符合检规要求。

对因伤造成的各项费用负担问题，姗姗的父母与购物中心发生争议，姗姗的父母认为购物中心没有尽到安全保障义务，应赔偿受伤后造成的各项损失。购物中心认为其已对自动扶梯尽到了安全维保义务，也通过张贴警示标语、乘梯规范对乘梯进行提示，已尽到了安全保障义务；本次事故是姗姗父母疏于监管所致，与该中心并无直接关系，故不同意赔偿。

【法官讲法】

本案涉及幼儿在公共场所受伤的责任承担问题，即家长和购物中心谁对幼儿受伤负有过错，购物中心是否尽到了安全保障义务。安全保障义务，是指经营者在经营场所对消费者、潜在消费者或者其他进入服务场所的人之人身、财产安全依法承担的安全保障义务，即在特定的服务场所，权利人的人身和财产安全应当得到保障，义务人应对这种安全保障采取必要的、具有期待可能性的防范措施，保护权利人免于危险的义务。本案中，购物中心作为经营场所的管理者，对进入场所的消费者等人负有安全保障义务。购物中心提交的现场照片、自动扶梯与自动人行道定期检验报告等，可以证实在硬件设备的保障和维护、对安全的提示方面，其尽到了一定的安全保障义务。但作为经营场所的经营者，除负有为消费者提供符合安全标准的设施、设置必要安全标识的义务外，还应勤勉地尽到对不法侵害的防范和制止义务。具体到本案中，购物中心负有对消费者违反乘梯规则的行为及时进行制止、对事故受害者及时进行救助的义务。姗姗在乘扶梯时坐在台阶处，购物中心未及时予以制止，且在姗姗受伤后并未及时采取救助措施，故购物中心并未完全尽到安全保障职责，应对姗姗受伤造成的损害承担一定责任。

父母等监护人应树立家庭是第一个课堂、家长是第一任老师的责任意识，承担起对未成年人实施家庭教育的主体责任，结合未成年人的生理、心理、智力发展等状况，采取必要措施，防止将未成年人置于危险之中，同时应对未成年人进行安全出行等方面的安全知识教育，帮助其掌握安全知识和技能，增强其自我保护的意识和能力，相机而教，寓教于日常生活。具体到本案中，姗姗作为年仅 3 岁的幼儿，对自身行为的后果缺乏认知和预见能力，作为监护人的父母理应对其进行安全教导及必要看护。姗姗坐在扶梯台阶上的行为并未被监护人制止，其母在乘扶梯时虽对姗姗进行牵引，但注意力在事发前却一直集中在手机上，对姗姗多次触摸扶梯缝隙的危险行为未及时尽到教导和保护职责，故姗姗的父母对其所受损害存在过错，对姗姗受伤一事应承担主要责任。

【法条指引】

中华人民共和国民法典

第一千一百六十五条　行为人因过错侵害他人民事权益造成损害的，应当承担侵权责任。

依照法律规定推定行为人有过错，其不能证明自己没有过错的，应当承担侵权责任。

第一千一百七十三条　被侵权人对同一损害的发生或者扩大有过错的，可以减轻侵权人的责任。

第一千一百八十三条　侵害自然人人身权益造成严重精神损害的，被侵权人有权请求精神损害赔偿。

因故意或者重大过失侵害自然人具有人身意义的特定物造成严重精神损害的，被侵权人有权请求精神损害赔偿。

第一千一百九十八条第一款　宾馆、商场、银行、车站、机场、体育场馆、娱乐场所等经营场所、公共场所的经营者、管理者或者群众性活动的组织者，未尽到安全保障义务，造成他人损害的，应当承担侵权责任。

中华人民共和国未成年人保护法

第十六条　未成年人的父母或者其他监护人应当履行下列监护职责：

（一）为未成年人提供生活、健康、安全等方面的保障；

（二）关注未成年人的生理、心理状况和情感需求；

（三）教育和引导未成年人遵纪守法、勤俭节约，养成良好的思想品德和行为习惯；

（四）对未成年人进行安全教育，提高未成年人的自我保护意识和能力；

（五）尊重未成年人受教育的权利，保障适龄未成年人依法接受并完成义务教育；

（六）保障未成年人休息、娱乐和体育锻炼的时间，引导未成年人进行有益身心健康的活动；

（七）妥善管理和保护未成年人的财产；

（八）依法代理未成年人实施民事法律行为；

（九）预防和制止未成年人的不良行为和违法犯罪行为，并进行合理管教；

（十）其他应当履行的监护职责。

中华人民共和国家庭教育促进法

第十四条第一款 父母或者其他监护人应当树立家庭是第一个课堂、家长是第一任老师的责任意识，承担对未成年人实施家庭教育的主体责任，用正确思想、方法和行为教育未成年人养成良好思想、品行和习惯。

4. 父母不给未成年子女看病致其死亡，应当如何处理？

【维权要点】

虐待是指对共同生活的家庭成员，经常以打骂、冻饿、强迫做过度劳动、限制自由、凌辱人格等方式，从肉体上和精神上进行摧残、迫害，情节恶劣的行为。父母不给未成年子女看病致其死亡，有可能构成虐待罪。

【典型案例】

朱某于2021年1月与其妻离婚，双方所生之子朱甲（时年8岁）由朱某抚养。朱甲自幼患有癫痫病，朱某在抚养朱甲期间因与一女同事谈恋爱，并由于工作需要常常上晚班，因此照顾朱甲的时间极为有限，并且对于孩子的身体状况也不关心，即便在家的有限时间里，也不照顾孩子的吃饭、吃药，而是通宵打牌，致使生活完全不能自理的朱甲长期无法得到必需的饮食和治疗，体重、体质严重下降。同年10月，孩子已经处于昏迷状态，不能进食，朱某不但不送孩子去医院治疗，却还向户籍民警询问朱甲死亡后注销户口事宜。朱甲于同年10月底由于重度营养不良导致全身重要器官功能衰竭死亡。

【法官讲法】

本案中，朱某的行为构成了虐待罪，应当依法追究其刑事责任。虐待是指对共同生活的家庭成员，经常以打骂、冻饿、强迫做过度劳动、限制自由、凌辱人格等方式，从肉体上和精神上进行摧残、迫害，情节恶劣的行为。虐待未成年子女的行为具有如下特征：(1）这种行为一般发生在同一家庭中共同生活的成员之间；非家庭成员，不能成为本罪的主体。(2）侵犯的客体是家庭成员的平等权利和被害未成年人的人身权利。(3) 在客观方面表现为对被害人的身体和精神上的摧残的同时发生，且具有经常性、一贯性。如果是偶尔打骂子女则不能视为虐待行为。另外，从虐待的手段上来看又是多种多样的，包括：殴打、冻饿、禁闭、捆绑、有病不给治疗、强迫做过度劳动等肉体摧残折磨的手段；侮辱、咒骂、讽刺、凌辱人格、限制行为自由、不让参加社会活动等对精神进行摧残折磨的手段。(4) 虐待未成年人行为一般是出于故意，即有意识地对未成年人进行肉体和精神上的折磨和摧残，从而达到给被害人造成极大痛苦的目的。

根据现行法律，未成年人从出生时起，就享有受到父母或者其他监护人抚养、照顾的权利。根据宪法第 49 条的规定，婚姻、家庭、母亲和儿童受国家的保护；父母有抚养教育未成年子女的义务。无论在家庭还是在社会，未成年人都属于弱势群体，父母或者其监护人虐待未成年子女不仅严重背离了其对子女应尽的义务，更使未成年子女的生命健康受到严重威胁和损害。为了保障未成年人的合法权益，未成年人保护法第 17 条规定："未成年人的父母或者其他监护人不得实施下列行为：（一）虐待、遗弃、非法送养未成年人或者对未成年人实施家庭暴力……" 第 129 条规定："违反本法规定，侵犯未成年人合法权益，造成人身、财产或者其他损害的，依法承担民事责任。违反本法规定，构成违反治安管理行为的，依法给予治安管理处罚；构成犯罪的，依法追究刑事责任。" 具体而言，我国法律对虐待行为有如下几种处理方式：第一，虐待未成年人情节恶劣的，构成虐待罪，由人民法院依法追究虐待者的刑事责任。所谓情节恶劣，是指虐待持续时间长、手段残酷、动机卑鄙的；虐待老人、儿童、患重病或残疾而不能独立生活的人；因虐待受过多次批评教育而不思悔改的；先后虐待多人，因而引起公愤的；等等。刑法第 260 条规定："虐待家庭成员，情节恶劣的，处二年以下有期徒刑、拘役或者管制。犯前款罪，致使被害人重伤、死亡的，处二年以上七年以下有期徒刑。第一款罪，告诉的才处理，但被害人没有能力告诉，或者因受到强制、威吓无法告诉的除外。" 所谓告诉才处理，是指受虐待的未成年被害人必须到人民法院对父母或其他家庭成员的虐待行为提出控告，人民法院才追究行为人的刑事责任。未成年被害人没有提出控告的，法院不主动追究行为人的刑事责任。但如果未成年被害人因受到强制、威吓无法告诉的，人民检察院或未成年人的近亲属也可以告诉。第二，虐待行为尚不构成犯罪的，受虐待的未成年人也可以向公安机关反映，要求处理。第三，父母虐待未成年人经教育不改的，人民法院可以根据有关人员或有关单位的申请，撤销其监护人的资格，并依照民法典第36条规定，另行确定监护人。第四，被父母或者其他监护人虐待的未成年人，还可以向民政部门、未成年人保护组织或者学校、居委会等请求保护。保护未成年人是全社会的共同责任。因此，学校、教师、居委会、亲友等组织或个人发现未成年人受到父母虐待时，不能将此事当作他人的家务事而袖手旁观，应主动干预和制止虐待行为，对实施虐待行为的父母进行批评和劝阻。对严重的虐待行为，还应当向当地公安机关报告，由公安机关进行处理。构成犯罪的，还应当积极协助支持被虐待的未成年人向法院起诉，帮助他们运用法律来维护自己的合法权益。

在本案中，被害人朱甲是一名年仅8岁的未成年儿童，自幼患有癫痫病，完全丧失生活能力。父母离异后，其父在抚养他期间，虽然没有对其进行打骂、侮辱等行为，但朱某未能尽到父亲的责任，对患病的儿子疏于照顾，常常置之不理，使朱甲长期处于饥饿以及缺药的情况下，遭受着肉体上和精神上的摧残和折磨。在儿子最后处于昏迷状况下也没有及时将其送往医院治疗，并询问儿子死亡后的户口注销问题。可见，朱某对于朱甲的死亡存在主观上的故意，其最终的目的就是想使朱甲死亡。因此，朱某的行为构成虐待罪，且情节严重，导致朱甲死亡。根据刑法的规定应当判处朱某2年以上7年以下的有期徒刑。我们应当注意的一个问题是，对于父母管教孩子一般的行为是父母的义务，并不构成虐待罪，即使是父母管教子女的方式错误，但只要是对子女的身心妨碍并不是长期的、持续的，使子女利益的受损少于其获益的，不认为构成虐待罪。

【法条指引】

中华人民共和国未成年人保护法

第十五条 未成年人的父母或者其他监护人应当学习家庭教育知识，接受家庭教育指导，创造良好、和睦、文明的家庭环境。

共同生活的其他成年家庭成员应当协助未成年人的父母或者其他监护人抚养、教育和保护未成年人。

第十七条　未成年人的父母或者其他监护人不得实施下列行为：

（一）虐待、遗弃、非法送养未成年人或者对未成年人实施家庭暴力；

（二）放任、教唆或者利用未成年人实施违法犯罪行为；

（三）放任、唆使未成年人参与邪教、迷信活动或者接受恐怖主义、分裂主义、极端主义等侵害；

（四）放任、唆使未成年人吸烟（含电子烟，下同）、饮酒、赌博、流浪乞讨或者欺凌他人；

（五）放任或者迫使应当接受义务教育的未成年人失学、辍学；

（六）放任未成年人沉迷网络，接触危害或者可能影响其身心健康的图书、报刊、电影、广播电视节目、音像制品、电子出版物和网络信息等；

（七）放任未成年人进入营业性娱乐场所、酒吧、互联网上网服务营业场所等不适宜未成年人活动的场所；

（八）允许或者迫使未成年人从事国家规定以外的劳动；

（九）允许、迫使未成年人结婚或者为未成年人订立婚约；

（十）违法处分、侵吞未成年人的财产或者利用未成年人牟取不正当利益；

（十一）其他侵犯未成年人身心健康、财产权益或者不依法履行未成年人保护义务的行为。

第一百二十九条　违反本法规定，侵犯未成年人合法权益，造成人身、财产或者其他损害的，依法承担民事责任。

违反本法规定，构成违反治安管理行为的，依法给予治安管理处罚；构成犯罪的，依法追究刑事责任。

中华人民共和国刑法

第二百六十条　虐待家庭成员，情节恶劣的，处二年以下有期徒刑、拘役或者管制。

犯前款罪，致使被害人重伤、死亡的，处二年以上七年以下有期徒刑。

第一款罪，告诉的才处理，但被害人没有能力告诉，或者因受到强制、威吓无法告诉的除外。

5. 父母对孩子进行精神虐待，应当如何处理？

【维权要点】

父母对孩子进行精神虐待，造成严重后果的，也构成虐待罪。

【典型案例】

王某是独生子。按照人们通常的理解，独生子应当是父母的心肝宝贝，在家里备受父母的疼爱，过着无忧无虑的生活。但是，王某的遭遇却完全不同。王某的父母在外地工作，只有在逢年过节时才能回家，与王某相处和交流的时间很少。王某的母亲是一家工厂的制衣工人，没有文化，脾气暴躁，虽然她也是打心底里爱着自己的孩子，望子成龙，但从来不懂得用正确的方式来管教王某，不管王某犯了什么错，劈头盖脸就是一顿责骂。面对母亲的责骂，王某渐渐地觉得自己真的很笨，童年的天真、快乐从他的世界里慢慢消失了，终日里都是一副无精打采的样子。上课时，老师提问他问题，王某只是傻呆呆地站着，茫然地望着老师。慢慢地，王某开始变得性格孤僻、沉默寡言，不和其他小朋友一起玩。王某的母亲也发现了王某的变化，但她非但没有检讨自己的教育方式，反倒变本加厉地责骂自己的孩子，嫌他不争气。王某的情况引起了老师的注意，在老师的帮助下，王某去看了心理医生，结论是王某患上了自闭症。

【法官讲法】

未成年人保护法第17条规定："未成年人的父母或者其他监护人不得实施下列行为：（一）虐待、遗弃、非法送养未成年人或者对未成年人实施家庭暴力；……"虐待会给未成年人的身心造成极大的伤害，因此，法律予以严格禁止。但人们提起虐待孩子时，往往会认为体罚才算虐待孩子，而忽视了情感上的虐待。其实，精神虐待的危害要甚于肉体上的虐待，因为情绪和心理的虐待是隐性的，不像肉体虐待那么容易证明，对孩子会造成很深的精神创伤，严重的还会造成心理障碍。本案即是一例。王某的母亲从内心来讲还是爱自己的孩子的，但她的爱却以一种非常极端的方式表现了出来，在某种程度上转化成了恨，用责骂、侮辱的方式来教育自己的孩子，对王某造成了严重的心理伤害，最终使王某患上了自闭症。

所谓精神虐待，指的是危害或者妨碍儿童情绪或智力发展，对儿童自尊心造成损害的长期重复行为或态度，如拒绝、漠不关心、批评、责骂、侮辱、隔离或恐吓。最常见的是辱骂或者贬低儿童的人格。其实，“虐待”的定义，在很大程度上取决于文化的因素，同样的举动，在不同的国家、不同的文化背景下，甚至是不同的时代，都有不同的诠释，没有一套放之四海而皆准的说法。有关心理学家说，从心理学的临床角度看，当一个小孩因为周围的人故意、长期、重复向他作出一些举动，造成他的自尊心受损，都可以称之为虐待。而童年受虐待的后果会在任何年龄以多种形式表现出来。内在表现可以是焦虑、沮丧、自杀倾向或创伤后的应激反应；外在表现是攻击性、冲动、少年犯罪、好动症或吸毒。边缘人格障碍是一种极为复杂的精神状况，与早期受虐待有强烈的相关性。这种功能障碍者对待他人的方式很绝对化，通常开始很崇拜一个人，但如果受到冷落或者欺骗，又会诋毁同一个人。那些童年受虐待的人还易于突然发怒或有瞬时的偏执狂或精神严重变态。典型的是他们的人际关系紧张而不稳定，感到空虚或对本人没有自信，通常会试图通过吸毒获得解脱，而且有自杀的经历或冲动。至于精神虐待对孩子的影响，如果一个小孩的自尊心经常受到打击，或者需求一直被忽略，他的“自我形象”就会受到影响，自我评价偏低，进而产生逃避、反社会、歇斯底里、偏执或倚赖型人格障碍等心理问题。虐待对儿童造成的创伤有立刻显现的，也有到了成人期才显现的长期创伤。一个小孩在被虐待的家庭环境中成长，他长大后可能会认为整个社会都“充满危险”，如果他不想受到攻击或剥削，就必须先攻击或剥削别人，最终加入黑社会或从事非法活动；他也可能在长大后变得十分胆怯，不断逃避外界，不敢和人沟通，缺乏自信心，有强烈的自卑感。因此，为避免像王某这样的悲剧再发生在别的孩子的身上，在加强对未成年人的家庭保护过程中，除了要反对和禁止对孩子的肉体虐待，更要注意防止对孩子的精神虐待，因为它的危害有时远远大于肉体虐待。

从另一个角度看，家长管教孩子是天经地义的事，但是骂孩子可能变成精神上的虐待，那么家长应该怎样管教孩子呢？合理的管教和精神上的虐待又该如何区别呢？其实，在家庭构造和亲情沟通良好的环境里，偶尔的打骂不会使孩子产生心理问题。合理的管教和精神上的虐待，并不难区别。举例说，如果一个孩子考试不及格，父母一直骂他“你就是很笨”，对孩子作出人身攻击，贬低他的能力，便是精神上的虐待。相对而言，如果父母跟孩子说："你这几个礼拜没有好好读书，浪费了很多时间，所以考试不及格，你应该受罚吗?"这是针对孩子的行为作出的批评，属于合理的管教。而在管教孩子时，我们必须选择正确的方式，避免正常的管教歪曲成对孩子的精神伤害。在这个过程中最核心的是尊重孩子的人格。

【法条指引】

中华人民共和国未成年人保护法

第十五条 未成年人的父母或者其他监护人应当学习家庭教育知识，接受家庭教育指导，创造良好、和睦、文明的家庭环境。

共同生活的其他成年家庭成员应当协助未成年人的父母或者其他监护人抚养、教育和保护未成年人。

第十七条 未成年人的父母或者其他监护人不得实施下列行为：

（一）虐待、遗弃、非法送养未成年人或者对未成年人实施家庭暴力；

（二）放任、教唆或者利用未成年人实施违法犯罪行为；

（三）放任、唆使未成年人参与邪教、迷信活动或者接受恐怖主义、分裂主义、极端主义等侵害；

（四）放任、唆使未成年人吸烟（含电子烟，下同）、饮酒、赌博、流浪乞讨或者欺凌他人；

（五）放任或者迫使应当接受义务教育的未成年人失学、辍学；

（六）放任未成年人沉迷网络，接触危害或者可能影响其身心健康的图书、报刊、电影、广播电视节目、音像制品、电子出版物和网络信息等；

（七）放任未成年人进入营业性娱乐场所、酒吧、互联网上网服务营业场所等不适宜未成年人活动的场所；

（八）允许或者迫使未成年人从事国家规定以外的劳动；

（九）允许、迫使未成年人结婚或者为未成年人订立婚约；

（十）违法处分、侵吞未成年人的财产或者利用未成年人牟取不正当利益；

（十一）其他侵犯未成年人身心健康、财产权益或者不依法履行未成年人保护义务的行为。

6. 女生在校遭到强暴，学校应否承担连带责任？

【维权要点】

受害人所受损害是基于强奸犯罪行为和学校疏于管理、未尽保护义务的不作为侵权行为两个不同的原因造成时，他们对受害人所负的侵权赔偿之债联系在一起是一种偶然的巧合，应分别承担全部赔偿责任，成立不真正连带债务。作为债权人可选择行使诉权，仅起诉学校是允许的。

【典型案例】

王某 6 周岁，某小学学前班学生。2016 年 11 月的一天下午，因学校管理不严，致使校外青年杨某窜入该校校内，趁该校学前班放学之际，强行将该女孩抱至学校操场旁一废弃杂物间内强奸。之后，被害人的父亲向公安局刑警大队报案，杨某被抓捕归案，并被法院依法判处有期徒刑 5 年。2017 年 6 月，女孩及其父母向法院提起民事诉讼，要求学校赔偿其精神损失费 10 万元。

法院经审理认为，受害人系小学学生，学校应保障学生在校期间的人身安全，履行监护之责，学校因管理保卫措施不当，致使校外社会青年顺利进入学校，对在校学生实施性犯罪，使女学生人身权、人格权遭受非法侵害，给受害人及其父母带来极大精神创伤，影响其正常生活，应给予适当精神损害赔偿。法院判决被告某小学赔偿原告精神损害抚慰金 2 万元。

【法官讲法】

所谓不真正连带债务，是指多个债务人就基于不同的发生原因而偶然产生的同一内容的给付，各自独立负有全部履行的义务，并因债务人之一的履行而使全部债务均归于消灭的债务。简言之，不真正连带债务是指多数人就同一债务之给付，各负全部履行之义务，而因一债务人之履行则全体债务消灭之债务。在成立不真正连带债务的情况下，数个债务的发生原因各不相同，数个债务人之间既无意思联络，又无共同实施某种行为，或者作出某种约定，其对债权人所负债务联系在一起，纯属相关的法律关系偶然地发生巧合，因此各项债务是分别存在的，债权人对数个债务人均享有分别独立的请求权，债权人可选择行使诉权。

本案中，受害人所受损害是基于杨某的强奸犯罪行为和学校疏于管理、未尽保护义务的不作为侵权行为两个不同的原因造成的，杨某和学校既无意思联络，又无共同侵权，或者作出某种约定，他们对受害人所负的侵权赔偿之债联系在一起是一种偶然的巧合，因此杨某和学校应分别承担全部赔偿责任，成立不真正连带债务。作为债权人可选择行使诉权，仅起诉学校是允许的。

学校在保卫方面疏于管理，教师疏于看护，致使无业人员杨某顺利进入学校，对受害人实施性侵害，使受害人身体遭受非法侵害，精神受到创伤。学校对此是存在过错的。根据民法典第 1199 条、第 1200 条的有关规定，学校应承担赔偿责任。《最高人民法院关于确定民事侵权精神损害赔偿责任若干问题的解释》(2001) 第 1 条第 2 款曾规定："违反社会公共利益、社会公德侵害他人隐私或者其他人格利益，受害人以侵权为由向人民法院起诉请求赔偿精神损害的，人民法院应当依法予以受理。"该款虽未对贞操这一民事权益直接作出规定，但关于"其他人格利益"保护的规定中，包含着对贞操的保护。违反社会公共利益或社会公德侵害贞操的，可以精神损害赔偿的方法进行保护。因此，本案中学校对其不作为造成的王某的贞操受到非法侵害行为应承担精神损害赔偿责任。

本案还暴露出学校的校门管理工作存在严重漏洞。校门是人员进出较频繁的地方，因而一些社会闲杂人员和不法之徒，往往混迹其中，甚至乘虚而入，给学校的治安带来严重威胁。从这个角度讲，强化门卫工作相当重要。学校应当切实履行职责，保障学生在校期间的人身安全。学校因管理保卫措施不当，致使校外人员顺利进入学校对在校学生实施犯罪，使学生的人身权利遭受非法侵害，给受害人及其父母带来极大精神创伤，影响其正常生活的，应当给予受害者适当的损害赔偿。作为学校来讲，应当采取有效措施加强校门的管理工作，杜绝伤害事故再度发生。法院的判决正确，使违法犯罪分子受到了应有的惩罚，维护了受害者的合法权益。

近年来，校园学生伤害事故已经成为一个突出的社会问题，引起社会各界的广泛关注。学校可以采取以下措施建立校门安全保卫制度，以保障广大学生的安全：校门由专人职守，建立岗位责任制度，严格管理；本校学生、教职员工出入校门一律出示证件或佩戴校徽；校外人员进校（公干、探亲、访友）应履行会客登记手续；严格限制与学校和工作无关的人员进校。

【法条指引】

中华人民共和国民法典

第一千一百九十九条　无民事行为能力人在幼儿园、学校或者其他教育机构学习、生活期间受到人身损害的，幼儿园、学校或者其他教育机构应当承担侵权责任；但是，能够证明尽到教育、管理职责的，不承担侵权责任。

第一千二百条　限制民事行为能力人在学校或者其他教育机构学习、生活期间受到人身损害，学校或者其他教育机构未尽到教育、管理职责的，应当承担侵权责任。

第一千二百零一条　无民事行为能力人或者限制民事行为能力人在幼儿园、学校或者其他教育机构学习、生活期间，受到幼儿园、学校或者其他教育机构以外的第三人人身损害的，由第三人承担侵权责任；幼儿园、学校或者其他教育机构未尽到管理职责的，承担相应的补充责任。幼儿园、学校或者其他教育机构承担补充责任后，可以向第三人追偿。

最高人民法院关于确定民事侵权精神损害赔偿责任若干问题的解释

第一条　因人身权益或者具有人身意义的特定物受到侵害，自然人或者其近亲属向人民法院提起诉讼请求精神损害赔偿的，人民法院应当依法予以受理。

7. 疯狗进入校园咬死学生，学校已投保险应如何承担责任?

【维权要点】

对未成年人依法负有教育、管理、保护义务的学校、幼儿园或者其他教育机构，未尽职责范围内的相关义务致使未成年人遭受人身损害，或者未成年人致他人人身损害的，应当承担与其过错相应的赔偿责任。第三人侵权致未成年人遭受人身损害的，应当承担赔偿责任。学校、幼儿园等教育机构有过错的，应当承担相应的补充赔偿责任。

【典型案例】

2020年11月的一天，刚刚踏上工作岗位的王老师在学校的大操场给初一（2）班的同学上体育课，课堂内容是测量学生的100米短跑成绩，王老师在百米线的终点按计时器，体育委员则在起点发令。同学们个个跃跃欲试，第一批测试的同学已在跑道上做好预备姿势，其他的同学则站在旁边观看。这时，一只发狂的疯狗突然钻进了人群，靠边的12周岁男孩方某冷不防被狗撞翻在地，遭凶狗撕咬。当其他同学反应过来一起打狗时，方某面部已血肉模糊。王老师急忙将孩子抱往医院抢救。由于地方偏僻，医院设备很差，狂犬疫苗也是在三天以后才买到。方某的病起初不碍事，哪知一星期后，狂犬病毒在方某身上发作，经多次转院，但一切已无济无事，不久方某便离开了人世。由于学校为全校学生投了学生意外伤害保险，故保险公司向方某家人支付了赔偿费用。

【法官讲法】

其一，一般情况下，因动物致人伤害的，动物的饲养人或管理人应承担民事赔偿责任。

民法典第1245条规定，饲养的动物造成他人损害的，动物饲养人或者管理人应当承担侵权责任；但是，能够证明损害是因被侵权人故意或者重大过失造成的，可以不承担或者减轻责任。民法典第1201条规定，无民事行为能力人或者限制民事行为能力人在幼儿园、学校或者其他教育机构学习、生活期间，受到幼儿园、学校或者其他教育机构以外的第三人人身损害的，由第三人承担侵权责任；幼儿园、学校或者其他教育机构未尽到管理职责的，承担相应的补充责任。幼儿园、学校或者其他教育机构承担补充责任后，可以向第三人追偿。本案中，学校虽然只有轻过失，但学校应承担责任后向动物的所有人追偿。

其二，本案中，该学校已组织学生投保了学生意外伤害保险。

所谓学生意外伤害保险，是指由学校组织投保，以在学校身体健康，能正常参加学习的学生为被保险人，以意外事故致残疾或者死亡为保险事故，当保险事故发生时，由保险人按约定付给保险金的一种保险。学生意外伤害保险中，保险人的免责事由包括：战争或军事行为；自杀、斗殴、酗酒、私奔、外流失踪以及犯罪、诈骗行为；因疾病所致死亡、残疾以及因疾病所付出的医疗费用；应由肇事方负担的医疗费用；其他不属于责任范围内的事项。

学生意外伤害保险的保险金给付办法主要是：(1) 被保险人因意外事故所致死亡的，给付保险金额的全数。(2) 被保险人因意外事故造成双目永远完全失明或两肢永远完全残废或一目永远完全失明，同时一肢永远完全残废的，给付保险金额的全数。(3) 被保险人因意外事故而造成一目永远完全失明或者一肢永远完全残废，给付保险金的半数。(4) 被保险人因意外伤害事故而造成永远完全丧失或部分丧失劳动能力或身体机能的，视丧失程度给付全部或部分保险金额。(5) 被保险人因意外事故所致残废，丧失身体机能或重伤而开支的医疗费保险人负有给付的责任。(6) 被保险人在保险期内，由于连续几次意外事故致残，保险人都应给付保险医疗费，但累计总数不得超过保险金额全数，当累计金额总数达到保险金额全部时，保险合同效力即告终止。本案中，根据该学生的投保金额，保险公司应赔偿相应的保险金额，之后可向第三人追偿。

其三，学校在为学生购买保险时应当注意的问题。

保险为广大学生的健康成长提供了必要的经济保障，也有效地减轻了受到意外伤害学生家庭的经济负担，同时也有利于学校教学秩序的稳定，减轻了政府工作压力，学校有条件的，可以依据保险法的有关规定，参加学校责任保险。教育行政部门可以根据实际情况，鼓励中小学参加学校责任保险。提倡学生自愿参加意外伤害保险。在尊重学生意愿的前提下，学校可以为学生参加意外伤害保险创造便利条件，但不得从中收取任何费用。学校让学生购买的保险是商业保险，依据法律规定，商业保险的购买采取自愿购买的原则，任何个人和团体不得强制他人购买。学校如要给学生购买保险，必须在遵守一定原则的基础上，为学生买保险。首先应该遵守的原则是自愿购买；其次应该把握的原则就是一定要切实站在学生的角度，让这份保险真正起到为学生庇护风险的作用。《教育部办公厅关于重申中小学校不准代办学生保险规定的通知》中对中小学生保险问题作出了如下明确规定：

近几年，中小学学生社会保险有了很大发展，对保障中小学生人身健康，减轻学生及其家长经济负担起到了积极作用。但是，也发现一些地方的个别教育行政部门和学校仍存在着强行推行保险和代办学生保险的问题，直接影响了教育的形象。为进一步加强教育收费管理，规范教育收费行为，应当注意的是：

第一，各级教育行政部门和学校，必须严格贯彻执行国务院办公厅《〈关于1996年在全国开展治理中小学乱收费工作的实施意见〉的通知》（国办发〔1996〕18号）“所有与学生有关的社会保险，均由学生及其家长自愿到保险机构办理。学校及其教职人员一律不准代办”的规定，不准以任何形式代办学生保险。

第二，原国家教委《关于在全国教育系统进一步开展人身保险业务的通知》（教行〔1995〕3号）已于1997年8月14日经原国家教委党组撤销，各级教育行政部门和学校不得以此为依据，代办学生保险。

第三，鉴于中小学生社会保险有利于减轻学生因意外和患病而造成的家庭负担，有利于加强学生安全保健教育工作，学生及其家长可在自愿的前提下，自行到各级保险机构办理。

第四，各级教育主管部门和教育纪检监察机关要加强中小学校不准代办学生保险规定执行情况的检查；凡违反规定和上述要求的，要及时予以纠正。对情节严重的，特别是以学校创收为目的，产生很坏影响的要追究学校领导及有关当事人的责任。

《学生伤害事故处理办法》第31条也明确规定：学校有条件的，应当依据保险法的有关规定，参加学校责任保险。教育行政部门可以根据实际情况，鼓励中小学参加学校责任保险。提倡学生自愿参加意外伤害保险。在尊重学生意愿的前提下，学校可以为学生参加意外伤害保险创造便利条件，但不得从中收取任何费用。

【法条指引】

中华人民共和国民法典

第一千一百九十九条　无民事行为能力人在幼儿园、学校或者其他教育机构学习、生活期间受到人身损害的，幼儿园、学校或者其他教育机构应当承担侵权责任；但是，能够证明尽到教育、管理职责的，不承担侵权责任。

第一千二百条　限制民事行为能力人在学校或者其他教育机构学习、生活期间受到人身损害，学校或者其他教育机构未尽到教育、管理职责的，应当承担侵权责任。

第一千二百零一条　无民事行为能力人或者限制民事行为能力人在幼儿园、学校或者其他教育机构学习、生活期间，受到幼儿园、学校或者其他教育机构以外的第三人人身损害的，由第三人承担侵权责任；幼儿园、学校或者其他教育机构未尽到管理职责的，承担相应的补充责任。幼儿园、学校或者其他教育机构承担补充责任后，可以向第三人追偿。

第一千二百四十五条　饲养的动物造成他人损害的，动物饲养人或者管理人应当承担侵权责任；但是，能够证明损害是因被侵权人故意或者重大过失造成的，可以不承担或者减轻责任。

第一千二百五十条　因第三人的过错致使动物造成他人损害的，被侵权人可以向动物饲养人或者管理人请求赔偿，也可以向第三人请求赔偿。动物饲养人或者管理人赔偿后，有权向第三人追偿。

8. 学生因厌学自杀，学校应否承担责任？

【维权要点】

学生因厌学等个人原因自杀，不属于学校责任事故。对于学生的不良心理状态和行为习惯，监护人负有管教和帮助的法律责任。为预防伤害事故的发生，学校应正确对待旷课、逃学的学生。

【典型案例】

2019 年 11 月 7 日下午 3 时前后，一中学学生姬某在家中服毒自杀。据调查，姬某系自杀。自杀前十几天该生就没有到校上课，其平时厌学，学习成绩一直不好，在学校行为习惯较差，纪律散漫，性格内向，心理承受能力较差。班主任和各任课教师都没有批评、打骂或将其赶出教室。在发现该生没有来校上课时，班主任曾带信请家长到学校商谈，十多天家长都没有来。其间，该生按时出门，按时回家，家长根本不知道其已逃学。

直到11月7日中午，姬某的母亲到学校和班主任谈话后，才知道孩子的情况。但谈完话之后，姬某的母亲没有及时找孩子询问上学之事，而是去忙农活，致使不该发生的事发生了。事后，学校和教育部门的领导送给姬某家属2万元抚慰金。

【法官讲法】

其一，学生因厌学等个人原因自杀，不属于学校责任事故。

学校责任事故，是指由于学校疏忽或过失，未尽到相应的教育、管理和保护的职责与义务而造成的学生伤害事故。学校责任事故的典型特征是学校在教育、管理等方面主观上存在过失的心理状态，而本案中不存在这些情况。对于学生姬某厌学的心态，学校负有帮教的义务。本案中姬某的班主任和各任课教师基于这种考虑，并未对姬某实施过批评、打骂等不当行为。相反，当姬某出现逃学这种反常现象后，班主任老师及时要求姬某的家长到校商谈，可以说已经尽了注意的义务。因此，对于学生姬某因厌学这种个人原因而自杀这一事件中，学校行为并无不当，因此不负法律责任。事后学校和教育部门的领导送给姬某家属的2万元抚慰金，属于学校基于同情和安慰的性质而给付的。

其二，对于学生的不良心理状态和行为习惯，监护人负有管教和帮助的法律责任。

本案中，学生姬某的监护人即其父母，在班主任老师通知后不及时到校了解情况，了解情况后又疏于对姬某进行教育，致使自杀事件发生，因此姬某父母主观上有过失。根据有关行政规章的规定，由于学校之外的个人或组织的故意、过失或疏忽造成学生伤害事故的，属于第三方责任事故。其中情形之一，便是学校将未成年学生的不良行为、异常状态及时告知学生家长或其他监护人，但学生家长或者其他监护人拒不履行或怠于预防未成年人犯罪等法定职责，致使发生学生伤害事故的情形。本案正是属于此种情况，故姬某家长应自负其监护责任。

其三，为预防伤害事故的发生，学校应正确对待旷课、逃学的学生。

学生旷课、逃学是比较严重的问题，从品德方面说，是公开违反校纪校规；从学习方面说，是放弃学生的重要职责——学习。根据预防未成年人犯罪法的规定，旷课属于不良行为。

学生旷课、逃学是厌学、恐学的表现。旷课、逃学的学生，多数学习吃力：上课如听天书，根本听不懂；作业不会做，或者干脆不做，或者抄袭别人的；老师天天批评，有时还向家长告状；家长天天指责，甚至拳脚相加。这些学生一听学习就头痛，旷课、逃学可以暂时躲避一时，心里轻松一阵儿。有的在街上闲逛，有的去玩感兴趣的东西（如游戏机等），有的可能离家出走，有的想放弃学习出去打工。实际上，这些学生的处境十分难受，既可气，又可怜。

学生的学习跟不上，不是一天两天造成的，大多是从小没有养成学习的习惯，得过且过，知识基础和技能基础都很差，没有掌握学习方法。家长有责任，学校老师也有责任。解决孩子旷课、逃学问题必须家校双方共同配合。具体来说，应从以下几方面去考虑解决措施。

第一，承认自己在教育上有失误，没有下功夫从小培养好孩子的学习习惯，教育态度、方法生硬。教师应该在自我反省基础上跟孩子倾心交谈两三次，检讨自己的缺点，听听孩子心里是怎么想的，跟孩子一起下决心，一点一点赶上去。教师千万不要采取那种简单、粗暴的做法，也不能放弃教育的责任。教师的态度是孩子转变的重要因素。

第二，跟学生讨论，分析学生的主要问题在哪里，以便有针对性地采取措施。对学生的学习情况要一科一科分析，学习最差的科目的学习态度、方法、学习具体内容仔细分析，问题找得越准越好。

第三，跟学习好的孩子“结对子”。选择孩子有交往基础、能帮助人的学生做小老师。对学生要有具体要求，如“自己先看，不懂再问”“自己先做，哪里不会再问”“课前预习，找出难点，上课专心听讲”，等等，学生没有积极性、主动性，仅依赖别人肯定不行。

第四，家长跟孩子共同学习。有的孩子厌学与家长的不爱求知有关。这些家长应该转变思想认识，认真学点东西，学孩子的功课或者另外学习某一门知识。家长与孩子安排共同的学习时间，有互相监督检查的措施。

第五，根据学生的特点，老师在班上给学生安排力所能及的任务，使学生改变不利的角色地位；可以准备一个家校联系本，由孩子、家长、老师共同写联系内容。建议以孩子写为主，像日记一样，老师和家长写些分析、表扬、建议的内容。小学生应天天写，中学生可以一周写二三次。

第六，根据预防未成年人犯罪法第34条的规定，中小学生旷课的，学校还应当及时与其父母或者其他监护人取得联系。

有一点应该强调，对厌学的孩子，切不可批字当头，罚字当先。要实事求是地看到孩子的优点和微小进步，及时给予肯定，使孩子有成功的感受，逐步提高自信心，由“厌学”变成“喜学”，旷课、逃学的问题就会解决。有时，学校为了严肃校纪，对屡次旷课、逃学的学生给予必要的处理，家长应配合学校，抓住机会做思想教育工作，让孩子下定决心，有一个新的开始。

个别孩子旷课、逃学，是受不良分子引诱、胁迫所致。这种情况，应及时与校方、治安机构联系，采取有效的措施。教师不宜盲目行动，避免孩子受到伤害。

【法条指引】

中华人民共和国预防未成年人犯罪法

第三十四条 未成年学生旷课、逃学的，学校应当及时联系其父母或者其他监护人，了解有关情况；无正当理由的，学校和未成年学生的父母或者其他监护人应当督促其返校学习。

9. 中学生课间打闹致骨折，如何承担责任？

【维权要点】

初中生已具备一定的安全意识和规则意识，应当预见到自己的行为存在危险性，对课间与同学打闹造成的损伤自行承担相应责任。课间打闹造成他人受伤的，应在过错程度范围内承担相应责任。学校未尽到安全监管责任的，承担一定责任。无民事行为能力人、限制民事行为能力人造成他人损害的，由监护人承担侵权责任。

【典型案例】

小秦和小英是初中同学，2个男孩平时关系较好。一天课间休息时，想开玩笑的小秦从后面搂住小英颈部想将其推到女卫生间，继而2人开始在楼梯附近打闹，路过的同学多次劝阻后，2人仍在不停打闹。其间，小英搂住小秦肩部，双方继续在楼道内相互撕扯，后双方均因重心不稳摔倒，倒地时小英坐在了小秦的小腿上。学校校医赶至现场进行查看后拨打了急救电话，其间并未对小秦采取任何救治措施。小秦伤情经医院诊断为右侧胫骨远端骨骺损伤、右侧腓骨远端骨折。

【法官讲法】

未成年人保护法第35条第1款规定："学校、幼儿园应当建立安全管理制度，对未成年人进行安全教育，完善安保设施、配备安保人员，保障未成年人在校、在园期间的人身和财产安全。"第37条规定："学校、幼儿园应当根据需要，制定应对自然灾害、事故灾难、公共卫生事件等突发事件和意外伤害的预案，配备相应设施并定期进行必要的演练。未成年人在校内、园内或者本校、本园组织的校外、园外活动中发生人身伤害事故的，学校、幼儿园应当立即救护，妥善处理，及时通知未成年人的父母或者其他监护人，并向有关部门报告。"生活中，课间安全事故时有发生。学校应当加强对课间活动的安全监管，防止拥挤伤害、追逐打闹等各种危险行为，特别是楼道、走廊、卫生间等公共区域，极易发生安全事故，必要时可以安排值班教师进行监管，及时制止危险行为，防患于未然。发生人身伤害事故后，应及时进行救护并通知学生家长。当然，预防课间安全事故的发生，并不仅仅依赖学校管理，学生自己也应当有相应的安全意识和风险防范意识，时刻谨记"课间玩耍须谨慎，遵规守纪护安全"。

本案中，小秦与小英均已具备一定的安全意识和规则意识，对自身行为的性质和后果已有一定程度的预知和控制能力，二人在明知推搡等打闹行为违反校规校纪，仍于课间休息期间在楼道打闹，经同学劝阻后并未停止打闹，最终双方在相互撕扯中均因站立不稳倒地，小秦因此受伤。小秦搂住小英颈部将其拖拽至女卫生间门口的行为是本次事件的起因，在其与小英进行撕扯过程中因重心不稳倒地受伤是本次事件发生的主要原因；小英搂住小秦肩部与其进行撕扯的行为与小秦受伤间存在因果关系，其对小秦受伤具有一定过错，应在其过错范围内承担相应的赔偿责任。学校虽然平时对学生进行了安全教育，但在学生进行打闹时并未及时制止，且在小秦受伤后，该校校医到场后并未采取任何救治措施，故学校在教育管理上存在一定疏漏，未尽到教育、管理职责，应对小秦受伤造成的损失承担一定责任。小英的父母作为其监护人，应对小英对小秦造成的损害共同承担赔偿责任。

【法条指引】

中华人民共和国民法典

第一千一百六十五条 行为人因过错侵害他人民事权益造成损害的，应当承担侵权责任。

依照法律规定推定行为人有过错，其不能证明自己没有过错的，应当承担侵权责任。

第一千一百七十三条 被侵权人对同一损害的发生或者扩大有过错的，可以减轻侵权人的责任。

第一千一百七十九条 侵害他人造成人身损害的，应当赔偿医疗费、护理费、交通费、营养费、住院伙食补助费等为治疗和康复支出的合理费用，以及因误工减少的收入。造成残疾的，还应当赔偿辅助器具费和残疾赔偿金；造成死亡的，还应当赔偿丧葬费和死亡赔偿金。

第一千一百八十八条第一款 无民事行为能力人、限制民事行为能力人造成他人损害的，由监护人承担侵权责任。监护人尽到监护职责的，可以减轻其侵权责任。

第一千二百条 限制民事行为能力人在学校或者其他教育机构学习、生活期间受到人身损害，学校或者其他教育机构未尽到教育、管理职责的，应当承担侵权责任。

中华人民共和国未成年人保护法

第三十五条第一款 学校、幼儿园应当建立安全管理制度，对未成年人进行安全教育，完善安保设施、配备安保人员，保障未成年人在校、在园期间的人身和财产安全。

第三十七条 学校、幼儿园应当根据需要，制定应对自然灾害、事故灾难、公共卫生事件等突发事件和意外伤害的预案，配备相应设施并定期进行必要的演练。

未成年人在校内、园内或者本校、本园组织的校外、园外活动中发生人身伤害事故的，学校、幼儿园应当立即救护，妥善处理，及时通知未成年人的父母或者其他监护人，并向有关部门报告。

10. 体育课上嬉戏致伤，学生损失应当由谁承担？

【维权要点】

学校若未尽到其管理和保护的职责，对学生之间的伤害事故有重大过错的，应当对损害承担主要责任；被告某学生的行为直接导致了原告遭受损害，主观上存有过失，应当承担相应的责任，其责任由其父母承担。

【典型案例】

常某某与田某系某小学同班同学。2019 年 9 月 22 日下午第二节课，按教程安排，常某某、田某所在班级应上体育课。上课铃响后，体育老师没能到场给同学上课，该班学生无人管理，部分同学在操场上自由活动嬉戏追逐，田某追赶本班学生任某和常某某，使常某某摔倒致伤。经医院诊断，常某某左肱骨髁上骨折并发左尺神经损伤。第一次手术治疗后形成左手尺神经分布区感觉迟钝、麻木不适，左手小鱼际肌萎缩，左肘略肿胀，伸直活动形成障碍受限。2019 年 12 月又进行第二次手术治疗，对尺神经进行松解，目前进行功能训练，不排除进行下一次手术治疗。常某某共支出医疗费 38854. 02 元。事发后，学校共支付常某某医疗费 23153. 14 元，田某家长给付 8000 元。因护理常某某其母陈某误工损失 7061. 6 元，其父常某误工损失 11750 元。2020 年初，常某某以某小学、田某为被告诉至法院，要求小学和田某赔偿医药费、功能训练器费用、营养费、继续治疗费、伤残赔偿金和精神损失费等共计 148532. 88 元。

【法官讲法】

本案是一起因学生之间的伤害而引起的人身损害赔偿纠纷，涉及三个有因果序列关系的法律问题：其一，某小学与其学生常某某、田某之间的法律关系的性质；其二，学校对学生伤害事故适用的归责原则；其三，损害赔偿责任的划分。具体分析如下。

其一，某小学与其学生常某某、田某之间的法律关系的性质。

就学校和学生之间的关系而言，学校和家长缺乏就监护责任转移进行委托的合意，而且学校本身对于在校期间的未成年人的责任是一种教育和管理的责任，学生上学的目的是接受教育而非接受监护，故不能仅凭学生上学的行为而认定事实上监护关系的转移。因此，学生在校学习期间监护责任并未发生转移。同时，学校缺乏履行监护责任的能力。学校是发展教育事业，贯彻基本教育制度，培养教育学生，促进学生德智体等方面全面发展的公益性机构，它的主要职责是教育教学。通常情况下，学校负责管理几十甚至几百名学生，故不可能要求其履行对所有学生的监护职责；另外，学校经费来自国家拨款，数量有限，如果要其承担监护职责，那么学校的经费不足以承担由此而产生的损害赔偿责任，这样就有可能破坏学校正常的教学工作秩序，显然是不合理的。因此，中小学校与学生之间的法律关系并非监护关系，而是教育、管理和保护的关系。

其二，学校对学生伤害事故适用的归责原则。

民法典第1199条规定："无民事行为能力人在幼儿园、学校或者其他教育机构学习、生活期间受到人身损害的，幼儿园、学校或者其他教育机构应当承担侵权责任；但是，能够证明尽到教育、管理职责的，不承担侵权责任。"学校不是未成年学生在校期间的监护人，不应当对未成年学生受到伤害或致人伤害承担无过错责任。学校只有在未履行应尽的职责，在主观上有故意或过失的过错的前提下，才承担相应的赔偿责任。换言之，学校对学生在校期间的伤害适用过错责任原则。

其三，损害赔偿责任的划分。

过错责任原则是我国侵权行为法中的一般归责原则。所谓过错责任，是指以过错作为归责的构成要件和归责的最终要件，同时以过错作为确定行为人责任范围的重要依据。学校对学生在校期间的伤害适用过错责任原则，就意味着学校对于学生在校期间的人身安全保护负有注意义务，要尽到一个善良管理者的责任，只要履行了这一注意义务，学校就没有过错，也就不必承担民事责任。对于学校是否尽到相应的注意义务，要结合主观标准和客观标准进行综合判断。主观标准是判断学校主观上有无故意或过失，客观标准是判断学校是否履行了应尽的职责。主观标准是建立在客观标准的基础之上的，如果学校履行了其应尽的职责，则可以推定学校主观上没有过错；如果学校没有履行其应尽的职责，而且不存在合理的抗辩事由，则可以推定其主观上亦有过错。

本案中，某小学在组织学生上体育课时，其体育老师无故缺课，学校也未采取补救性措施，放任学生自由活动，并因此而导致伤害事故的发生。据此，某小学客观上没有履行其应尽的职责，而且学校对此也没有合理的抗辩事由，故其主观上有疏于管理的过失。因此，根据过错责任原则，某小学应当对其学生常某某所受伤害承担相应的民事责任。从本案的伤害事故来看，损害发生的直接原因并非来自学校，被告田某是直接侵害人。由于学校并非田某的监护人，故田某侵权的责任应当由其监护人（即其父母）承担。

在责任的划分上，某小学没有尽到其管理和保护的职责，有重大过错，因此应当对损害承担主要责任；被告田某的行为直接导致了原告遭受损害，主观上存有过失，应当承担相应的责任，其责任由其父母承担。

【法条指引】

中华人民共和国民法典

第一千一百九十九条　无民事行为能力人在幼儿园、学校或者其他教育机构学习、生活期间受到人身损害的，幼儿园、学校或者其他教育机构应当承担侵权责任；但是，能够证明尽到教育、管理职责的，不承担侵权责任。

11. 体育器材质量不合格致学生受伤，学校应否承担赔偿责任？

【维权要点】

教师在使用教学用具过程中，如果是操作程序方面的失误导致学生受害，则属于教师执行职务不当的责任问题，与产品质量无关。如果不是操作程序的问题，而是教学用具本身质量存在一定的缺陷，导致学生在观摩教学实验或亲自动手操作实验时受到伤害，属于产品质量责任问题。

【典型案例】

某市一重点高中体育课上，马某等五名学生在教学楼前空地上打羽毛球。在马某挥拍劈杀时，羽毛球拍的拍柄与拍头突然脱节，球拍的上半部分正好击中一旁的同学成某的左眼，造成成某左眼球破裂，后送医院实施手术将受伤眼球摘除。成某的父母认为学校应承担主要赔偿责任，而学校认为马某是造成这次事故的直接原因，应由马某承担主要赔偿责任。因双方协商未果，成某父母向人民法院提起诉讼。

【法官讲法】

本案涉及教学用具的产品质量责任。我国民法典第1203条规定："因产品存在缺陷造成他人损害的，被侵权人可以向产品的生产者请求赔偿，也可以向产品的销售者请求赔偿。产品缺陷由生产者造成的，销售者赔偿后，有权向生产者追偿。因销售者的过错使产品存在缺陷的，生产者赔偿后，有权向销售者追偿。"民法理论上将民法典的上述规定称为产品质量责任。此种责任是指因产品质量存在缺陷，导致使用人的其他财产、人身损害的发生而产生的赔偿责任。产品质量责任的归责原则是过错推定，即产品的销售者、制造者不能证明自己没有过错的，就推定其有过错。

产品质量责任的构成要件包括：(1) 产品本身存在一定的缺陷。(2) 给使用者的其他财产、人身造成了损害。(3) 产品的缺陷与受害人的损害存在因果关系。

产品质量责任的免责条件主要是：(1) 产品的缺陷是当时的科技水平所不能避免的。(2) 产品的缺陷与受害人的损害不具有因果关系。

在学校的教学用具使用过程中，教师和学生都是使用者。教师在教学时，为了向学生说明一个原理，利用一些教学模具进行实验和操作演示，教师是教学用具的直接使用者，教师还可以指导学生自己使用教学模具进行实验，这是教师教学中必然要进行的一项内容，实际上是教师使用教学用具的另一种形式。所以，教师在使用教学用具过程中，如果是操作程序方面的失误导致学生受害，则属于教师执行职务不当的责任问题，与产品质量无关。如果不是操作程序的问题，而是教学用具本身质量存在一定的缺陷，导致学生在观摩教学实验或亲自动手操作实验时受到伤害，属于产品质量责任问题。

在教学用具质量责任事故中，学生是直接的受害者，但从法律关系上讲，学校是教学用具的购买者和使用者，所以，在处理此类纠纷时，应当把握三点：(1) 学校作为适格的诉讼主体，有权就自己使用教学用具时，因产品质量存在缺陷给学生造成的实际损害，要求产品的销售者或制造者承担赔偿责任。(2) 学校可以先向受害的学生承担赔偿责任，然后再由学校向产品的销售者或制造者请求赔偿损失。(3) 因产品存放时间长，超过了有效使用的期限，或者学校购买三无产品等原因，无法找到产品的销售者或制造者的，应当由学校向受害的学生承担赔偿责任。其法律理由是，教师在使用或指导学生使用教学模具时，有义务保障学生的人身安全。学校履行此项义务就必须在采购教学仪器的过程中，注意购买合格产品，保证在产品的有效使用期内使用产品，如果学校不履行上述义务，导致学生在学习实验中受到伤害，从法律上可以推定学校有过错，那么，学校就应当为自己的过错所导致的损害结果承担赔偿责任。

教育法第 45 条规定："教育、体育、卫生行政部门和学校及其他教育机构应当完善体育、卫生保健设施，保护学生的身心健康。"民法典第 1201 条规定："无民事行为能力人或者限制民事行为能力人在幼儿园、学校或者其他教育机构学习、生活期间，受到幼儿园、学校或者其他教育机构以外的第三人人身损害的，由第三人承担侵权责任；幼儿园、学校或者其他教育机构未尽到管理职责的，承担相应的补充责任。幼儿园、学校或者其他教育机构承担补充责任后，可以向第三人追偿。"

在本案中，学校未能履行好相应的义务。因为羽毛球拍是从学校体育器材室中借出的，学校有义务保证借出的体育器材可供学生安全使用，在本案中正是由于学校借出的羽毛球拍有严重的质量问题，致使在使用过程中羽毛球拍拍头与手柄突然分离造成成某左眼受伤。因此本次事故的发生与学校借出的羽毛球拍有质量问题存在直接的因果关系，所以学校对此事故应负全部责任，赔偿成某的全部损失。在学校履行赔偿责任后，如果确实是由于羽毛球拍的质量问题，则有权向羽毛球拍的销售者或生产厂家行使追偿权，根据民法典第 1204 条的规定："因运输者、仓储者等第三人的过错使产品存在缺陷，造成他人损害的，产品的生产者、销售者赔偿后，有权向第三人追偿。"所以，学校在承担赔偿责任后，可向有关有过错的责任主体行使追偿权，要求赔偿学校的损失。

本案中，马某并没有过错，他对羽毛球拍拍头与手柄的突然分离无法预测，也不可能预测到，当羽毛球拍拍头与手柄分离后，马某也无法阻止事态的继续发展。因此，尽管马某打羽毛球与成某的受伤存在一定的因果关系，但马某不存在任何过错，这次事故的发生是无法预见的，也不可能预见到，对马某来说这次事故的发生属于意外事件。因此，马某对本次事故不应承担法律责任。

【法条指引】

中华人民共和国民法典

第一千二百零一条 无民事行为能力人或者限制民事行为能力人在幼儿园、学校或者其他教育机构学习、生活期间，受到幼儿园、学校或者其他教育机构以外的第三人人身损害的，由第三人承担侵权责任；幼儿园、学校或者其他教育机构未尽到管理职责的，承担相应的补充责任。幼儿园、学校或者其他教育机构承担补充责任后，可以向第三人追偿。

第一千二百零三条 因产品存在缺陷造成他人损害的，被侵权人可以向产品的生产者请求赔偿，也可以向产品的销售者请求赔偿。

产品缺陷由生产者造成的，销售者赔偿后，有权向生产者追偿。因销售者的过错使产品存在缺陷的，生产者赔偿后，有权向销售者追偿。

第一千二百零四条 因运输者、仓储者等第三人的过错使产品存在缺陷，造成他人损害的，产品的生产者、销售者赔偿后，有权向第三人追偿。

12. 课堂实验炸伤眼睛，学校应当承担赔偿哪些费用?

【维权要点】

作为教师在事故中存有主要过错，且是学校授予的职务行为，其过错所造成的法律后果应由其所在单位来承担。

【典型案例】

2018 年暑假，某中学对初二学生举办补习班。7 月 31 日上午第四节课，该中学物理教师林某在朱某及同学王某所在班级上讲授“做功和内能的改变”原理课。林某在未讲明“做功和内能的改变”的实验注意事项和采取必要安全防范措施的情况下，手持放有少量棉花和火柴的空气压缩引火仪，分组做演示实验给班上的学生观察。林某演示实验完后，班上学生谢某申请亲自动手做该实验，经林某允许，谢某把该实验仪器放在自己课桌上用手对该仪器迅速加压并达到实验效果，该仪器试管内开始冒烟。随即邻座的王某未经林某的允许擅自将该仪器拿到自己的课桌上用手再次对该仪器加压，造成该仪器的试管发生爆炸，将前桌朱某（16岁）的左眼炸伤。事故发生当日，朱某被某中学雇车送往该市眼科中心医院住院治疗。经该院诊断，原告的左眼球穿通伤。

2019年8月20日原告出院后，朱某多次前往医院检查、治疗，某中学共预支给原告医疗费人民币24600元。经法医鉴定，朱某的伤残等级为八级。

2020年7月23日，朱某诉至法院，要求该中学、当班老师林某及同学王某赔偿因本起事故造成的医疗费、护理费、交通费、住院伙食补助费、住宿费、伤残赔偿金、精神抚慰金等损失共计人民币896439.67元。

法院经审理后判决被告某中学应赔偿原告朱某医疗费、护理费、住院伙食补助费、残疾者生活补助费、交通费、住宿费、精神抚慰金共计人民币607877.29元，判决被告王某法定代理人王某金应赔偿原告朱某医疗费、护理费、住院伙食补助费、残疾者生活补助费、交通费、住宿费、精神抚慰金共计人民币68986.37元。

【法官讲法】

本案实验仪器的试管发生爆炸致伤原告左眼，是因被告王某在谢某做实验已达到实验结果的情况下，擅自对实验仪器再次加压导致试管内压强迅速增大所致。而被告王某擅自再次加压行为的发生，主要是由于本起实验组织实施者被告林某在做该实验前未向在场学生告知注意事项，同时未及时阻止被告王某擅自加压行为所致。为此，作为教师的被告林某在本起事故中存有主要过错。鉴于被告林某在本案中的教学活动是履行被告某中学授予的职务行为，其过错所造成的法律后果应由其所在单位被告某中学来承担，即被告某中学应对本起事故法律后果承担90%的责任。被告王某未经在场教师被告林某的许可擅自对实验仪器再次加压，也是本起事故发生的原因，被告王某也有过错，应对本起事故的法律后果承担次要责任，即承担10%的责任。因被告王某系未成年人，尚未独立生活，其所应承担本案民事赔偿责任由其法定代理人来承担。

本案涉及人身伤亡的财产损害赔偿的范围。所谓人身伤亡的财产损害赔偿，是指因受害人的生命、健康、身体等人身权益遭受他人不法侵害时，受害人、依法由受害人承担扶养义务的被扶养人以及死亡受害人的近亲属就由此遭受的财产上的不利益而依法要求赔偿义务人承担的金钱赔偿责任。

根据民法典第 1179 条的规定，侵害他人造成人身损害的，应当赔偿医疗费、护理费、交通费、营养费、住院伙食补助费等为治疗和康复支出的合理费用，以及因误工减少的收入。造成残疾的，还应当赔偿辅助器具费和残疾赔偿金；造成死亡的，还应当赔偿丧葬费和死亡赔偿金。

该条从三个方面对受害人遭受人身损害以及导致残疾与死亡时，应当给予赔偿的范围进行了界定：（1）因治疗损伤支出的费用：如医疗费、护理费、交通费、营养费、住院伙食补助费等为治疗和康复支出的合理费用，以及因误工减少的收入；（2）因生活上增加需要支出的费用：如赔偿辅助器具费和残疾赔偿金等；（3）因受害人死亡导致的未来收入损失，即赔偿丧葬费和死亡赔偿金。

该条按照英美与大陆法系侵权行为法所普遍承认的做法，明确地承认对受害人预期收入损害的赔偿，将死亡赔偿金与残疾赔偿金的性质界定为财产损害赔偿，同时规定受害人或者死者近亲属遭受精神损害的还可以向人民法院请求赔偿精神损害抚慰金。此种规定不仅有效地保护了当事人的合法权益，而且鲜明地区分了受害人的财产损害与精神损害。因为按照该规定，受害人在因他人伤害而残疾之后，不仅有权就其未来预期收入的减少这一损失获得残疾赔偿金的补偿，而且还可以要求因残疾而遭受的精神痛苦的赔偿即精神损害赔偿。

由上述规定所确定的人身损害赔偿范围可以看出，本案中，法院判决被告某中学赔偿原告朱某医疗费、护理费、住院伙食补助费、残疾者生活补助费、交通费、住宿费、精神抚慰金（残疾赔偿金）共计人民币 607877.29 元，判决被告王某法定代理人赔偿原告朱某医疗费、护理费、住院伙食补助费、残疾者生活补助费、交通费、住宿费、精神抚慰金（残疾赔偿金）共计人民币 68986.37 元，是恰当的。

【法条指引】

中华人民共和国民法典

第一千一百七十九条 侵害他人造成人身损害的，应当赔偿医疗费、护理费、交通费、营养费、住院伙食补助费等为治疗和康复支出的合理费用，以及因误工减少的收入。造成残疾的，还应当赔偿辅助器具费和残疾赔偿金；造成死亡的，还应当赔偿丧葬费和死亡赔偿金。

13. 学生参加拔河比赛受伤，学校应否承担赔偿责任？

【维权要点】

由于学生人身安全的保护义务系法律明确规定的学校应当承担的义务，而非学生和学校双方之间通过合同作出的约定，因此，学校对学生人身安全的保护义务属于法定义务。学校违反法定义务造成学生损害的，应当承担侵权责任。

【典型案例】

杨某系某职业高中二年级学生，17 周岁。2019 年 10 月 19 日 15 时许，该职业高中组织拔河比赛。为了裁判比赛成绩更加准确，学校在拔河绳中点的红布条上坠一内径 14 毫米、外径 24 毫米的铁螺母，以使红布条下垂。杨某在参加高一年级和高二年级拔河友谊赛过程中，拔河绳被拔断，铁螺母随之甩起，打在杨某头部，致使杨某头部受伤。后经医院诊断为开放性颅脑损伤（重度），脑挫裂伤伴出血（额顶、右），硬膜外出血（额顶、右），凹陷骨折（额顶、右），右顶头皮裂伤。经鉴定为伤残八级，赔偿指数为 30%。该职业高中先后支付了杨某的住院医疗费、鉴定费等共计 75441.9 元。伤后杨某自行放弃学业。

在就杨某损伤的赔偿问题上，杨某与该职业高中发生了争议。杨某要求该职业高中承担全部赔偿责任。该职业高中则认为，杨某受伤是因为用于拔河的大绳意外崩断造成的，属于意外事件。学校可以给予杨某一定的补偿，但不同意赔偿全部损失。

【法官讲法】

这是一起因学生参加学校组织的文体活动受到伤害而引起的损害赔偿纠纷。具体分析如下：

其一，杨某在拔河比赛中受伤的事故不属于意外事件。

意外事件，是指损害结果的发生为行为人所不可预见。不可预见性是意外事件的重要特征。正是由于行为人对损害结果无法预见，故其就不能要求行为人对损害后果予以避免或预防，换句话说，行为人对于损害结果的发生没有故意或过失。

一般而言，意外事件常见的有两种类型：一是事物本身固有的致损风险，且这种风险的发生概率非常低，为通常的注意所不可预防；二是外在因素的介入，引起无法预见的因果序列发生变化。据此，意外事件的成立依赖于以下两方面的事实：（1）损害的发生归因于行为人自身以外的原因；(2）行为人已经尽到他在当时应当和能够尽到的注意。

本案中，被告职业高中组织高一年级和高二年级拔河友谊比赛，为了裁判比赛成绩更加准确，学校在拔河绳中点的红布条上坠一内径 14 毫米、外径 24 毫米的铁螺母，以使红布条下垂。比赛过程中，拔河绳被拔断，铁螺母随之甩起，打在杨某头部，致杨某头部受伤。这起损害事故是否属于意外事件，关键在于确定被告职业高中是否已经尽到其应当和能够尽到的注意。如果被告职业高中已经尽到了足够的注意，那么证明其对损害的发生是不可预见的，该损害事故就属于意外事件。否则，该损害事故就不属于意外事件。作为拔河比赛的组织者，被告职业高中负有保护参赛学生人身安全的高度注意义务，故其在往拔河绳中点的红布条标志上加系铁螺母时，应当预见到该行为可能产生砸伤人的后果，但由于疏忽大意没有充分预见可能发生的危险，导致在拔河比赛过程中拔河绳被拔断，铁螺母将杨某击伤，因此本案情况不属于意外事件。

其二，学校应当对损害事故承担侵权责任。

根据以上的分析可知，杨某在拔河比赛中被砸伤并非意外事件，被告职业高中对该损害事故的发生存在过失。由此，解决本案纠纷的关键问题转变为如何认定被告的行为的性质，并据此确定被告对损害事故应当承担的责任。一般而言，民事责任可以分为违约责任和侵权责任。违约责任，即合同责任，是指合同一方违反合同约定的义务而应当承担的民事责任。侵权责任，是指行为人违反法定义务造成他人损害而依法应当承担的民事责任。

就本案而言，根据有关法律规定，学校负有保护学生人身安全的义务，因为原告杨某是被告职业高中的一名学生，故被告负有保护原告的义务。由于学生人身安全的保护义务系法律明确规定的学校应当承担的义务，而非学生和学校双方之间通过合同作出的约定，因此，学校对学生人身安全的保护义务属于法定义务。学校违反法定义务造成学生损害的，应当承担侵权责任。

根据侵权责任有关法的原理，学校承担侵权责任的构成要件有：

第一，损害结果，即学生的人身安全受到了伤害。案中，原告杨某在学校参加拔河比赛时，因拔河绳被拔断而被系在绳中间的铁螺母击中头部，后被诊断为开放性颅脑损伤（重度），脑挫裂伤伴出血（额顶、右），硬膜外出血（额顶、右），凹陷骨折（额顶、右），右顶头皮裂伤。后被鉴定为伤残八级，赔偿指数为30%。由此，可以认定本案事故的损害或过失存在。

第二，学校的行为违反了法定义务。法律规定，学校负有保护学生人身安全的义务，故学校应当对学生的人身安全尽到足够的注意义务。如果学校尽到了足够的注意则学校履行了其法定义务，否则，学校就违反了法定义务。本案被告在往拔河绳中点的红布条标志上加系铁螺母时，应当预见到该行为可能产生砸伤人的后果，但由于疏忽大意没有充分预见可能发生的危险，导致在拔河比赛过程中拔河绳被拔断，铁螺母将杨某击伤，因此被告职业高中的行为违反了法定义务。

第三，因果联系。即学生的损害后果是因为学校违反法定义务造成的。本案中，杨某被铁螺母砸伤，是由于学校在拔河绳中间拴系铁螺母的行为导致的，如果学校没有这样做，那么杨某的损害就不会发生，因此，可以认定本案损害事故的因果联系成立。

第四，学校主观上存在过错。过错，即故意或过失，指学校行为时的主观状态。本案中，被告应当预料到其行为可能会产生砸伤人的后果而没有预见，故存在疏忽大意的过失。

综上所述，该职业中学违反法定义务的行为完全符合侵权行为责任的构成要件，因此，被告应当对原告杨某的损害承担赔偿责任。

【法条指引】

中华人民共和国民法典

第一千一百九十九条　无民事行为能力人在幼儿园、学校或者其他教育机构学习、生活期间受到人身损害的，幼儿园、学校或者其他教育机构应当承担侵权责任；但是，能够证明尽到教育、管理职责的，不承担侵权责任。

第一千二百条 限制民事行为能力人在学校或者其他教育机构学习、生活期间受到人身损害，学校或者其他教育机构未尽到教育、管理职责的，应当承担侵权责任。

第一千二百零一条 无民事行为能力人或者限制民事行为能力人在幼儿园、学校或者其他教育机构学习、生活期间，受到幼儿园、学校或者其他教育机构以外的第三人人身损害的，由第三人承担侵权责任；幼儿园、学校或者其他教育机构未尽到管理职责的，承担相应的补充责任。幼儿园、学校或者其他教育机构承担补充责任后，可以向第三人追偿。

14. 学校发放食品不卫生导致学生中毒，是否应当承担赔偿责任？

【维权要点】

学校向学生提供的食品不符合卫生标准，造成学生中毒，已经构成了对学生人身健康的伤害，学校应对学生进行损害赔偿。

【典型案例】

某日，一所镇小学的学生集体发生中毒事件。事后据师生介绍，自5月中旬以来，该校每半个月向每个学生收冰棍钱20元，每天从该镇某食品厂购进30盒750根冰棍，分上、下午各给每个学生一根。事故发生当日上午9点半，当学生们吃冰棍时，感到冰棍有异味，吃后便出现了肚子痛、胸憋、头晕、发烧等症状，严重的出现了喉头红肿、心律不齐、高烧、口鼻出血等症状。206名学生因吃冰棍中毒，经过9天抢救，中毒学生最终全部脱险出院。事后，206名学生集体提起诉讼，要求学校与食品厂共同承担赔偿责任。

【法官讲法】

学校向学生收取费用，每天向学生提供冰棍，必须保障所提供的冰棍合乎卫生标准，不会对学生的身体健康造成危害，否则应对其行为产生的后果负责。在此案中，学校向学生提供的冰棍不符合卫生标准，造成了大批小学生食用冰棍后发生中毒症状，这已经构成了对小学生人身健康的伤害，学校应对学生进行损害赔偿。未成年人保护法第 90 条规定："各级人民政府及其有关部门应当对未成年人进行卫生保健和营养指导，提供卫生保健服务。卫生健康部门应当依法对未成年人的疫苗预防接种进行规范，防治未成年人常见病、多发病，加强传染病防治和监督管理，做好伤害预防和干预，指导和监督学校、幼儿园、婴幼儿照护服务机构开展卫生保健工作。教育行政部门应当加强未成年人的心理健康教育，建立未成年人心理问题的早期发现和及时干预机制。卫生健康部门应当做好未成年人心理治疗、心理危机干预以及精神障碍早期识别和诊断治疗等工作。"在本案中，虽然冰棍不是学校生产的，但是学校在采购订货时没有能够尽到足够的注意义务，没有进行必要的卫生检验，导致不符合卫生标准的产品最终进到了学生们的口中，因此学校在此事件中要依法对自己的过失行为承担责任。

食品安全法第 34 条规定："禁止生产经营下列食品、食品添加剂、食品相关产品：（一）用非食品原料生产的食品或者添加食品添加剂以外的化学物质和其他可能危害人体健康物质的食品，或者用回收食品作为原料生产的食品；（二）致病性微生物，农药残留、兽药残留、生物毒素、重金属等污染物质以及其他危害人体健康的物质含量超过食品安全标准限量的食品、食品添加剂、食品相关产品；……"产品质量法第 42 条规定："由于销售者的过错使产品存在缺陷，造成人身、他人财产损害的，销售者应当承担赔偿责任。销售者不能指明缺陷产品的生产者也不能指明缺陷产品的供货者的，销售者应当承担赔偿责任。"该食品厂的行为违反了食品安全法和产品质量法的规定，已构成了对消费者的侵权，严重危害了小学生的身体健康，应当承担赔偿责任。

根据民法典第 1201 条的规定："无民事行为能力人或者限制民事行为能力人在幼儿园、学校或者其他教育机构学习、生活期间，受到幼儿园、学校或者其他教育机构以外的第三人人身损害的，由第三人承担侵权责任；幼儿园、学校或者其他教育机构未尽到管理职责的，承担相应的补充责任。幼儿园、学校或者其他教育机构承担补充责任后，可以向第三人追偿。"因此学校和食品厂都负有责任，应当按照事故的发生原因的主次确定各方的过错责任轻重和赔偿的数额。对于学校来说，在解决完学生的赔偿问题后，仍然可以向某食品厂提出赔偿，因为它与食品厂之间也存在买卖关系，正是由于食品厂提供的食品不合格才导致了食物中毒，食品厂应向校方承担违约责任，赔偿学校因此所遭受的直接和间接损失。学校对于本校工作人员在进货过程中的重大过失可以给予行政处分，必要时可以向有关人员行使追偿权。

以上案件表明，学校应当加强学校卫生工作。学校卫生工作的主要任务是：监测学生健康状况；对学生进行健康教育，培养学生良好的卫生习惯；改善学校卫生环境和教育卫生条件；加强对传染病、学生常见病的预防和治疗。为了加强学校卫生工作，提高学生的健康水平，1990 年 4 月 25 日国务院批准，1990 年 6 月 4 日国家教育委员会令第 10 号、卫生部令第 1 号发布了《学校卫生工作条例》，对学校加强卫生工作提出了具体要求：

第一，学校应当合理安排学生的学习时间。学生每日学习时间（包括自习），小学不超过 6 小时，中学不超过 8 小时，大学不超过 10 小时。学校或者教师不得以任何理由和方式，增加授课时间和作业量，加重学生学习负担。

第二，学校教学建筑、环境噪声、室内微小气候、采光、照明等环境质量以及黑板、课桌椅的设置应当符合国家有关标准。新建、改建、扩建校舍，其选址、设计应当符合国家的卫生标准，并取得当地卫生行政部门的许可，竣工验收应当有当地卫生行政部门参加。

第三，学校应当按照有关规定为学生设置厕所和洗手设施。寄宿制学校应当为学生提供相应的洗漱、洗澡等卫生设施。学校应当为学生提供充足的符合卫生标准的饮用水。

第四，学校应当建立卫生制度，加强对学生个人卫生、环境卫生以及教室、宿舍卫生的管理。

第五，学校应当认真贯彻执行食品安全法律、法规，加强饮食卫生管理，办好学生膳食，加强营养指导。

第六，学校体育场地和器材应当符合卫生和安全要求。运动项目和运动强度应当适合学生的生理承受能力和体质健康状况，防止发生伤害事故。

第七，供学生使用的文具、娱乐器具、保健用品，必须符合国家有关卫生标准。

第八，学校应当根据学生的年龄，组织学生参加适当的劳动，并对参加劳动的学生，进行安全教育，提供必要的安全和卫生防护措施。普通中小学校组织学生参加劳动，不得让学生接触有毒有害物质或者从事不安全工种的作业，不得让学生参加夜班劳动。普通高等学校、中等专业学校、技工学校、农业中学、职业中学组织学生参加生产劳动，接触有毒有害物质的，按照国家有关规定，提供保健待遇。学校应当定期对他们进行体格检查，加强卫生防护。学校在安排体育课以及劳动等体力活动时，应当注意女学生的生理特点，给予必要的照顾。

第九，学校应当把健康教育纳入教学计划。普通中小学必须开设健康教育课，普通高等学校、中等专业学校、技工学校、农业中学、职业中学应当开设健康教育选修课或者讲座。学校应当开展学生健康咨询活动。

第十，学校应当建立学生健康管理制度。根据条件定期对学生进行体格检查，建立学生体质健康卡片，纳入学生档案。对体格检查中发现学生有器质性疾病的，应当配合学生家长做好转诊治疗。对残疾、体弱学生，应当加强医学照顾和心理卫生工作。

第十一，学校应当积极做好近视眼、弱视、沙眼、寄生虫、营养不良、贫血、脊柱弯曲、神经衰弱等学生常见疾病的群体预防和矫治工作。

第十二，学校应当认真贯彻执行传染病防治法律、法规，做好急、慢性传染病的预防和控制管理工作，同时做好地方病的预防和控制管理工作。并且应当配备可以处理一般伤病事故的医疗用品。

学校的卫生工作由教育行政部门负责管理，卫生行政部门负责对学校卫生工作的监督指导。对在学校卫生工作中成绩显著的单位或者个人，各级教育、卫生行政部门和学校应当给予表彰、奖励。对未达到上述要求的学校，各级教育、卫生行政部门和学校有权对直接责任单位或者个人给予处罚。

根据教育部发布的《学生伤害事故处理办法》第 9 条的规定，由于学校的校舍、场地、其他公共设施，以及学校提供给学生使用的学具、教育教学和生活设施、设备不符合国家规定的标准，或者有明显不安全因素的，以及向学生提供的药品、食品、饮用水等不符合国家或者行业的有关标准、要求，造成的学生伤害事故，学校应当依法承担相应的责任。

综上所述，学校有义务采取措施，使学校的卫生工作达到上述要求，以满足未成年学生健康成长的需要。

【法条指引】

中华人民共和国民法典

第一千一百九十九条 无民事行为能力人在幼儿园、学校或者其他教育机构学习、生活期间受到人身损害的，幼儿园、学校或者其他教育机构应当承担侵权责任；但是，能够证明尽到教育、管理职责的，不承担侵权责任。

第一千二百条 限制民事行为能力人在学校或者其他教育机构学习、生活期间受到人身损害，学校或者其他教育机构未尽到教育、管理职责的，应当承担侵权责任。

第一千二百零一条 无民事行为能力人或者限制民事行为能力人在幼儿园、学校或者其他教育机构学习、生活期间，受到幼儿园、学校或者其他教育机构以外的第三人人身损害的，由第三人承担侵权责任；幼儿园、学校或者其他教育机构未尽到管理职责的，承担相应的补充责任。幼儿园、学校或者其他教育机构承担补充责任后，可以向第三人追偿。

中华人民共和国未成年人保护法

第九十条 各级人民政府及其有关部门应当对未成年人进行卫生保健和营养指导，提供卫生保健服务。

卫生健康部门应当依法对未成年人的疫苗预防接种进行规范，防治未成年人常见病、多发病，加强传染病防治和监督管理，做好伤害预防和干预，指导和监督学校、幼儿园、婴幼儿照护服务机构开展卫生保健工作。

教育行政部门应当加强未成年人的心理健康教育，建立未成年人心理问题的早期发现和及时干预机制。卫生健康部门应当做好未成年人心理治疗、心理危机干预以及精神障碍早期识别和诊断治疗等工作。

中华人民共和国产品质量法

第四十二条 由于销售者的过错使产品存在缺陷，造成人身、他人财产损害的，销售者应当承担赔偿责任。

销售者不能指明缺陷产品的生产者也不能指明缺陷产品的供货者的，

销售者应当承担赔偿责任。

15. 参加夏令营的学生坠崖身亡，学校应否承担赔偿责任?

【维权要点】

如果学校在组织学生外出活动期间，未进行安全教育或者在可预见的范围内未采取防范措施，从而造成学生伤亡等人身伤害事故的，属于学校责任事故。对学校责任事故，由于学校在履行教育、管理与保护学生的职责过程中存在疏忽或过失，学校应当承担法律责任。

【典型案例】

某中学生物老师以学校的名义组织学生参加某名山生物夏令营的活动。在出发前及在活动过程中，老师都一再要求学生注意安全。有两名学生因好奇，擅自脱离队伍自行攀岩探险，不慎滑入山涧深潭中，造成两人死亡。两人父母认为这是一起学校责任事故，要求学校给予赔偿。

【法官讲法】

无论学生在校正常的生活学习期间，还是在学校组织下外出活动的过程中，学校都有义务保障学生的人身安全。民法典第1201条规定，无民事行为能力人或者限制民事行为能力人在幼儿园、学校或者其他教育机构学习、生活期间，受到幼儿园、学校或者其他教育机构以外的第三人人身损害的，由第三人承担侵权责任；幼儿园、学校或者其他教育机构未尽到管理职责的，承担相应的补充责任。幼儿园、学校或者其他教育机构承担补充责任后，可以向第三人追偿。对侵犯未成年人合法权益的行为，任何组织和个人都有权予以劝阻、制止或者向有关部门控告。国家、社会、学校和家庭应当教育和帮助未成年人运用法律手段，维护自己的合法权益。学校对学生的合法权益的保护，不仅体现在日常的学校生活、学习中提供安全的教育设施、建立完整的学校秩序管理制度上，还体现在学校的教育、管理与保护的职责范围内的集体活动和外出活动当中。

所谓学校意外事故，是由于不可预见、不可避免的情形造成的学生伤害事故。学校意外事故的构成要件是：有学生受伤害的后果发生；这种伤害是由于不可预见、不可避免的情形造成的；校方对伤害的发生没有任何主观过错，即没有任何故意或者过失，尽到了自己的管理义务。在本案中，学校尽管已经采取了一些防范措施，在学生出发之前，学校就嘱咐过学生注意安全，要听从带队老师的安排；在游玩的过程中，老师也不断要求学生要注意安全，听从指挥。但这些都不能成为学校推卸责任的理由，因为老师对于在校的学生有管理的责任。特别是对带领他们出去旅游的老师来说，在这方面的责任就更重一些，因为对于这些无民事行为能力人或限制民事行为能力人来说，他们远离监护人，而且远离他们熟悉的校园环境，来到了一个陌生的地方，只有直接监管他们的老师才能给他们带来安全保障。而带队老师仅仅是不断重复口头上的要求，而未采取有力的措施约束学生，使其统一行动，避免学生脱离队伍而遭受伤害。所以对于两个学生滑入山涧深潭的损害后果，学校是没有尽到全面的监管义务的。因此，可以推断出校方对这一事故的发生存在过错，所以本案属于学校责任事故的范围，对于学校及其老师要求学生们注意安全的口头行为，只能减轻其民事责任，并不能改变本案的定性。

根据《学生伤害事故处理办法》的规定，学校责任事故，学校按照过错责任原则承担与过错相对应的责任；完全由学校的过错造成的，学校承担全部责任；受伤害的学生或者其他学生也有过错的，学生或未成年学生的父母应承担相应的责任。民法典第 1165 条规定：“行为人因过错侵害他人民事权益造成损害的，应当承担侵权责任。依照法律规定推定行为人有过错，其不能证明自己没有过错的，应当承担侵权责任。”第 1173 条规定：“被侵权人对同一损害的发生或者扩大有过错的，可以减轻侵权人的责任。”在本案中，学校组织学生出游，发生了学生死亡的事故，没有尽到管理义务，应当承担民事责任。但两个学生因擅自离队从事危险活动而导致死亡的结果，他们也应该承担部分不利的后果，所以应根据具体的情况来考虑，确定各自责任的大小。由于教师带队出游是履行职务的行为，所以对学生的民事赔偿责任应该由学校承担。对发生学生伤害事故负有责任者，应负责赔偿由此给受害之学生本人及其家庭造成的直接经济损失。民法典第 1179 条规定：“侵害他人造成人身损害的，应当赔偿医疗费、护理费、交通费、营养费、住院伙食补助费等为治疗和康复支出的合理费用，以及因误工减少的收入。造成残疾的，还应当赔偿辅助器具费和残疾赔偿金；造成死亡的，还应当赔偿丧葬费和死亡赔偿金。”对于赔偿金额应依据《最高人民法院关于审理人身损害赔偿案件适用法律若干问题的解释》第15条处理。本案中两名受害人都是未成年人，且已经死亡，因此作为监护人的父母可以与学校协商解决赔偿问题，也可以书面申请教育行政部门主持调解或者向人民法院直接起诉。

【法条指引】

中华人民共和国民法典

第一千一百七十三条　被侵权人对同一损害的发生或者扩大有过错的，可以减轻侵权人的责任。

第一千一百七十九条　侵害他人造成人身损害的，应当赔偿医疗费、护理费、交通费、营养费、住院伙食补助费等为治疗和康复支出的合理费用，以及因误工减少的收入。造成残疾的，还应当赔偿辅助器具费和残疾赔偿金；造成死亡的，还应当赔偿丧葬费和死亡赔偿金。

第一千二百零一条　无民事行为能力人或者限制民事行为能力人在幼儿园、学校或者其他教育机构学习、生活期间，受到幼儿园、学校或者其他教育机构以外的第三人人身损害的，由第三人承担侵权责任；幼儿园、学校或者其他教育机构未尽到管理职责的，承担相应的补充责任。幼儿园、学校或者其他教育机构承担补充责任后，可以向第三人追偿。

16. 楼梯拥挤致学生伤亡，学校应否承担责任？

【维权要点】

由于学校的过错，致使发生学生死伤的重大恶性事故，对此，学校应赔偿伤亡学生的损失。有关责任人若构成犯罪的，还应追究刑事责任。

【典型案例】

某小学按照惯例在每周一早晨7点要求全校学生集中举行周会。2021年5月的一个星期一，某小学照常举行周会，于是教学楼上千名学生争相下楼到操场集合。但由于教学楼两侧的楼梯栅门只开一个，所以学生全部涌向开着的东侧楼梯。当学生来到一楼和二楼的拐角时，因为楼道电灯未开，楼道里人群又非常拥挤混乱，下楼的学生与一些上楼放书包的学生挤在一起，致使拥挤越来越严重，最终造成学生死亡5人，受伤30人的重大事故。事后查明，事故发生时没有老师在现场维持秩序。

受害者家属向人民法院提起诉讼，要求学校承担赔偿责任。

【法官讲法】

我国法律对未成年人的生命健康保护有着详细而完备的规定。民法典第1002条、第1004条规定，自然人享有生命权、健康权。第1179条规定："侵害他人造成人身损害的，应当赔偿医疗费、护理费、交通费、营养费、住院伙食补助费等为治疗和康复支出的合理费用，以及因误工减少的收入。造成残疾的，还应当赔偿辅助器具费和残疾赔偿金；造成死亡的，还应当赔偿丧葬费和死亡赔偿金。"第1201条规定："无民事行为能力人或者限制民事行为能力人在幼儿园、学校或者其他教育机构学习、生活期间，受到幼儿园、学校或者其他教育机构以外的第三人人身损害的，由第三人承担侵权责任；幼儿园、学校或者其他教育机构未尽到管理职责的，承担相应的补充责任。幼儿园、学校或者其他教育机构承担补充责任后，可以向第三人追偿。"教育法第45条规定："教育、体育、卫生行政部门和学校及其他教育机构应当完善体育、卫生保健设施，保护学生的身心健康。"

在学校，发生地面设施致人损害和建筑物及其物件致人损害的事件，直接适用民法典第1256条、第1258条的规定确定学校的民事责任，这在民法理论中，称为特殊侵权责任。相对于特殊侵权责任，还有一种属于一般侵权责任。如果是由于建筑设施设计方案的决策、安全维护与管理上没有认真履行职责，存在一定的过错，导致学生受到伤害的。这种情况下造成的损害，法院一般都是按照一般侵权责任的规定，判定如果学校在安全管理上存在过错，则应当就安全管理方面的过错所导致的伤害事故承担赔偿责任。这是因为学校虽然不是建筑物的设计者和建造者，但作为建筑物的使用管理者，有义务向学生提供符合安全使用标准的教育设施。至于学校如何保证这项义务的履行，是在教育设施的设计和施工的全过程进行审查和监督，还是在实际投入使用前对教育设施的安全情况进行检查？是否建立规范有效的安全检查制度？是自己检查，还是聘请专业人员进行检查？这些都是学校的管理活动，法官只关心结果和事实，即如果事实证明学校提供给学生使用的教育设施存在安全方面的缺陷，导致学生受到伤害，那么，法官就推定学校没有认真履行安全管理职责，有义务而没有认真履行就是过错，就应当为过错行为承担法律责任。至于设计单位和建筑单位的责任问题，在学校承担了对学生的赔偿责任后，再依据事实和法律向设计单位和施工单位进行追偿。

教育部颁布的《学生伤害事故处理办法》第9条规定："因下列情形之一造成的学生伤害事故，学校应当依法承担相应的责任：（一）学校的校舍、场地、其他公共设施，以及学校提供给学生使用的学具、教育教学和生活设施、设备不符合国家规定的标准，或者有明显不安全因素的；（二）学校的安全保卫、消防、设施设备管理等安全管理制度有明显疏漏，或者管理混乱，存在重大安全隐患，而未及时采取措施的；……"

因学校的教育设施的设计、施工质量等原因发生学生伤害事故，学校承担赔偿责任应当具备的条件是：（1）学生在学校学习期间受到伤害；（2）学校的教育设施在设计、施工方面存在明显的不安全因素，或者不符合国家规定的相关标准；（3）学生的伤害与学校教育设施存在的设计、施工等缺陷具有因果关系；（4）学校在安全管理方面存在过错。只要符合上述四个条件，学校就应当承担与过错相应的赔偿责任。

根据上述法律规定，学校有责任保护在校学生的生命健康安全。学校的义务不仅体现在平时的监管方面，也体现在确保校舍和其他教育设施的安全方面。具体到本案中，学校应在以下几个方面保证学生的安全：首先，学校的校舍和通道、楼道应尽可能在设计施工时就考虑到学生的规模和容纳能力，这是保持通道的基本条件；其次，学校应尤其注意通道及楼道的路面是否平整、电灯是否正常，并尽可能不要在这些地方的拐角设置商店、电话书报、信息栏等容易造成学生会集的设施，以免因此而使正常和安全的通道秩序发生混乱以致发生事故；最后，在发生拥挤的时刻，应该有老师在现场维持秩序。如果有教师在场的话，即使有一些拥挤，也不会发生特别重大的事故；而如果教师不在场，由于小学生不能意识到拥挤可能造成的严重后果，再加上很多学生喜欢凑热闹，认为挤来挤去有意思，所以很有可能前面的学生被挤倒了，后面的学生因为看不见还会继续拥挤，学校应视情况安排教师值班维持秩序。在本案中，由于教学楼两侧楼梯的栅门只开一个，且没有老师维持秩序，致使拥挤越来越严重，因此，该学校对此次教育设施重大安全事故负有责任。

民法典第1200条规定："限制民事行为能力人在学校或者其他教育机构学习、生活期间受到人身损害，学校或者其他教育机构未尽到教育、管理职责的，应当承担侵权责任。"《学生伤害事故处理办法》第32条规定："发生学生伤害事故，学校负有责任且情节严重的，教育行政部门应当根据有关规定，对学校的直接负责的主管人员和其他直接责任人员，分别给予相应的行政处分；有关责任人的行为触犯刑律的，应当移送司法机关依法追究刑事责任。"在本案件中，由于学校的过错，致使发生学生死伤的重大恶性事故，对此，学校应赔偿伤亡学生的损失。有关责任人若构成犯罪的，还应追究刑事责任。

【法条指引】

中华人民共和国民法典

第一千一百七十九条 侵害他人造成人身损害的，应当赔偿医疗费、护理费、交通费、营养费、住院伙食补助费等为治疗和康复支出的合理费用，以及因误工减少的收入。造成残疾的，还应当赔偿辅助器具费和残疾赔偿金；造成死亡的，还应当赔偿丧葬费和死亡赔偿金。

第一千二百条 限制民事行为能力人在学校或者其他教育机构学习、生活期间受到人身损害，学校或者其他教育机构未尽到教育、管理职责的，应当承担侵权责任。

第一千二百零一条 无民事行为能力人或者限制民事行为能力人在幼儿园、学校或者其他教育机构学习、生活期间，受到幼儿园、学校或者其他教育机构以外的第三人人身损害的，由第三人承担侵权责任；幼儿园、学校或者其他教育机构未尽到管理职责的，承担相应的补充责任。幼儿园、学校或者其他教育机构承担补充责任后，可以向第三人追偿。

学生伤害事故处理办法

第三十二条 发生学生伤害事故，学校负有责任且情节严重的，教育行政部门应当根据有关规定，对学校的直接负责的主管人员和其他直接责任人员，分别给予相应的行政处分；有关责任人的行为触犯刑律的，应当移送司法机关依法追究刑事责任。

17. 学生在公园内被儿童自行车撞倒受伤，应该由谁赔偿？

【维权要点】

公园是社会生活的公共场所，公园的管理规定即是需要社会公众普遍遵守的公共秩序，以维护公园的正常活动，维护公众的合法利益。违反公共秩序的，应当对自己的行为承担相应的责任。限制民事行为能力人实施侵权行为，其监护人未尽到监护义务，对损害的发生应当承担相应责任。

【典型案例】

2021 年 7 月的一天晚饭后，赵某带女儿王某到某公园玩耍。9 周岁的小朋友曹某也在家人的带领下来到公园，虽然看到了公园入口处“禁止非机动车及犬进入（童车、残疾车除外）”的告示牌，但曹某及其家人仍将儿童自行车抬进了公园。曹某在骑儿童自行车玩耍时，不慎将在公园内跑步的王某撞倒。事发后，王某被送往医院治疗，经诊断为腕骨骨折和手外伤。王某起诉到法院，要求曹某及其监护人承担侵权责任，赔偿其各项损失。最终法院判决曹某及其监护人赔偿了王某的全部合理经济损失。

【法官讲法】

公共秩序是为维护社会公共生活所必需的秩序，它包括了公共场所秩序。公共秩序代表着全体公众的共同利益和社会生活的正常需求，是加速建设“和谐社会”的重要目标和鲜明标志。我国的根本大法——《中华人民共和国宪法》第 53 条对遵守公共秩序作了规定：“中华人民共和国公民必须遵守宪法和法律，保守国家秘密，爱护公共财产，遵守劳动纪律，遵守公共秩序，尊重社会公德。”公园作为人们休闲娱乐的公共场所，其管理规定即是公共秩序，需要社会公众的普遍遵守，以便维护公园的正常活动，维护公众的合法利益。违反公共秩序的人，应当对自己的行为承担相应的责任。

本案中，事发公园入口处有“禁止非机动车及犬进入（童车、残疾车除外）”的告示牌，从一般理性人角度分析，儿童所骑的自行车与成人所骑自行车除外形差异外，其他并没有较大不同，儿童自行车不应属于童车范畴，而应属于禁止入园的非机动车范畴。在禁止非机动车进入的公园内骑自行车，明显违反公园管理规定，违背公共秩序，存在侵害他人合法权益的危险。本案危害行为的实行者是限制民事行为能力人，其公共秩序意识与规则意识不是一朝一夕能够养成的，需要家长在日常生活中加以教育培养，以身作则，言传身教，让未成年人意识到，遵守公共秩序不仅能够维护良好的公园环境、社会环境，同时也能保护好自己，使自己免受他人侵害，共同为营造安全和谐的社会环境，为和谐社会建设贡献自己的一份力量。

【法条指引】

中华人民共和国宪法

第五十三条 中华人民共和国公民必须遵守宪法和法律，保守国家秘密，爱护公共财产，遵守劳动纪律，遵守公共秩序，尊重社会公德。

中华人民共和国民法典

第一千一百六十五条第一款 行为人因过错侵害他人民事权益造成损害的，应当承担侵权责任。

第一千一百七十九条 侵害他人造成人身损害的，应当赔偿医疗费、护理费、交通费、营养费、住院伙食补助费等为治疗和康复支出的合理费用，以及因误工减少的收入。造成残疾的，还应当赔偿辅助器具费和残疾赔偿金；造成死亡的，还应当赔偿丧葬费和死亡赔偿金。

第一千一百八十八条 无民事行为能力人、限制民事行为能力人造成他人损害的，由监护人承担侵权责任。监护人尽到监护职责的，可以减轻其侵权责任。

有财产的无民事行为能力人、限制民事行为能力人造成他人损害的，从本人财产中支付赔偿费用；不足部分，由监护人赔偿。

18. 学生在武馆训练时多次受伤，武馆应如何担责？

【维权要点】

对武术、滑雪等专业性和高风险课外运动，培训机构应承担更高的安全管理义务，家长和孩子也应具有更高的安全风险意识。组织高风险运动的培训机构应聘请具有专业资质、经验丰富的教练或老师，为学员提供安全的训练场地和充分的保护措施，避免孩子在运动中受到伤害。家长给孩子选择高风险运动培训班时，除了选择正规机构外，也要着重考察教练资质、教学经验、训练场地、提供的保护措施等。

【典型案例】

2021 年 5 月，浩浩母亲在某武馆为 6 岁的浩浩报名并交纳学费，浩浩在武馆训练时先后致颈部、胳膊、腿部 3 次受伤。颈部受伤休息一周后好转；2021 年 9 月，浩浩左臂伤情经诊断为左侧肱骨髁上骨折；2021 年 12 月，浩浩恢复练习，上课过程中再次受伤，经诊断为右侧胫骨远端骨折（骨骺损伤）。据了解，除了浩浩还有多名学生在该武馆受伤。浩浩起诉至法院后，法院最终判决武馆承担 70% 的赔偿责任。

【法官讲法】

限制民事行为能力人在学校或者其他教育机构学习、生活期间受到人身损害，学校或者其他教育机构未尽到教育、管理职责的，应当承担责任。被侵权人对损害的发生也有过错的，可以减轻侵权人的责任。

武术、舞蹈、跆拳道、滑雪、游泳等均系专业性和高风险的课外运动，培训机构应承担更高的安全管理义务，家长和孩子也应具有更高的安全风险意识。本案中，多名学生在武术课程中受伤，武术培训机构作为组织者，在学员训练时未及时进行监督、指导，未尽到审慎管理职责。组织高风险运动的培训机构应聘请具有专业资质、经验丰富的教练或老师，为学员提供安全的训练场地和充分的保护措施，避免孩子在运动中受到伤害。家长给孩子选择高风险运动培训班时，除了选择正规机构外，也要着重考察教练资质、教学经验、训练场地、提供的保护措施等内容。孩子们要提高安全风险意识，在教练指导下开展运动，做好保护措施，避免意外事故发生。

【法条指引】

中华人民共和国民法典

第一千一百七十三条　被侵权人对同一损害的发生或者扩大有过错

的，可以减轻侵权人的责任。

第一千二百条 限制民事行为能力人在学校或者其他教育机构学习、生活期间受到人身损害，学校或者其他教育机构未尽到教育、管理职责的，应当承担侵权责任。

19. 学生自愿与成年人发生性关系致怀孕，医疗费等费用应由谁负担？

【维权要点】

未成年人与成年人自愿发生性关系并因此导致怀孕的，由此造成的医疗费等损失应根据双方的认知水平、过错程度、发生性关系的起因、造成损害的后果等综合考虑确定赔偿责任及赔偿数额。

【典型案例】

2021年2月，刚满14周岁的女孩王某因总是听朋友高某描述与男友的交往细节而对性生活产生好奇，高某怂恿王某对此进行体验，并积极通过微信“附近的人”联系到张某，后王某与张某在居住地附近的某大桥处见面并发生了性关系。几天后，王某、张某通过微信联系后再次在居住地附近发生性关系。2021年7月，王某母亲发现王某身体异常后带其到医院进行检查，被诊断为孕23周3天，王某向父母告知了与张某发生性关系一事，王某父母愤而报警。王某于2021年7月底至8月初住院，其间行利凡诺羊膜腔内穿刺注射引产术，因胎膜残留，行B超下产后刮宫术。引产胚胎经公安司法鉴定中心鉴定，张某是送检引产胚胎的生物学父亲。因怀孕及引产等，王某支付医疗费1万余元。就赔偿问题双方不能达成一致，王某将张某诉至法院，法院综合考虑双方过错程度并结合本案起因、行为及伤害后果，最终判决由王某承担30%责任，张某承担70%责任。

【法官讲法】

青春期的孩子除了生理和心理的变化外，还有一个非常重要的明显变化就是性意识开始萌发。但因为他们缺乏对事物、行为正确判断力，又对两性关系充满好奇，易萌动，易受同龄人及接触的事物影响对性关系进行尝试。这就需要父母、学校、社会共同对青春期的孩子进行正确的性教育引导，使他们形成自我保护意识，建立对亲密关系的正确认识。本案中，王某与张某发生性行为时年仅14周岁，张某理应通过二人微信聊天的语言表达和内容、王某的身体发育状况及就读年级等情况，知晓王某系未成年人。其作为成年人，明知王某系未成年人，仍与其发生性关系，且明知不采取避孕措施发生性行为可能产生的后果，仍放任后果的发生，故其对造成王某怀孕一事在主观上存在过错；经鉴定，张某系王某怀孕后引产胚胎的生物学父亲，故其应对王某所受损害承担赔偿责任。

父母或者其他监护人应当树立家庭是第一个课堂、家长是第一任老师的责任意识，承担起对未成年人实施家庭教育的主体责任；自觉学习家庭教育知识，在未成年人中小学等重要时段进行有针对性的学习，针对不同年龄段未成年人的身心发展特点，关注未成年人心理健康，对其进行交通出行、防性侵等方面的知识教育，帮助其掌握相关知识，增强其自我保护的意识和能力。本案中，王某作为已满14周岁的未成年人，监护人理应对其进行性教育以及安全教育，王某本人亦应对两性知识有一定的认知，并保护自己免受伤害，但王某在性知识方面较为匮乏，在好奇心驱使下自愿与他人发生性关系，未能对自己进行有效保护，作为监护人的父母亦与王某缺乏有效沟通，致使王某怀孕23周以上才被发现并进行引产术。王某对本次事件的发生亦存在过错，应当承担相应责任；王某父母作为其监护人，未能及时关注未成年子女身体、心理方面的变化，在教育、关心子女方面负有一定责任。

【法条指引】

中华人民共和国民法典

第一千一百六十五条第一款 行为人因过错侵害他人民事权益造成损害的，应当承担侵权责任。

第一千一百七十三条 被侵权人对同一损害的发生或者扩大有过错的，可以减轻侵权人的责任。

第一千一百七十九条 侵害他人造成人身损害的，应当赔偿医疗费、护理费、交通费、营养费、住院伙食补助费等为治疗和康复支出的合理费用，以及因误工减少的收入。造成残疾的，还应当赔偿辅助器具费和残疾赔偿金；造成死亡的，还应当赔偿丧葬费和死亡赔偿金。

第一千一百八十三条 侵害自然人人身权益造成严重精神损害的，被侵权人有权请求精神损害赔偿。

因故意或者重大过失侵害自然人具有人身意义的特定物造成严重精神损害的，被侵权人有权请求精神损害赔偿。

中华人民共和国未成年人保护法

第十一条 任何组织或者个人发现不利于未成年人身心健康或者侵犯未成年人合法权益的情形，都有权劝阻、制止或者向公安、民政、教育等有关部门提出检举、控告。

国家机关、居民委员会、村民委员会、密切接触未成年人的单位及其工作人员，在工作中发现未成年人身心健康受到侵害、疑似受到侵害或者面临其他危险情形的，应当立即向公安、民政、教育等有关部门报告。

有关部门接到涉及未成年人的检举、控告或者报告，应当依法及时受理、处置，并以适当方式将处理结果告知相关单位和人员。

第三十条 学校应当根据未成年学生身心发展特点，进行社会生活指导、心理健康辅导、青春期教育和生命教育。

第四十条 学校、幼儿园应当建立预防性侵害、性骚扰未成年人工作制度。对性侵害、性骚扰未成年人等违法犯罪行为，学校、幼儿园不得隐瞒，应当及时向公安机关、教育行政部门报告，并配合相关部门依法处理。

学校、幼儿园应当对未成年人开展适合其年龄的性教育，提高未成年人防范性侵害、性骚扰的自我保护意识和能力。对遭受性侵害、性骚扰的未成年人，学校、幼儿园应当及时采取相关的保护措施。

中华人民共和国家庭教育促进法

第十六条 未成年人的父母或者其他监护人应当针对不同年龄段未成年人的身心发展特点，以下列内容为指引，开展家庭教育：

（一）教育未成年人爱党、爱国、爱人民、爱集体、爱社会主义，树立维护国家统一的观念，铸牢中华民族共同体意识，培养家国情怀；

（二）教育未成年人崇德向善、尊老爱幼、热爱家庭、勤俭节约、团结互助、诚信友爱、遵纪守法，培养其良好社会公德、家庭美德、个人品德意识和法治意识；

（三）帮助未成年人树立正确的成才观，引导其培养广泛兴趣爱好、健康审美追求和良好学习习惯，增强科学探索精神、创新意识和能力；

（四）保证未成年人营养均衡、科学运动、睡眠充足、身心愉悦，引导其养成良好生活习惯和行为习惯，促进其身心健康发展；

（五）关注未成年人心理健康，教导其珍爱生命，对其进行交通出行、健康上网和防欺凌、防溺水、防诈骗、防拐卖、防性侵等方面的安全知识教育，帮助其掌握安全知识和技能，增强其自我保护的意识和能力；

（六）帮助未成年人树立正确的劳动观念，参加力所能及的劳动，提高生活自理能力和独立生活能力，养成吃苦耐劳的优秀品格和热爱劳动的良好习惯。

第十八条　未成年人的父母或者其他监护人应当树立正确的家庭教育理念，自觉学习家庭教育知识，在孕期和未成年人进入婴幼儿照护服务机构、幼儿园、中小学校等重要时段进行有针对性的学习，掌握科学的家庭教育方法，提高家庭教育的能力。

20. 多次在校园内外被收取保护费，应如何进行处理？

【维权要点】

预防校园欺凌需要多方合力，学生自身要明辨是非，自尊自信，加强锻炼，积极参与集体活动，与同学融洽相处，互帮互助；学校和老师要加强对学生的法治和道德教育，关注校园欺凌可能发生的地点、时间和路段，鼓励学生间多交流沟通，重视学生的心理疏导工作；家长多关注孩子的身体和心理状态，及时发现孩子的异常，积极与老师沟通，多了解孩子在学校的日常表现和与同学相处状况。当遇到肢体、言语、财物等校内外欺凌时，未成年人应及时与家长、学校沟通，对情节严重的，应及时向公安机关报案，依法维护自身合法权益。

【典型案例】

赵某奇在手机 QQ 中建立“奇家军”QQ 聊天群，在群中结交大量未成年学生，并在QQ空间发布“扛旗某地所有中学”的“说说”，随后又在群中发布信息，广收“弟弟”“妹妹”，扩大自己的影响力，意图在该地区所属中学充当“老大”。被赵某奇认可的“小弟”可以扛旗固定的学校，向学生收取“保护费”，并定期向赵某奇上交一定数额的“保护费”。此后，赵某奇勾结崔某等10余人（均未满16周岁），逐渐形成以赵某奇为首，成员较为固定的恶势力团伙。2018年至2019年5月间，赵某奇先后单独或纠集被告人崔某、张某某、田某某、孙某某等人，在该地区多所中学校内外，以收取保护费的名义并采取语言威胁、殴打等手段，向42名初中学生索要人民币3575元。最终，法院以寻衅滋事罪，分别判处赵某奇等人10个月至6年不等的有期徒刑，并处主犯赵某奇罚金人民币2万元。

【法官讲法】

寻衅滋事罪是指在公共场所无事生非、起哄闹事，随意殴打、追逐拦截、辱骂、恐吓他人，强拿硬要，任意损毁、占用公私财物，破坏公共秩序，情节恶劣或情节严重、后果严重的行为。根据刑法规定，随意殴打、拦截他人，情节恶劣；强拿硬要或者任意损毁公私财物，情节严重，均构成寻衅滋事罪。赵某奇等人以未成年人为犯罪对象，在学校及学校周边地区采用语言威胁、殴打等手段，多次强拿硬要未成年在校生财物，使未成年学生产生恐惧心理，造成心灵创伤，严重影响未成年人健康成长，侵害未成年人合法权益，破坏学校教育教学秩序，更给学校周边地区带来不稳定因素，严重破坏社会秩序，造成恶劣社会影响，其行为均构成寻衅滋事罪。

校园欺凌会对被欺凌学生造成严重的身体和心理伤害；欺凌学生形成错误认知，容易造成人格畸形，甚至走上违法犯罪道路。近些年来，各地深入开展中小学生欺凌行为治理工作取得了积极成效，但有的地方学生欺凌事件仍时有发生，2021年1月20日，教育部办公厅印发了《防范中小学生欺凌专项治理行动工作方案》，持续深入做好欺凌防治工作，加大专项治理力度。预防校园欺凌需要多方合力，学生自身要学会明辨是非，自尊自信，自强自爱，加强锻炼，强身健体，积极参与集体活动，与同学融洽相处，互帮互助，上下学尽量结伴而行，不单独行动；学校和老师要加强对学生的法治和道德教育，关注校园欺凌可能发生的地点、时间和路段，鼓励学生间多交流沟通，重视学生的心理疏导工作；家长多关注孩子的身体和心理状态，及时发现孩子的异常，积极与老师沟通，多了解孩子在学校的日常表现和与同学相处状况。

【法条指引】

中华人民共和国未成年人保护法

第二十条 未成年人的父母或者其他监护人发现未成年人身心健康受到侵害、疑似受到侵害或者其他合法权益受到侵犯的，应当及时了解情况并采取保护措施；情况严重的，应当立即向公安、民政、教育等部门报告。

第三十九条 学校应当建立学生欺凌防控工作制度，对教职员工、学生等开展防治学生欺凌的教育和培训。

学校对学生欺凌行为应当立即制止，通知实施欺凌和被欺凌未成年学生的父母或者其他监护人参与欺凌行为的认定和处理；对相关未成年学生及时给予心理辅导、教育和引导；对相关未成年学生的父母或者其他监护人给予必要的家庭教育指导。

对实施欺凌的未成年学生，学校应当根据欺凌行为的性质和程度，依法加强管教。对严重的欺凌行为，学校不得隐瞒，应当及时向公安机关、教育行政部门报告，并配合相关部门依法处理。

中华人民共和国刑法

第二百九十三条 有下列寻衅滋事行为之一，破坏社会秩序的，处五年以下有期徒刑、拘役或者管制：

（一）随意殴打他人，情节恶劣的；

（二）追逐、拦截、辱骂、恐吓他人，情节恶劣的；

（三）强拿硬要或者任意损毁、占用公私财物，情节严重的；

（四）在公共场所起哄闹事，造成公共场所秩序严重混乱的。

纠集他人多次实施前款行为，严重破坏社会秩序的，处五年以上十年以下有期徒刑，可以并处罚金。

21. 利用网络胁迫等手段迫使未成年人与其发生性关系，构成强奸罪吗?

【维权要点】

在民间借贷中，学生不能还款时，以在网络上公开裸拍视频为威胁，迫使学生与其发生性关系的行为构成强奸罪。

【典型案例】

张某在某商城经营手机配件商店，王某某到其店里购物与其相识，后相互加为微信好友。2020 年 5 月，王某某通过微信向张某借钱，张某以给其发王某某自己的裸拍视频为条件，分多次借给王某某 2000 余元。在不断借款过程中又不断催王某某还款，不还款就要求王某某与其发生性关系，如王某某拒绝与其发生性关系就把王某某的裸拍视频发到微信朋友圈。自 2020 年 6 月至 2021 年 7 月间，张某采取上述胁迫手段，先后五次强行与王某某发生性关系。最终，法院以强奸罪判处张某有期徒刑五年。

【法官讲法】

本案是一起典型的利用网络胁迫等手段对未成年人实施犯罪的案件。强奸罪是指违背妇女意志，使用暴力、胁迫或者其他手段，强行与妇女发生性交的行为。本案中，张某利用未成年女性向其借款不能按期偿还之机，以传播被害人裸拍视频相威胁，迫使被害人多次与其发生性关系。其行为符合强奸罪的犯罪特征，已构成强奸罪。

当前，由于网络监管不到位，未成年人心智不成熟、家庭和校园教育不充分等原因，未成年人遭受网络违法犯罪侵害的风险日益增加。防止未成年人遭受网络犯罪侵害是一项综合性的工作，需要社会各方的协作配合，网络平台要从事前预防、事中监管、事后处置等环节严密监测、防范、封堵、处置网络有害信息；家长要做好表率，规范自身使用网络行为，同时加强对未成年人文明上网、安全上网的教育引导；学校要积极开展未成年人网络法治教育，引导其增强自我保护意识。

【法条指引】

中华人民共和国刑法

第二百三十六条　以暴力、胁迫或者其他手段强奸妇女的，处三年以上十年以下有期徒刑。

奸淫不满十四周岁的幼女的，以强奸论，从重处罚。

强奸妇女、奸淫幼女，有下列情形之一的，处十年以上有期徒刑、无期徒刑或者死刑：

（一）强奸妇女、奸淫幼女情节恶劣的；

（二）强奸妇女、奸淫幼女多人的；

（三）在公共场所当众强奸妇女、奸淫幼女的；

（四）二人以上轮奸的；

（五）奸淫不满十周岁的幼女或者造成幼女伤害的；

（六）致使被害人重伤、死亡或者造成其他严重后果的。

中华人民共和国未成年人保护法

第六十四条　国家、社会、学校和家庭应当加强未成年人网络素养宣传教育，培养和提高未成年人的网络素养，增强未成年人科学、文明、安全、合理使用网络的意识和能力，保障未成年人在网络空间的合法权益。

第六十六条　网信部门及其他有关部门应当加强对未成年人网络保护工作的监督检查，依法惩处利用网络从事危害未成年人身心健康的活动，为未成年人提供安全、健康的网络环境。

第七十三条　网络服务提供者发现未成年人通过网络发布私密信息的，应当及时提示，并采取必要的保护措施。

第七十七条　任何组织或者个人不得通过网络以文字、图片、音视频等形式，对未成年人实施侮辱、诽谤、威胁或者恶意损害形象等网络欺凌行为。

遭受网络欺凌的未成年人及其父母或者其他监护人有权通知网络服务提供者采取删除、屏蔽、断开链接等措施。网络服务提供者接到通知后，应当及时采取必要的措施制止网络欺凌行为，防止信息扩散。

第七十八条 网络产品和服务提供者应当建立便捷、合理、有效的投诉和举报渠道，公开投诉、举报方式等信息，及时受理并处理涉及未成年人的投诉、举报。

第五章　未成年人人格权益的保护

1. 未成年学生的人格尊严受法律保护吗？

【维权要点】

公民的人格尊严，是公民人身权利的重要组成部分，是指公民的人格应当受他人的尊重，禁止他人的非法侵害。未成年人是公民中的一部分，当然拥有人格尊严，并且其人格尊严不受他人不法侵害。

【典型案例】

张某一家与乐某一家是邻居，两家素来有矛盾。2020 年 11 月的一天，两家人又为下雨后门前排水的问题发生争执，矛盾激化，险些酿成殴斗。乐某对此怀恨在心，一直伺机报复。两天后的傍晚，乐某在街上遛弯时，看到张某的儿子张某某（9 周岁，某小学 4 年级学生）放学回家，顿时心生歹念。乐某在街上拦住了张某某、连哄带吓，把张某某带到了一个死胡同里。乐某见周围没人，凶狠地对张某某说："跪下，不跪就打死你！"张某某见乐某凶神恶煞似的样子，惊恐万状，吓得直往后退，乐某从地上捡起一块砖头，威胁张某某："小兔崽子，不跪老子就一砖头拍死你。"张某某哭着跪在了地上。这件事让张某某精神上受了很大的刺激，一回到家里，就不停地呕吐，躲在厕所里，谁叫也不出来。张某夫妇不知道孩子出了什么事情，十分着急。直到晚上，张某某才把事情的经过告诉了父母。张某闻听此事，肺都快气炸了，抓起一把菜刀，就要找乐某去拼命，被妻子拦住了。妻子叫来了亲友，商量这件事应当如何处理。在亲友的规劝下，张某冷静了下来，最终决定通过法律的途径惩治乐某。第二天，张某夫妇带着孩子，到人民法院递交了起诉书，认为乐某侮辱、恐吓张某某的行为，严重地侵犯了张某某的人格尊严，给其身心造成了极大的损害，要求乐某公开赔礼道歉，并赔偿精神损失费 5 万元。

【法官讲法】

本案中，乐某的行为侵犯的是张某某的人身权利。所谓人身权利，是指民事主体依法享有的，与其人身不可分离而无直接财产内容的法定民事权利。未成年人作为公民的一部分，享有如下人身权利：一是生命健康权。民法典第1002条、第1004条规定，自然人享有生命权、健康权。生命健康权是公民最基本、最重要的权利，是公民享受其他权利的基础。生命健康权包括生命权和健康权两部分，未成年人享有生命安全、身体健康受法律保护的权利，任何组织和个人都不得非法侵害。对侵害未成年人生命健康的行为，未成年人及其监护人有权向有关机关控告，直至诉诸法律。二是姓名权。民法典第1012条规定："自然人享有姓名权，有权依法决定、使用、变更或者许可他人使用自己的姓名，但是不得违背公序良俗。"未成年人有权决定、使用和依照规定由父母、收养人向户口登记机关申请变更登记后改变自己的姓名，禁止他人干涉、盗用、假冒。未成年人可以随父亲姓，也可以随母亲姓。三是肖像权。民法典第1018条第1款规定："自然人享有肖像权，有权依法制作、使用、公开或者许可他人使用自己的肖像。"未成年人对以各种形式反映自己容貌特征的个人形象享有专有权。其内容包括：第一，未成年人拥有自己的肖像，并有权通过对肖像的利用取得精神上、财产上的利益；第二，经未成年人监护人的书面同意，允许他人使用未成年人的肖像，并有权取得适当的报酬；第三，未经未成年人监护人的书面同意，任何人不得以营利为目的使用未成年人的肖像；第四，未成年人及其监护人有权禁止他人非法毁损、侮辱、玷污未成年人的肖像。四是名誉权。民法典第1024条第1款规定："民事主体享有名誉权。任何组织或者个人不得以侮辱、诽谤等方式侵害他人的名誉权。"未成年人享有名誉、人格尊严不受侵犯的权利。禁止用侮辱、诽谤等方式损害未成年人的名誉。五是荣誉权。民法典第1031条第1款规定："民事主体享有荣誉权。任何组织或者个人不得非法剥夺他人的荣誉称号，不得诋毁、贬损他人的荣誉。"荣誉权是指未成年人有接受政府、社会组织、单位对自己的表彰、嘉奖和授予荣誉称号并对荣誉加以维护的权利。未成年人的荣誉权不受非法侵犯，禁止非法剥夺未成年人被授予的荣誉称号。六是隐私权。隐私权是指未成年人享有的个人生活不被公众知晓，禁止他人不法干涉的权利。未成年人享有隐私权，任何组织和个人不得披露未成年人的个人隐私。七是受抚养权。未成年人出生后有权享受父母或者其他监护人的抚养。抚养未成年子女是父母应尽的义务，对于不履行抚养义务的父母，未成年子女有权要求父母给付抚养费。这在宪法、民法典、未成年人保护法中均有明确规定。

公民的人格，在法律上是指公民作为权利和义务主体的独立的资格。公民的人格尊严，是公民人身权利的重要组成部分，是指公民的人格应当受他人的尊重，禁止他人非法侵害。未成年人是公民中的一部分，当然拥有人格尊严，并且其人格尊严不受他人不法侵害。我国法律十分重视对公民人格尊严的保护，宪法第 38 条规定：“中华人民共和国公民的人格尊严不受侵犯。禁止用任何方法对公民进行侮辱、诽谤和诬告陷害。”民法典第 1024 条第 1 款规定：“民事主体享有名誉权。任何组织或者个人不得以侮辱、诽谤等方式侵害他人的名誉权。”未成年人保护法将“尊重未成年人的人格尊严”列为保护未成年人工作的基本原则，充分体现了国家对未成年人人格尊严的重视和保护。从事保护未成年人工作的组织和个人在工作中应当严格遵守宪法和有关法律的规定，防止因自己的错误言行而伤害未成年人的人格尊严。具体来说，保护未成年人的人格尊严应当注意遵守以下几项法律规定：第一，学校、幼儿园的教职员应当尊重未成年人的人格尊严，不得对未成年学生和儿童实施体罚、变相体罚或者其他侮辱人格尊严的行为。体罚，是指针对未成年人的身体实施的惩罚。例如，罚站、罚蹲、罚跑步等。变相体罚，是指针对未成年人实施体罚以外的其他方式的惩罚。例如，罚抄课文、罚写作业等。其他侮辱人格的行为，例如，对未成年人当众讽刺挖苦，起侮辱性的外号等。学校、幼儿园、托儿所的教职员对未成年学生和儿童实施体罚或者变相体罚，情节严重的，由其所在单位或者上级机关给予行政处分。造成严重后果、触犯刑律的，依法追究刑事责任。第二，工读学校的教职员应当关心、爱护在工读学校就读的未成年人，尊重他们的人格尊严，不得体罚、虐待和歧视。第三，公安机关、人民检察院、人民法院和未成年犯管教所，应当尊重违法犯罪的未成年人的人格尊严，保障他们的合法权益。司法工作人员违反监管法规，对被监管的未成年人实行体罚虐待的，依照刑法“虐待被监管人罪”的规定追究刑事责任。

除此之外，未成年人的人格尊严还应当得到其监护人和全社会的尊重和保护。在本案中，乐某强迫张某某下跪的行为，显然严重地侵犯了张某某的人格尊严，给未成年人的身心造成了极大的损害。《最高人民法院关于确定民事侵权精神损害赔偿责任若干问题的解释》（2001）第1条第1款曾规定："自然人因下列人格权利遭受非法侵害，向人民法院起诉请求赔偿精神损害的，人民法院应当依法予以受理：（一）生命权、健康权、身体权；（二）姓名权、肖像权、名誉权、荣誉权；（三）人格尊严权、人身自由权。"第8条曾规定："因侵权致人精神损害，但未造成严重后果，受害人请求赔偿精神损害的，一般不予支持，人民法院可以根据情形判令侵权人停止侵害、恢复名誉、消除影响、赔礼道歉。因侵权致人精神损害，造成严重后果的，人民法院除判令侵权人承担停止侵害、恢复名誉、消除影响、赔礼道歉等民事责任外，可以根据受害人一方的请求判令其赔偿相应的精神损害抚慰金。"乐某的侵权行为使张某某精神上受到极大的刺激，造成了严重的后果。张某某的父母要求乐某赔礼道歉和给予精神损害赔偿的诉讼请求，应当依法予以支持。

【法条指引】

中华人民共和国民法典

第一千零二十四条　民事主体享有名誉权。任何组织或者个人不得以侮辱、诽谤等方式侵害他人的名誉权。

名誉是对民事主体的品德、声望、才能、信用等的社会评价。

最高人民法院关于确定民事侵权精神损害赔偿责任若干问题的解释

第一条　因人身权益或者具有人身意义的特定物受到侵害，自然人或者其近亲属向人民法院提起诉讼请求精神损害赔偿的，人民法院应当依法予以受理。

第五条　精神损害的赔偿数额根据以下因素确定：

（一）侵权人的过错程度，但是法律另有规定的除外；

（二）侵权行为的目的、方式、场合等具体情节；

（三）侵权行为所造成的后果；
（四）侵权人的获利情况；
（五）侵权人承担责任的经济能力；
（六）受理诉讼法院所在地的平均生活水平。

2. 未成年学生是否享有著作权？

【维权要点】

所谓著作权，是指作者对自己创作的文学、艺术和自然科学、社会科学、工程技术等作品依法享有的占有、使用、处分和收益的权利。根据法律规定，“创作”是公民成为作者的唯一条件。一个公民，不论其性别、职业、民族、年龄，只要是用自己的脑力劳动对作品进行构思、创作，该公民就是这个作品的作者。

【典型案例】

张某和妻子均为某事业单位职工。两人都爱好绘画，经常在闲暇时间通过绘画来陶冶性情、充实生活。在他们的熏陶和教育下，独生子张某某自幼便表现出了过人的绘画天赋。为了让孩子的绘画天赋得到充分的发展，将来能有所成就，在张某某3周岁时，张某和妻子就为他请了当地知名的画家当老师。张某某在从师学画的过程中表现出很高的悟性，进步十分快。从5周岁时起，张某开始参加各种各样的绘画比赛并屡屡获奖，成为当地小有名气的小画家，还接受过新闻媒体的采访。

某美术出版社打算出版一本《儿童绘画作品集》。在了解到张某某的情况后，出版社的编辑即致函张某某，希望他向出版社提供几幅作品，供出版社选用。在征得父母的同意后，张某某构思和创作了几幅作品，寄给了出版社。几个月过去了，出版社没有给张某某任何答复，张某某的父母觉得可能是作品没有被选用，也就没再和出版社联系。2019年6月，张某某过8周岁生日，张某打算买几本绘画方面的书送给张某某做生日礼物。在书店选购书籍时，张某意外地发现了某美术出版社出版的《儿童绘画作品集》中收录了张某某的一件作品并署了张某某的名字。张某当即打电话给出版社，质问出版社在发表张某某的作品时为什么不通知作者和支付报酬，出版社都给出了否定的答复。

回到家里，张某把事情告诉了妻子，两个人左思右想，最终决定通过法律的途径来解决问题。2019 年 7 月，张某某的父母作为他的法定代理人向人民法院提起诉讼，要求某美术出版社公开赔礼道歉并赔偿损失。

【法官讲法】

所谓著作权，是指作者对自己创作的文学、艺术和自然科学、社会科学、工程技术等作品依法享有的占有、使用、处分和收益的权利。根据著作权法第 10 条的规定，著作权包括人身权和财产权：人身权包括发表权、署名权、修改权和保护作品完整权；财产权包括复制权、发行权、出租权、展览权等。与著作权的概念紧密联系在一起的是“作品”和“作者”的概念。所谓“作品”，根据著作权法实施条例第 2 条的规定，是指“文学、艺术和科学领域内具有独创性并能以某种有形形式复制的智力成果”。作品具有以下特征：（1）作品是智力活动的成果。这一特征使作品有别于一般性的生产、劳动、经营、管理、服务等活动的成果。（2）作品是具有创造性的智力活动成果。生活中，有些劳动虽然也是智力劳动，但其活动内容是对他人智力成果的重复、简单再现甚至是抄袭、剽窃，因而该成果就不具备独创性或创造性，不能算作品。因此，作品必须是前所未有的智力创作成果，或者是在他人作品基础上投入了创造性脑力劳动的智力创作成果。（3）作品一般产生于特定领域，即文学、艺术和科学领域内的创作活动中，并且著作权法所称的创作，是指直接生产文学、艺术和科学作品的智力活动，为他人创作进行组织工作，提供咨询意见、物质条件，或者进行其他辅助工作，均不视为创作。（4）作品必须能以一定的有形形式反映或表达出来。思维活动、思想不能获得我国著作权法的保护。只有符合我国著作权法规定的作品，才能享有法律规定的各种权利。著作权法第 11 条第 2 款规定：“创作作品的自然人是作者。”根据上述法律规定，“创作”是公民成为作者的唯一条件。一个公民，不论其性别、职业、民族、年龄，只要是用自己的脑力劳动对作品进行构思、创作，该公民就是这个作品的作者。

根据上述分析，张某某构思、创作儿童绘画作品的活动属于著作权法规定的“创作”活动；张某某提供给某出版社的绘画作品属于著作权法规定的作品。著作权法第 9 条规定:“著作权人包括:(一)作者;(二)其他依照本法享有著作权的自然人、法人或者非法人组织。”第 11 条第 1 款规定:“著作权属于作者,本法另有规定的除外。”某美术出版社在收录的张某某的作品上署上了张某某的名字,说明张某某是该作品的作者,即该作品的著作权人,拥有该作品的著作权。而且,本案也不存在著作权法规定的“其他依照本法享有著作权的自然人、法人或者非法人组织”和法律规定的著作权不属于作者的情形。某出版社在发表张某某的画作时未通知张某某,未征得张某某的同意,并且未支付相应的报酬,侵犯了张某某的著作权,应当依法承担法律责任。

张某某对自己的作品享有著作权。张某某虽然是未成年人,但他与成年人一样都是我国公民。我国民法典第 13 条规定:“自然人从出生时起到死亡时止,具有民事权利能力,依法享有民事权利,承担民事义务。”第 14 条规定:“自然人的民事权利能力一律平等。”根据上述法律规定,未成年人当然可以享有民事权利。民法典第 123 条第 1 款规定:“民事主体依法享有知识产权。”著作权是民事权利的一种。张某某作为作品的作者当然对作品享有著作权。根据我国民法典的规定,公民的权利能力除了具有内容的统一性、广泛性和实现的现实可能性的特点之外,还具有主体的平等性。而公民的民事行为能力则是公民能够独立有效地实施民事法律行为的地位和资格。未成年人的智力发育状况比成年人差,一般不能意识到自己行为可能带来的后果,也没有能力去履行一般义务,所以我国民法典规定:不满 8 周岁的未成年人是无民事行为能力人;满 8 周岁不满 18 周岁的未成年人是限制民事行为能力人,可以进行与他们的年龄、智力状况相适应的民事活动。由此可见,对于无民事行为能力人,仅仅说明他们一般没有实现权利、承担义务的能力,但并不是说他们没有这种资格,即没有行为能力的人,却同样具有权利能力。在本案中,张某某虽然不具有民事行为能力,不享有公民的政治权利,但他同样可以对自己画的画享有著作权。当然,可以拥有著作权并不等于可以行使或者处分该权利,因为行使或者处分该权利需要有相应的民事行为能力,而张某作为无民事行为能力人,没有此项能力,所以该权利的行使应由其法定代理人代理或征得其法定代理人的同意后自己行使方能产生效力。

在本案中,某美术出版社在其出版的《儿童绘画作品集》中收录了张某某的作品，但既未通知张某某，征得张某某和其法定代理人的同意，也未支付相应的报酬，分别侵犯了张某某享有的著作权中人身权范围内的发表权和财产权范围内的获得报酬权。根据我国著作权法的有关规定，除了法律规定可以无偿使用他人作品的情形外，一律应支付报酬。

民法典第20条规定："不满八周岁的未成年人为无民事行为能力人，由其法定代理人代理实施民事法律行为。"第34条第1款规定："监护人的职责是代理被监护人实施民事法律行为，保护被监护人的人身权利、财产权利以及其他合法权益等。"根据上述法律规定，张某某的父母作为张某某的法定代理人，有权通过法律途径代理张某某维护其合法权益。张某某的父母可以通过多种途径解决与出版社之间的著作权纠纷。（1）自行协商。采用这种方法，当事人双方以自愿为前提，按照法律规定，摆事实讲道理，协商订立解决纠纷的具体方法。（2）调解。即由双方当事人选择一个行政部门或业务主管部门，请该部门在双方自愿的基础上进行说服、教育工作，求得双方互谅互让，达成调解协议。调解也必须以当事人自愿为前提。（3）仲裁。这是在发生争议，双方协商不成的情况下，仲裁机构根据双方事先订立或事后达成的仲裁协议或仲裁条款，依法进行裁决的方式。这里必须注意提请仲裁的条件，是双方事先订立或者事后达成的仲裁协议或仲裁条款。没有仲裁协议或者仲裁条款，仲裁机构则没有受理纠纷的法律根据，当事人也就不得采用此种方式解决纠纷。（4）诉讼。纠纷的当事人在没有仲裁条款或者仲裁协议的情况下，可以向人民法院起诉，通过司法程序解决纠纷。当事人可以自己到人民法院起诉参加诉讼活动，也可以聘请律师，委托其做自己的诉讼代理人，以当事人的名义参加诉讼。在本案中，张某的父母选择了诉讼途径解决与出版社的著作权纠纷，是其合法权利。

【法条指引】

中华人民共和国著作权法

第九条 著作权人包括：

（一）作者；

（二）其他依照本法享有著作权的自然人、法人或者非法人组织。

第十一条　著作权属于作者，本法另有规定的除外。

创作作品的自然人是作者。

由法人或者非法人组织主持，代表法人或者非法人组织意志创作，并由法人或者非法人组织承担责任的作品，法人或者非法人组织视为作者。

3. 未成年学生是否享有隐私权？

【维权要点】

隐私权作为一项重要的民事权利，既为成年人所享有，也为未成年人所享有。任何组织和个人不得披露未成年人的个人隐私。

【典型案例】

未成年人保护委员会接到14岁中学生李某的投诉，她的母亲经常偷看她的日记、信件，有时还偷听她的电话，使她的心理受到极大伤害。李某是一个很漂亮的女孩，学习成绩优异，母亲对她管教很严，担心她和男同学接触多了会学坏，因此，总是乘李某不在家的时候，翻看她的日记，遇有来信时，母亲总是第一个打开，看完后再给李某。不仅如此，母亲还总是用电话分机偷听李某打电话或接电话，有时，如果有同学找李某，母亲一听是男的，就说李某不在家。母亲的这些行为让李某很反感，但又无处诉说。因此，她常常跟母亲发生激烈冲突。母亲说这样做是为她好，可是李某认为母亲这是侵犯她的隐私权，认为母亲没有权利这样做。最终李某忍无可忍，投诉其母。

【法官讲法】

我国民法典第14条规定："自然人的民事权利能力一律平等。"从这一规定可以看出，未成年人与成年人在享有民事权利的能力方面一律平等，未成年人享有与成年人一样的权利，隐私权作为一项重要的民事权利，既为成年人所享有，也为未成年人所享有。联合国《儿童权利公约》第16条规定："儿童的隐私、家庭、住宅或通信不受任意或非法干涉，其荣誉和名誉不受非法攻击。"我国未成年人保护法第4条规定："保护未成年人，应当坚持最有利于未成年人的原则。处理涉及未成年人事项，应当符合下列要求：……（三）保护未成年人隐私权和个人信息；……”第 63 条规定：“任何组织或者个人不得隐匿、毁弃、非法删除未成年人的信件、日记、电子邮件或者其他网络通讯内容。除下列情形外，任何组织或者个人不得开拆、查阅未成年人的信件、日记、电子邮件或者其他网络通讯内容：（一）无民事行为能力未成年人的父母或者其他监护人代未成年人开拆、查阅；（二）因国家安全或者追查刑事犯罪依法进行检查；（三）紧急情况下为了保护未成年人本人的人身安全。”第 103 条规定：“公安机关、人民检察院、人民法院、司法行政部门以及其他组织和个人不得披露有关案件中未成年人的姓名、影像、住所、就读学校以及其他可能识别出其身份的信息，但查找失踪、被拐卖未成年人等情形除外。”预防未成年人犯罪法也有相应的规定。从以上的国际条约及我国法律的规定可以看出，未成年人享有隐私权，任何人不得侵犯。有些父母就如李母一样为了了解子女的情况，常常未经子女允许就私拆子女的信件、偷看子女的日记，或者偷听子女的电话，以为这样可以更加了解子女的想法，其实这种行为不仅伤害了子女的感情，增加了子女对父母的不信任感，而且已经侵害了子女的隐私权。

隐私是指与个人的私生活密切相关的不愿为人所知的隐秘，隐私权是指自然人所享有的对自己的个人秘密和个人私生活进行支配并排除他人干涉的一种权利。随着社会文明的进步和发展，人们越来越重视对他人隐私的尊重和保护，但对于未成年人是否享有隐私权这点上却存在争议，有人认为未成年人年龄尚小，谈不上有什么隐私权，未成年人的父母及其他监护人完全可以支配未成年人的私事。在这种错误想法的支配下，出现了许多侵害未成年人权益的现象，如父母私拆未成年人的信件，偷看未成年人的日记，报纸擅自披露未成年被告人的情况等，这对于涉世未深的未成年人造成了深深的伤害，导致他们心灵上的苦闷，甚至引发出一些反社会的行为或离家出走、自杀等恶性事件。事实上，未成年人与成年人一样享有隐私权，任何人不得侵犯。

当未成年人发现父母试图窥探自己的秘密或者有以上行为时，应该有礼貌地告诉父母这是自己的秘密，自己有权保守这些秘密，如果父母不经过自己允许擅自窥探，那么就违反了法律的规定，应该承担相应的法律责任。如果父母不听劝阻，仍旧窥探自己的秘密，未成年人可以向未成年人保护委员会等机构反映，请求这些机构对父母进行批评教育。如果父母侵害自己秘密的行为给自己造成了很大伤害，未成年人也可以直接向法院起诉，要求父母停止侵害、赔礼道歉甚至赔偿损失。

父母侵犯子女隐私权，主要表现在以下几个方面：第一，父母私自开拆8周岁以上子女的信件，属于侵犯子女隐私权。根据未成年人保护法，无行为能力的未成年人的信件可以由其父母或者其他监护人代为开拆。根据民法典第20条的规定，无民事行为能力的未成年人是指不满8周岁的未成年人。因此，父母只能代为开拆不满8周岁子女的信件，对于8周岁以上子女的信件，父母不能开拆，否则构成侵犯子女隐私权。第二，偷看子女日记、电子邮件、窃听子女与他人通电话等行为也属于侵犯子女隐私权。第三，采用暴力、胁迫、引诱等方式要求未成年子女说出内心并不愿意被他人知道的秘密。第四，私自检查未成年子女的私人物品以窥探未成年子女的秘密。第五，对未成年子女只说给父母的秘密向外宣扬。

需要注意的是，未成年人的隐私权受到特殊的保障，同时在家庭中又受到某种局限。民法典第26条第1款规定："父母对未成年子女负有抚养、教育和保护的义务。"未成年人保护法第16条也明确规定："未成年人的父母或者其他监护人应当履行下列监护职责：（一）为未成年人提供生活、健康、安全等方面的保障；（二）关注未成年人的生理、心理状况和情感需求；（三）教育和引导未成年人遵纪守法、勤俭节约，养成良好的思想品德和行为习惯；……"从这些法律规定中可以看出，监护人有教育、管理被监护的未成年人的义务，如果父母不履行上述法定义务，需要承担责任。所以，在监护人面前为未成年人设置一道严格的隐私权保护屏障是不可能的，也是不公平的，同时也不利于对未成年人的保护。监护人有权利也有义务了解未成年人的思想和生活情况，以便及时发现问题，进行教育和引导，不能用未成年子女的隐私权来抗拒、架空父母的监护权。所以，对于监护人而言，为了不违反法律的规定，同时又能及时了解未成年人的情况，一方面应该注意培养未成年人独立的人格，锻炼其辨明是非的能力，另一方面要避免与孩子之间形成代沟，要尽量以平等的身份多与孩子交流，这样孩子就会对父母产生信任感，愿意将心中的秘密告诉父母。另外，应该说明的是，只有父母在有充足的理由认为子女有不良行为时，才能以承担监护职责而非侵权为由采用有效方式来了解未成年人的思想和行为，如跟踪、看日记等，但是对此应该严格掌握两个界限：第一，要有充足的理由。如：子女总是晚归而没有正当理由，或夜不归宿；子女与一些社会上有不良行为的人交往过密等。第二，应以社会标准来判断不良行为，而不能以自己的主观标准判断。如两个异性朋友之间的通信行为，父母可能认为是不良行为，但从社会的角度来看，这是未成年人成长过程中的正常现象，如果父母私拆信件偷看，那么就是侵害了未成年人的隐私权。而如果父母有充足理由认为13周岁或14周岁的子女有与异性发生性行为的情况时，在与子女沟通失败的情况下，就应该采取有效方式了解子女是否存在这一问题。也就是说，基于监护人责任的法律规定，监护人责任与被监护的未成年人的权利发生冲突是无法避免的现象，从这一概念上说，未成年人的隐私权相对监护人而言是受到某些限制的。

【法条指引】

中华人民共和国民法典

第十四条 自然人的民事权利能力一律平等。

第二十六条 父母对未成年子女负有抚养、教育和保护的义务。

成年子女对父母负有赡养、扶助和保护的义务。

中华人民共和国未成年人保护法

第四条 保护未成年人，应当坚持最有利于未成年人的原则。处理涉及未成年人事项，应当符合下列要求：

（一）给予未成年人特殊、优先保护；

（二）尊重未成年人人格尊严；

（三）保护未成年人隐私权和个人信息；

（四）适应未成年人身心健康发展的规律和特点；

（五）听取未成年人的意见；

（六）保护与教育相结合。

第十六条 未成年人的父母或者其他监护人应当履行下列监护职责：

（一）为未成年人提供生活、健康、安全等方面的保障；

（二）关注未成年人的生理、心理状况和情感需求；

（三）教育和引导未成年人遵纪守法、勤俭节约，养成良好的思想品德和行为习惯；

（四）对未成年人进行安全教育，提高未成年人的自我保护意识和能力；

（五）尊重未成年人受教育的权利，保障适龄未成年人依法接受并完成义务教育；

（六）保障未成年人休息、娱乐和体育锻炼的时间，引导未成年人进行有益身心健康的活动；

（七）妥善管理和保护未成年人的财产；

（八）依法代理未成年人实施民事法律行为；

（九）预防和制止未成年人的不良行为和违法犯罪行为，并进行合理管教；

（十）其他应当履行的监护职责。

第六十三条　任何组织或者个人不得隐匿、毁弃、非法删除未成年人的信件、日记、电子邮件或者其他网络通讯内容。

除下列情形外，任何组织或者个人不得开拆、查阅未成年人的信件、日记、电子邮件或者其他网络通讯内容：

（一）无民事行为能力未成年人的父母或者其他监护人代未成年人开拆、查阅；

（二）因国家安全或者追查刑事犯罪依法进行检查；

（三）紧急情况下为了保护未成年人本人的人身安全。

第一百零三条　公安机关、人民检察院、人民法院、司法行政部门以及其他组织和个人不得披露有关案件中未成年人的姓名、影像、住所、就读学校以及其他可能识别出其身份的信息，但查找失踪、被拐卖未成年人等情形除外。

4. 误将“优秀学生干部”改为“三好学生”，是否侵犯了未成年人的荣誉权？

【维权要点】

荣誉是指一个人的品德、才干、信誉等在社会生活中获得的好评。荣誉权是指公民有接受政府、社会组织、单位对自己的表彰、嘉奖和授予的荣誉称号并且对荣誉加以维护的权利。未成年人获得的表彰、嘉奖和被授予的荣誉称号，与他个人的人身不可分离，是人身权利的组成部分，既不能转让，也不能继承。未成年人获得的荣誉非经合法程序不得加以剥夺。

【典型案例】

贾某系某市中学2019届高中毕业生。2019年5月4日，某市教委授予贾某市级“优秀学生干部”荣誉称号。2019年高考前，贾某所在的某市中学为贾某填写了“某省2019年普通高等学校、中等专业学校招生受市级以上表彰的三好学生或优秀学生干部情况登记表”（以下简称登记表），贾某的班主任老师在填写登记表时划去了表头中的“三好学生或”五个字，保留了“优秀学生干部”，并由班主任签名，某市中学校长加盖名章。该表报到市教委下属的招生办公室，审核该项工作的有关人员把“优秀学生干部”划掉，在原已划掉的“三好学生”四个字下面用钢笔圈上圆圈，该表报到市教委后，主办招生工作的有关人员即在登记表市教委意见栏内写明“情况属实”，并加盖了市教委印章。贾某当年参加高考获总分565分，贾某填写的第一批录取本科院校第一志愿某理工大学可以提供档案分数为567分。因贾某未按市级“优秀学生干部”降低10分投档，故贾某档案未能向某理工大学提供。后贾某被第二批录取本科院校第一志愿某民族学院录取。事发之后，贾某之母张某曾多次到有关部门寻求解决，支出误工费、交通费若干元。贾某、张某于2021年2月向人民法院提起诉讼，请求判令市教委向贾某赔礼道歉、恢复荣誉，并赔偿贾某、张某经济损失和精神损失。

【法官讲法】

荣誉是指一个人的品德、才干、信誉等在社会生活中获得的好评。荣誉权是指公民有接受政府、社会组织、单位对自己的表彰、嘉奖和授予的荣誉称号并且对荣誉加以维护的权利。未成年人获得的表彰、嘉奖和被授予的荣誉称号，与他个人的人身不可分离，是人身权利的组成部分，既不能转让，也不能继承。未成年人获得的荣誉非经合法程序不得予以剥夺。民法典第1031条规定：“民事主体享有荣誉权。任何组织或者个人不得非法剥夺他人的荣誉称号，不得诋毁、贬损他人的荣誉。获得的荣誉称号应当记载而没有记载的，民事主体可以请求记载；获得的荣誉称号记载错误的，民事主体可以请求更正。”

荣誉权主要包括以下内容：

一是荣誉保持权。所谓荣誉保持权，是指民事主体自己保持所获得的荣誉的权利。其包含以下两项内容：（1）民事主体保持自己享有荣誉的状态；（2）其他任何人不得侵害该权利。荣誉保持权的客体仅仅限于荣誉本身，不包括荣誉所带来的各种利益。荣誉归己所有，体现了荣誉权的独占性，表明荣誉一经民事主体获得，除非经过法定程序撤销和剥夺，即为权利主体所专有，不得转让、继承。荣誉的撤销必须经过一定的程序，并且由原授予荣誉的机关依法定事由撤销。荣誉的剥夺则应当由人民法院依照刑法或者刑事诉讼法的规定，以判决的方式进行。任何非法撤销、剥夺、转让或者继承荣誉的行为，都是侵害荣誉权的行为。荣誉权作为一种对世权，权利人之外的任何其他人都负有不得侵犯荣誉权的法定义务，任何违反这一法定义务实施侵权行为的人都应当承担法律责任。荣誉权人之外的人，既包括与该荣誉无关联的任何人，也包括授予荣誉的机关。荣誉授予机关将荣誉授予特定民事主体后，也受荣誉民事法律关系的约束，未经法定程序或未因法定事由而撤销荣誉的，也构成侵权行为。

二是精神利益支配权。所谓精神利益支配权，是指荣誉权人对其获得的荣誉中的精神利益享有自主支配权。荣誉权中的精神利益是指荣誉权人因获得荣誉而享有的受人尊敬、景仰、崇拜的精神待遇，以及感到荣耀满足等的精神感受。从法律意义上讲，精神利益支配权仅能够由荣誉权人个人专有，他人不能分享。荣誉权人有权自主支配其所获得的精神利益，无须经过他人的同意。对精神利益的支配包括对该精神利益的占有、控制和利用，但不包括对这种精神利益的随意处分和转让。

三是物质利益获得权。荣誉权中所保护的物质利益，是指因荣誉而取得的奖金、奖品、奖杯、奖章等含有价值和使用价值的财物，以及其他具有财产价值的荣誉待遇。例如，一旦获得全国劳动模范称号，就可以享受按工资的百分之百发给退休金的待遇。荣誉权的物质利益与精神利益不同，荣誉权的精神利益与荣誉本身相伴而生，取得荣誉就自然取得由荣誉带来的精神利益。但并非一切荣誉都可以带来物质利益，而且，定期收回的奖杯、奖旗等物质利益还有时间的限制。物质利益获得权是指荣誉权人在获得荣誉后，有权依照颁奖的章程或者相关规定，向荣誉授予机关就所应得的物质利益主张自己的权利。颁奖机关故意扣发物质利益的，均构成对荣誉权的侵害，权利人有权寻求司法保护。

四是物质利益支配权。荣誉权人对于已经获得的物质利益，享有支配权。这种支配权包括两种形式：(1) 完整支配权。对于荣誉的一般物质利益所享有的支配权，是完整支配权，其性质属于财产所有权。在此情况下，权利人对该物质利益享有占有、使用、收益和处分权能，并且可以依据法律排除任何妨碍行为。(2) 有限支配权。这种支配权不具有所有权的属性，而是有一定时间限制的占有权。例如，对于参加比赛获得的流动奖杯或者奖旗，获得者仅仅享有一定范围内的支配权，在一定时间内占有和适当利用，同时负有妥善保管义务和按时交回的义务。

对于荣誉权遭受损害的权利人，应当责令侵权人承担相应的民事责任，以救济损害。其主要救济方法是：

一是恢复荣誉。对于非法剥夺荣誉或者非法侵占荣誉的侵权行为，应当责令侵权人承担恢复荣誉的民事责任。民法典第995条规定："人格权受到侵害的，受害人有权依照本法和其他法律的规定请求行为人承担民事责任。受害人的停止侵害、排除妨碍、消除危险、消除影响、恢复名誉、赔礼道歉请求权，不适用诉讼时效的规定。"对于被非法剥夺的荣誉予以恢复，就是恢复原状，对于非法侵占荣誉予以恢复，也是恢复原状。对于名誉遭受损害的，可以恢复名誉，对于荣誉遭受损害的，当然可以恢复荣誉。比照上述两条规定，可以确定恢复荣誉是侵害荣誉权的最重要的民事责任方式。恢复荣誉的实质就是恢复原状，应当按照荣誉权被侵害前的实际状态予以恢复。被剥夺荣誉的，应当恢复其荣誉；对于荣誉被非法侵占的，也应当按照颁奖章程和授奖规则，将荣誉归还权利人。

二是返还物质利益。对于扣发应得的物质利益，以及侵占获奖人的物质利益的，应当责令侵权人返还物质利益。对于前者，返还应依照颁奖章程或授予荣誉的规则规定的内容返还，权利人应当获得哪些物质利益，就应当返还哪些；应获得多少，就应当返还多少。对于后者，应按侵占的实物返还，实物实在不能返还的，应当折价赔偿。

三是赔偿损失。对于侵害荣誉权造成损害的赔偿，其范围包括以下方面：(1) 赔偿财产直接损失。侵害荣誉权造成财产直接损失的，按照损失的价值，全部予以赔偿。(2）赔偿因侵害荣誉权而造成的财产利益损失。侵害荣誉权造成财产利益损失，多在侵害法人尤其是企业法人以及合伙、个体工商户的荣誉权场合。如某企业被授予“产品质量信得过单位”荣誉称号，经营效果很好，被非法剥夺该荣誉称号，或者荣誉被诋毁，造成大量退货、取消合同，造成经济利益的损失。对于这种损失，应当予以赔偿。此外，权利人为恢复荣誉而造成的财产损失，也应当赔偿。(3）一般精神损害的赔偿。对于侵害荣誉权虽未造成财产利益的损失，但对精神利益严重损害的，应当予以精神损害赔偿。对此应按照精神损害赔偿的一般方法予以赔偿。(4）对于造成公民精神痛苦的，应当予以适当的抚慰金赔偿。

四是其他责任形式。侵害荣誉权，可以依据实际情况需要，确定行为人承担赔礼道歉、消除影响、停止侵害等责任方式。

综上所述，贾某的母亲张某不具有请求权。荣誉保持权的内容之一就是对获得的荣誉保持归己享有。荣誉归己享有，体现的是荣誉的独占性，除权利人以外的任何人都不得享有该权利。因此，贾某的母亲张某不具有请求权，其因贾某荣誉权受到侵犯所花费的费用应包含在贾某的财产损失中。关于市教委行为的认定，应当认为是因工作疏忽未对原告的荣誉权予以确认，从而侵犯了权利人基于荣誉权享有的期待权，而不属于非法剥夺荣誉权。因此承担责任的方式可以是赔礼道歉、赔偿损失、消除影响，即在高考档案中作出书面变更，赔偿贾某的经济损失并给予一定的精神损害赔偿。

【法条指引】

中华人民共和国民法典

第九百九十五条　人格权受到侵害的，受害人有权依照本法和其他法律的规定请求行为人承担民事责任。受害人的停止侵害、排除妨碍、消除危险、消除影响、恢复名誉、赔礼道歉请求权，不适用诉讼时效的规定。

第一千零三十一条　民事主体享有荣誉权。任何组织或者个人不得非法剥夺他人的荣誉称号，不得诋毁、贬损他人的荣誉。

获得的荣誉称号应当记载而没有记载的，民事主体可以请求记载；获得的荣誉称号记载错误的，民事主体可以请求更正。

5. 针对学生早恋日记，如何协调隐私权和知情权？

【维权要点】

针对学生早恋等隐私问题，我们更应当从承认并保护学生的隐私权的角度出发，协调学生的知情监督权利与个人隐私权利的冲突，判断学校管理行为的合法性。

【典型案例】

2021 年 11 月 30 日下午放学后，在某中学就读的余某和其他同学一起打篮球。同班女生王某上前用纸为他擦汗。这个动作被班主任汪老师看见，她认为两个学生“恋”上了，当即将王某喊到办公室。她给王某看了两页日记，是其私下从余某放在课桌内的日记本上撕下的，上面记录着余某对另一名女生的好感。汪老师还告诉王某，余某对其不是真心的，他脚踏两只船。第二天，汪老师不让余某进教室上课。余某的家长多次到学校，恳求让孩子上课，都被汪某拒绝。几天后，汪老师又将余某的日记拿给班上其他几个学生看。学校和县教育局给汪某做工作，可汪某仍然坚持不让余某上课。直到 12 月 5 日，在学校校长的命令下，余某才进了教室。而此时，余某无法承受巨大的心理压力，当天离家出走。第二天在外地被找回。

7 日，余某回校上课，但有人对他指指点点。余某父母要求汪老师在一定范围内赔礼道歉，消除影响，但被汪某拒绝。余某遂将自己的班主任告上法庭，要求汪某赔礼道歉，并赔偿精神损失费。

法院经审理认为，汪某未经学生余某同意，撕看余某的日记并向他人传阅，还在学生中讲有损余某名誉的话，其行为已损害了余某的名誉权和隐私权。汪某以余某早恋为由要求其写检讨、不准余某上课学习等行为，侵害了余某的受教育权。虽然汪某教育帮助学生的出发点是好的，但由于采取方式不当，致使余某精神受到损害，导致其离家出走的严重后果，使其身心和学习受到严重影响。因此，汪某应该向余某赔礼道歉，并给予一定的精神损害赔偿。

【法官讲法】

本案关注的焦点是如何协调学生的隐私权与学校的监督权和知情权的问题。为了弄清这一问题，需要从以下方面认识：

其一，隐私权与知情权的含义。

隐私是自然人不愿意被他人知晓，属于本人生活领域的信息资料。民法典第1025条规定："行为人为公共利益实施新闻报道、舆论监督等行为，影响他人名誉的，不承担民事责任，但是有下列情形之一的除外：（一）捏造、歪曲事实；（二）对他人提供的严重失实内容未尽到合理核实义务；（三）使用侮辱性言辞等贬损他人名誉。"在我国刑事诉讼法及民事诉讼法中都规定，有关个人隐私的案件不公开审理。《最高人民法院关于确定民事侵权精神损害赔偿责任若干问题的解释》（2001）第1条第2款曾规定："违反社会公共利益、社会公德侵害他人隐私或者其他人格利益，受害人以侵权为由向人民法院起诉请求赔偿精神损害的，人民法院应当依法予以受理。"第3条规定："自然人死亡后，其近亲属因下列侵权行为遭受精神痛苦，向人民法院起诉请求赔偿精神损害的，人民法院应当依法予以受理：……（二）非法披露、利用死者隐私，或者以违反社会公共利益、社会公德的其他方式侵害死者隐私；……"这些规定都表明，我国法律保护个人隐私。侵犯个人隐私，可以作为一种独立的侵权行为，要求行为人承担赔偿责任。

隐私权是自然人就自己个人私事、个人信息等个人生活领域内的事情不为他人知悉，禁止他人非法干涉的权利。公民隐私权的基本内容包括十个方面：（1）公民的保有姓名、肖像、住址、住宅电话、身体肌肤形态等秘密，未经本人许可不得加以刺探、公开或传播。（2）公民的个人活动，尤其是在住宅内的活动不受非法监视、监听、录像和拍摄。（3）公民的住宅不受非法侵入、窥视或者骚扰。（4）公民的性生活不受他人非法干扰、干预、窥视、调查或公开。（5）公民的储蓄、财产状况不受非法调查或公布。但依法需要公布财产状况的公民除外。（6）公民的通信、日记和其他私人文件不受刺探或非法公开，公民的个人数据不受非法搜集、传输、处理、利用。（7）公民的社会关系，包括亲属关系、朋友关系等不受非法调查或公开。（8）公民的档案材料，不得非法公开或扩大知晓范围。（9）公民有权不向社会公开过去或现在纯属个人的情况。比如，多次失恋、患有某种疾病、被强奸等情况，未经本人许可，不得搜集或公开。（10）公民的任何其他纯属私人内容的个人数据或信息，不得非法搜集、传输、处理和利用。

侵犯隐私权的行为主要表现为：（1）非法干涉、监视他人私生活，破坏他人生活安宁的行为；（2）非法调查、窃取他人个人情报中与社会公共利益无关的信息；（3）擅自公布他人隐私的行为；（4）未经本人同意，擅自非法利用他人生活信息资料。但在下列情况下，以适当方式公布他人的隐私，不构成侵权行为，也不承担侵权责任：（1）为社会公共利益和国家政治利益的需要，公开个人私事。（2）为维护自身或他人的合法利益的需要，在必要范围内，以适当的方式了解他人的隐私情况。例如，非婚生子女，调查自己的生父母；配偶为维护自己的家庭关系和共同财产利益，调查另一方配偶隐藏财产或与他人非法同居的情况；等等。

保护个人隐私权的意义在于维护个人的安宁与安全感，实现个人与社会的基本和谐，达到整个社会安定的目的；维护公民的人格尊严，使其免受精神痛苦；保护公民的隐私权，还有助于树立良好的社会道德风尚，建立良好的新闻出版界的职业道德，同时，也为某些高科技产品的开发与利用提供法律上的价值评判标准。

知情权是指公民知悉、获取信息的自由和权利，既包括对社会公共事务管理情况的了解和知情，也包括对与个人有关的个人信息的了解知情。有的学者认为知情权包括知政权、社会知情权、个人信息知情权。所谓知政权，是指公民依法享有知悉国家机关的活动及国家机关工作人员，特别是被选举或任命的高级官员的活动及背景资料的权利。社会知情权，是指公民依法享有知道其所感兴趣的各种社会现象和事务的权利，主要针对社会新闻。个人信息知情权，是指公民依法享有的了解有关自己各个方面信息的权利，包括个人的出生、亲生父母和本人的档案记录等。尽管在我国现行的法律中，找不到知情权的具体规定，但法律承认公民的知情权是存在的，比如，宪法规定公民对国家机关及其工作人员有监督的权利，而监督的前提是知情权的保障；国家积极发展新闻事业，要求新闻报道真实、客观、全面，实际上也是满足公民知情权的需要；卫生部门要求医院对病人的病情，以及医生将采取的治疗措施向病人进行说明，在客观上也是满足公民知情的需要。随着社会民主制度的发展，我国将在更多的领域满足公民知情的权利。

其二，隐私权与知情权的冲突与协调。

隐私权与知情权是一对既对立又联系的概念，一方面公民不希望别人了解自己的个人信息；另一方面又希望自己了解感兴趣他人的信息。隐私权属于民事权利，而知情权则属于主要带有公权利性质的权利。二者的共同点在于都属于公民个人的权利，都是一种精神权利。所不同的是，隐私权是静态的、消极的权利，而知情权是积极的、能动的权利，前者容易受到后者的侵犯。隐私权与知情权的冲突主要表现在：公民的知情权与国家工作人员的隐私保护之间的矛盾；公民的知情权与社会公众人物隐私权之间的矛盾；公民的知情权与他人隐私权的矛盾。

如何平衡和协调隐私权与知情权之间的冲突呢？通说认为，主要是三个方面的协调：

一是对政府官员和社会知名人士隐私的限制。各国宪法普遍承认国民对政府工作人员和社会知名人士的监督权，而知情权的保障与监督权的实现是密不可分的。这样就必然产生对政府高级官员的个人隐私进行限制的问题。依照恩格斯的观点，个人隐私应当受到法律的保护，但个人隐私甚至隐私与重要的公共利益——政治生活发生联系的时候，个人隐私就不是一般意义上的私事，而是属于政治的一部分，它不再受隐私权的保护，它应成为历史记载和新闻报道不可回避的内容。同样，社会公众人物的社会地位、经济收入在很大程度上与公众的仰慕、推崇有着很大的关系。因此，公众有权要求社会知名人士在个人生活等方面保持一定程度的透明和公开，可以肯定，一般公民的隐私权是受到法律保护的，但作为公众人物，其隐私权应当受到法律的合理限制，以满足公民知情的要求，实现国民对公众人物的监督。

二是当一个公民的知情权与另一个公民的隐私权发生冲突时，主要是奉行权利协调原则。比如，联合国《儿童权利公约》规定，儿童有权利知道自己的亲生父母，但这恰恰是父母的隐私权，处理的办法是在最小的范围内公开父母的隐私，满足儿童知道自己亲生父母的权利。个人档案的记录属于个人隐私的内容，但单位在决定是否录用某个人，或者提拔使用担任重要职务的人员的时候，又需要了解该公民的个人档案的内容，协调的原则同样是满足单位知情的权利，但要求单位必须保证不让无关的人员了解该档案的内容。

三是当公民的个人隐私与公共利益发生冲突时，限制个人隐私而维护公共利益。比如，对传染病人的活动采取某些限制措施；对审判活动和行政处罚活动的公开，以维护公众的监督权；等等。

其三，学生隐私权、知情监督权与学校管理教育行为的冲突与协调。

长期以来，我们为了能够更有针对性地教育学生，对他们的基本要求就是，学生应当向老师讲真话。老师阅读学生的信件，调查某个女生与某个男生之间的关系，学校公布学生的学习成绩等一直被认为是合理的。学校对学生的档案记录从来不向学生本人公开，很少有学生对自己的隐私权利提出要求。现在，随着法律意识的不断增强，保护学生隐私权的呼声越来越高，这不能不让我们重新审视学校管理中的一些行为，从承认并保护学生的隐私权，协调学生的知情监督权利与个人隐私权利的冲突和协调的角度，判断管理行为的合法性。在学校涉及学生个人隐私与学校管理行为的协调问题主要有以下几个方面：关于学生的恋爱问题、关于学生的成绩公开的问题、关于处分违纪学生的通告问题、关于公共场所的监视与曝光问题、关于集体生活与学生个人的健康信息的问题、关于学生隐私权与档案记录问题，本案涉及的是关于学生的恋爱问题。

在成年学生之间建立恋爱关系现在已经是非常普遍的事情。20 世纪 80 年代，学校曾经禁止学生（包括大学生）建立恋爱关系，而现在几乎没有大学再规定禁止大学生谈恋爱。从学校管理的角度看，在学生期间建立恋爱关系，几乎是弊大于利，但企图以强制的手段来遏制情况的发生实际上是徒劳的。冷静思考这个问题，我们应当看到：

1. 对于成年人，什么时间建立恋爱关系，与什么人建立恋爱关系，是公开恋爱关系，还是保持秘密的恋爱关系，这完全是个人的私事。可以说，普通公民的恋爱关系就属于公民隐私权的范围，是不应当受到他人干涉的事情。

2. 学生阶段建立恋爱关系，如果处理不好，在一定程度上会影响学生的学习。学校完全不管不问，也是不对的，问题的关键在于管到什么程度。对于学生之间的恋爱问题，学校的管理主要在于教育和疏导，而不是依靠强制手段进行干预。基本的原则应当是：第一，明确告诉学生不提倡学生建立恋爱关系的理由；第二，如果没有发生不良后果，比如，因三角恋爱而引起打架斗殴，或者因失恋企图自杀等，学校不应对学生的恋爱情况进行调查；第三，仅仅是学生向教师坦白自己与他人的恋爱关系，教师应当有针对性地进行教育、疏导，但学校不应当就此对其进行纪律处分。

3. 未成年学生的早恋问题，可以肯定地说是有害而无利的事情。这也是令中学老师和中学生家长最感头疼的事。多数教育界人士认为，中学生和部分小学高年级学生在进入青春期后，性意识开始觉醒，不同的学生有不同的反应，有的学生开始回避异性，而有的学生则喜欢与异性交往。关键的问题是教师和家长应当引导、帮助未成年学生树立正确的性别观念，不应当简单地把早恋行为视为道德败坏，并进行纪律处罚。应当及时对学生进行个别教育，并及时与学生的监护人交流意见，共同教育。无论如何，以公开点名批评或者让学生公开承认错误并公开检讨的做法以及以纪律处分的方法对待早恋的中学生的确是欠妥当的，因为这样做不但不能解决问题，而且多数情况下伤害学生的自尊心。事实证明，企图以曝光、公开谴责的方式对待早恋问题，往往会把学生逼向反面。从教师行为的性质上讲也属于侵犯未成年人隐私权和名誉权的行为。在我国，已经发生的因老师公开批评早恋的中学生而引起学生自杀的事件，是值得学校引以为戒的。

综上，我们认为，中学生和部分小学高年级学生进入了青春期，性意识开始觉醒，喜欢异性、愿意和异性交往、渴望异性的关注，这是其心理发展到一定阶段的特点。高中生求得人格平等、重视人格尊严、渴望他人理解的意识非常强烈，作为教育者应该给予充分的理解和尊重。在如何处理“早恋”问题上，老师首先必须冷静分析，结合学生不同年龄阶段的心理特点，具体问题具体分析，慎重行事。基本前提是尊重学生的人格、尊重学生的合法权益、考虑其年龄特征，本着理解和信任的基调去处理。

【法条指引】

中华人民共和国民法典

第一千零二十四条　民事主体享有名誉权。任何组织或者个人不得以侮辱、诽谤等方式侵害他人的名誉权。

名誉是对民事主体的品德、声望、才能、信用等的社会评价。

第一千零二十五条 行为人为公共利益实施新闻报道、舆论监督等行为，影响他人名誉的，不承担民事责任，但是有下列情形之一的除外：

（一）捏造、歪曲事实；

（二）对他人提供的严重失实内容未尽到合理核实义务；

（三）使用侮辱性言辞等贬损他人名誉。

最高人民法院关于确定民事侵权精神损害赔偿责任若干问题的解释

第一条 因人身权益或者具有人身意义的特定物受到侵害，自然人或者其近亲属向人民法院提起诉讼请求精神损害赔偿的，人民法院应当依法予以受理。

第三条 死者的姓名、肖像、名誉、荣誉、隐私、遗体、遗骨等受到侵害，其近亲属向人民法院提起诉讼请求精神损害赔偿的，人民法院应当依法予以支持。

6. 教师在学生脸上刺字，是否构成侮辱罪？

【维权要点】

教师对学生实施体罚、变相体罚或者其他侮辱人格尊严的行为，侵犯了学生的人格尊严，情节严重的构成侮辱罪。

【典型案例】

闫某是某小学六年级学生，生性顽皮，班主任韩某很不喜欢他。2021年10月某日，在班级上体育课时，闫某偷偷溜回教室将同学文具盒里的10元钱拿走。当同学把这件事情告诉韩某后，韩某非常生气。她想到了古代的刺字刑罚。于是她找来椎针在闫某的左脸颊上刺了个“贼”字，刺完后还涂上红墨水，看上去非常醒目。自从脸上被刺了字以后，同学都管他叫“贼娃子”，而且在走路和上课时都要捂住左脸，性格变得内向起来。闫某的家长知道后，非常气愤，认为韩某的行为触犯了刑法，遂向公安机关报案，经法医鉴定，闫某所受伤害为轻微伤。学校作出调离韩某教师岗位的处理决定。

【法官讲法】

为了保护公民的人格尊严不受侵犯，国家制定有一系列相关法律法规。宪法第 38 条规定："中华人民共和国公民的人格尊严不受侵犯。禁止用任何方法对公民进行侮辱、诽谤和诬告陷害。"民法典第 1024 条规定："民事主体享有名誉权。任何组织或者个人不得以侮辱、诽谤等方式侵害他人的名誉权。名誉是对民事主体的品德、声望、才能、信用等的社会评价。"未成年人保护法第 27 条规定："学校、幼儿园的教职员工应当尊重未成年人人格尊严，不得对未成年人实施体罚、变相体罚或者其他侮辱人格尊严的行为。"义务教育法第 29 条明确规定："教师在教育教学中应当平等对待学生，关注学生的个体差异，因材施教，促进学生的充分发展。教师应当尊重学生的人格，不得歧视学生，不得对学生实施体罚、变相体罚或者其他侮辱人格尊严的行为，不得侵犯学生合法权益。"可见，学校教职员对未成年学生人格尊严的侵犯主要表现为体罚或变相体罚，或者其他侮辱人格尊严的行为。其他侮辱人格尊严的行为主要包括：对未成年人当众讽刺挖苦、起侮辱性绰号、在脸上刺字等。

侮辱罪，是指以暴力或者其他方法，公然贬低、损害他人人格，破坏他人名誉，情节严重的行为。其构成要件是：

第一，该罪侵犯的客体是他人的人格和名誉。公民的人身权利，是我国公民的基本权利之一。人身权利，通常还包括与人身相联系的人格尊严在内。尊重他人的人格和名誉，是每一个公民应有的社会主义道德品质和必须遵循的共同生活准则。1982 年制定的宪法设专条增写了"中华人民共和国公民的人格尊严不受侵犯。禁止用任何方法对公民进行侮辱、诽谤和诬告陷害"。这说明，我国公民的人格尊严受到法律的严格保护，对于保护公民的人身权利不受侵犯，具有重要的意义。

第二，客观方面表现为以暴力或者其他方法公然侮辱他人的行为。首先，要有侮辱他人的行为。侮辱的方式是很多的，主要有三种：（1）暴力行为侮辱。即对被害人施以暴力或者以暴力相威胁，使其人格、名誉受到损害。但这里讲的暴力，仅指作为侮辱的手段而言。如果行为人有伤害他人身体健康的故意，则应以故意伤害罪论处。（2）言语侮辱。即以言语对被害人进行嘲笑、辱骂。(3)文字侮辱。即以文字、漫画等形式对被害人进行侮辱。其次，侮辱他人的行为必须是公然进行的，即是在众多的人面前进行的，但被害人不一定在场。最后，侮辱还必须是针对特定的人实施的，不论是否当着被害人的面。特定的人可以是一个人，也可以是几个人，但必须是具体的。

第三，主观方面由直接故意构成，并且具有贬低、损害他人人格、破坏他人名誉的个人目的。间接故意和过失不构成本罪。按照我国刑法规定，构成侮辱罪，除需要具备以上构成要件外，还必须是“情节严重”的；否则，不构成犯罪。所谓情节严重，一般是指手段恶劣、后果严重的情形。例如，多次用极为低级下流的言辞进行羞辱，致使被害人受到严重刺激而精神失常或者自杀，等等。

本案中，班主任韩某在闫某的脸颊上刺字的行为主观上存在故意，严重侵犯了闫某的人格尊严。韩某被同学称之为“贼娃子”，走路和上课都要捂住左脸。韩某属于手段恶劣、后果严重的情形，完全符合侮辱罪的构成要件。根据我国刑法第246条第1款“以暴力或者其他方法公然侮辱他人或者捏造事实诽谤他人，情节严重的，处三年以下有期徒刑、拘役、管制或者剥夺政治权利”的规定，应依法追究韩某的刑事责任。同时，不能免除韩某所应当承担的民事责任。

【法条指引】

中华人民共和国刑法

第二百四十六条第一款 以暴力或者其他方法公然侮辱他人或者捏造事实诽谤他人，情节严重的，处三年以下有期徒刑、拘役、管制或者剥夺政治权利。

中华人民共和国未成年人保护法

第二十七条 学校、幼儿园的教职员工应当尊重未成年人人格尊严，不得对未成年人实施体罚、变相体罚或者其他侮辱人格尊严的行为。

中华人民共和国义务教育法

第二十九条 教师在教育教学中应当平等对待学生，关注学生的个体差异，因材施教，促进学生的充分发展。

教师应当尊重学生的人格，不得歧视学生，不得对学生实施体罚、变相体罚或者其他侮辱人格尊严的行为，不得侵犯学生合法权益。

7. 未成年学生被商场保安非法搜身，应当如何处理？

【维权要点】

在我国，根据刑事诉讼法的规定，拥有搜查权的机关只有公安机关和人民检察院，其他任何机关、团体和个人无权对公民的人身、住宅进行搜查。非法搜查他人身体的，构成非法搜查罪，处 3 年以下有期徒刑或者拘役。

【典型案例】

罗某（男，15 周岁）是某中学初三年级学生。2021 年 6 月某日，罗某到某大型超市购买文具。在去超市的路上，罗某发现路边有一家文具商店，就进去看了看，在里面购买了一支毛笔并顺手放在了裤兜里。到超市后，罗某在文具区选购了铅笔、本子等文具，并到出口处付款。罗某刚刚走出来，就被超市的保安赶上并拦住，保安质问罗某：裤兜里的毛笔为什么不付款？罗某见保安误会自己偷东西，十分气愤，当即将毛笔拿了出来，反问保安："毛笔是你们超市的吗？这是我在外面买的。"保安见罗某口气强硬，就夺过毛笔，拿到超市内查验，证实不是超市的东西，但保安不肯善罢甘休，将罗某带到了值班室，要对罗某进行搜身。罗某想冲出去，却被几个身强体壮的保安按住，动弹不得。在与罗某发生争吵的保安的怂恿下，几个保安剥去了罗某的外衣，将罗某扒得只剩下了背心和短裤。保安从罗某身上没有搜出任何超市的物品，只好将罗某放走。由于被保安搜身，罗某精神上受了很大的刺激，一回家就放声大哭。罗某的父母在获悉真相后，当即带着罗某来到了某超市。超市的经理接待了罗某和他的父母，并对保安的行为表示了道歉。但罗某的父母认为，仅仅是简单的道歉并不能弥补罗某因保安非法搜身而受到的损害，要求某超市给予罗某精神损害赔偿，并对肇事的保安作出处理。超市的经理认为，在本次事件中，罗某自身也有过错，其不应该将从别处购买的商品带进超市，这是造成误会的直接原因，因此不同意罗某父母经济赔偿的要求。因双方无法达成一致，罗某的父母以罗某的名义向人民法院提起诉讼，认为某超市保安的行为侵犯了罗某的人身自由和名誉权，要求某超市公开赔礼道歉，同时给予罗某1万元的精神损害赔偿。

【法官讲法】

非法搜查未成年人的身体，是指具有搜查权的人未经批准，滥用职权，或没有搜查权的人对未成年人的身体进行搜查、检查的行为。搜查是刑事诉讼中一种重要的侦查手段，其任务在于发现犯罪证据和查获犯罪嫌疑人。在我国，根据刑事诉讼法的规定，拥有搜查权的机关只有公安机关和人民检察院，其他任何机关、团体和个人无权对公民的人身、住宅进行搜查。公安机关、人民检察院搜查时也要依法进行，即办理搜查的手续，由有关领导批准后，填写搜查证，在搜查时向被搜查人出示搜查证。只有在执行拘留、逮捕任务时，遇到紧急情况，侦查人员才可以不用搜查证进行搜查。其他任何无证搜查，被搜查人都可以拒绝，并有权向人民检察院提出控告。

由于搜查直接涉及公民的人身权利，因此，我国法律对搜查有明确的规定。宪法规定“禁止非法搜查公民的身体”。根据刑法第245条的规定，非法搜查他人身体的，处3年以下有期徒刑或者拘役。司法工作人员滥用职权，犯非法搜查罪的，从重处罚。未成年人在生活、学习和工作中遇到有人要搜查自己时，首先要让对方出示搜查证，如果对方声明情况紧急，属无证搜查时，要让对方出示表明其身份的司法机关的工作证。否则，可以拒绝搜查。如果被人非法搜查身体，应当记住搜查人的姓名、特征、身上佩戴的标志、编号、被搜查的地点、当时在场目睹非法搜查自己的人，要求检察机关追究其刑事责任。未成年人及其父母也可以向当地人民法院提起民事诉讼，以未成年人名誉受到侵犯为由，要求侵权人向未成年人赔礼道歉，消除影响，恢复名誉，并赔偿合理数额的精神损失费。

在本案中，对某超市的保安非法搜查罗某的身体的行为，罗某的父母以罗某的名义提起民事诉讼，要求精神损害赔偿，应当予以支持。我国民法典第1024条规定：“民事主体享有名誉权。任何组织或者个人不得以侮辱、诽谤等方式侵害他人的名誉权。名誉是对民事主体的品德、声望、才能、信用等的社会评价。”第995条规定：“人格权受到侵害的，受害人有权依照本法和其他法律的规定请求行为人承担民事责任。受害人的停止侵害、排除妨碍、消除危险、消除影响、恢复名誉、赔礼道歉请求权，不适用诉讼时效的规定。”《最高人民法院关于确定民事侵权精神损害赔偿责任若干问题的解释》(2001) 第1条第1款曾规定：“自然人因下列人格权利遭受非法侵害，向人民法院起诉请求赔偿精神损害的，人民法院应当依法予以受理：(一) 生命权、健康权、身体权；(二) 姓名权、肖像权、名誉权、荣誉权；(三) 人格尊严权、人身自由权。”在本案中，某超市的保安非法搜查罗某的身体，侵犯了罗某的人格尊严，同时对罗某的名誉也造成了负面影响。由于罗某是未成年人，非法搜身的行为对其造成的心理伤害是巨大的，事实也证明，罗某因此而受到了较大的精神刺激。根据该解释第8条的规定：“因侵权致人精神损害，但未造成严重后果，受害人请求赔偿精神损害的，一般不予支持，人民法院可以根据情形判令侵权人停止侵害、恢复名誉、消除影响、赔礼道歉。因侵权致人精神损害，造成严重后果的，人民法院除判令侵权人承担停止侵害、恢复名誉、消除影响、赔礼道歉等民事责任外，可以根据受害人一方的请求判令其赔偿相应的精神损害抚慰金。”从保护未成年人合法权益的立场出发，某超市保安的侵权行为造成的精神损害可以认定为后果严重，罗某要求精神损害赔偿的诉讼请求应当予以支持。

关于在本案中，罗某自身有无过错的问题，一般超市对顾客携带的包、袋等要求寄存，并设立了专门的存包处，但诸如罗某随身携带的毛笔之类的小件物品，通常不需要寄存。所以，罗某将在别处购买的毛笔带进商场，不能认为是有过错。本次纠纷完全是由于某超市的保安态度蛮横，行为粗暴造成的。其在查明罗某随身携带的毛笔非超市所有的情况下，仍然无故对罗某进行搜身，显然属于有意为难罗某，具有侵犯他人身体和人格尊严的主观故意，应当承担全部责任。某超市不能根据上述司法解释第11条“受害人对损害事实和损害后果的发生有过错的，可以根据其过错程度减轻或者免除侵权人的精神损害赔偿责任”的规定，要求减轻或免除其责任。《最高人民法院关于确定民事侵权精神损害赔偿责任若干问题的解释》(2020) 第5条规定：“精神损害的赔偿数额根据以下因素确定：(一) 侵权人的过错程度，但是法律另有规定的除外；(二) 侵权行为的目的、方式、场合等具体情节；（三）侵权行为所造成的后果；（四）侵权人的获利情况；（五）侵权人承担责任的经济能力；（六）受理诉讼法院所在地的平均生活水平。”罗某所应当获得的精神损害赔偿数额应由人民法院根据上述司法解释的规定予以核定。另外，对某超市保安非法搜查他人身体的行为，还应当严肃处理。

【法条指引】

中华人民共和国刑法

第二百四十五条　非法搜查他人身体、住宅，或者非法侵入他人住宅的，处三年以下有期徒刑或者拘役。

司法工作人员滥用职权，犯前款罪的，从重处罚。

中华人民共和国民法典

第一千零二十四条　民事主体享有名誉权。任何组织或者个人不得以侮辱、诽谤等方式侵害他人的名誉权。

名誉是对民事主体的品德、声望、才能、信用等的社会评价。

最高人民法院关于确定民事侵权精神损害赔偿责任若干问题的解释

第五条　精神损害的赔偿数额根据以下因素确定：

（一）侵权人的过错程度，但是法律另有规定的除外；

（二）侵权行为的目的、方式、场合等具体情节；

（三）侵权行为所造成的后果；

（四）侵权人的获利情况；

（五）侵权人承担责任的经济能力；

（六）受理诉讼法院所在地的平均生活水平。

8. 父母放纵子女的吸烟酗酒行为，应当如何处理？

【维权要点】

父母或者其他监护人应当以健康的思想、品行和适当的方法教育未成年人，引导未成年人进行有益身心健康的活动，预防和制止未成年人吸烟、酗酒、流浪以及聚赌、吸毒、卖淫。

【典型案例】

李某（男，13周岁，某中学初中一年级学生）的父母都是个体户，文化程度较低，自幼对李某疏于管教。上小学时，李某就沾染上了吸烟的不良习惯，经常偷父亲的烟出去抽，还分给班上的同学。老师发现后，通知了李某的家长。李某的父母非但对李某不严加管教，反倒认为吸烟能让儿子“更有男人气”，纵容李某吸烟。上中学后，李某与社会上的不良少年接触，又开始喝酒，经常在外面酗酒到深夜才回家。喝酒后，李某与同伙一起在街上大声喧嚣，惹是生非，还破坏公用设施，并被公安机关拘留过。由于李某尚未成年，公安机关对其进行教育，责成家长严加管教后将其释放。李某住所地的居委会和李某就读的学校也多次和李某的父母交涉，希望他们端正态度，加强对李某的管教。但李某的父母认为：“儿子在外面混是长见识，增能耐，多交朋友，将来路子宽。抽点烟，喝点酒，没有什么大不了的！”鉴于这种情况，为李某将来的健康成长着想，李某的亲属和李某住所地的居委会及李某所在学校共同向人民法院提出申请，要求撤销李某监护人的资格，为李某另行指定监护人。

【法官讲法】

未成年人的健康成长关系到社会的稳定和国家的未来。保护未成年人的身心健康，保障未成年人的合法权益，促进未成年人在品德、智力、体质等方面全面发展，把他们培养成有理想、有道德、有文化、有纪律的社会主义事业接班人，是我们国家、社会、学校、家庭不可推卸的责任。家长作为未成年人的第一位老师，家庭作为未成年人的第一所学校，责任更是重如泰山。“家庭保护在未成年人保护中有着基础的关键的作用，父母或者其他监护人对未成年人承担着不可推卸的责任。”

我国宪法规定，父母有抚养教育未成年子女的义务。这就从根本上规定了父母对未成年子女吸烟、酗酒的恶习不能置之不理，放任自流。父母如果消极对待未成年子女的吸烟、酗酒行为，不采取积极的教育措施，就很容易使未成年子女的恶习根深蒂固。吸烟、酗酒不仅有害于未成年人的身体健康，而且也很容易扭曲未成年人的心灵，使未成年人成为社会上的不稳定因素。这不仅有害于家庭，也有害于社会和国家。作为父母，切不可等闲视之。

在本案中，李某从小学起便在家长的纵容下吸烟，进入中学后更是在社会上的不良少年影响下沾染了酗酒的恶习，并开始有危害社会的行为，已经成为社会上的不稳定因素。公安机关和李某住所地的居委会、李某所在学校都为此作出了努力，希望挽救李某，使其回到正途。但李某的父母置各方面的意见于不顾，对李某吸烟、酗酒的不良行为竟然采取纵容甚至是支持的态度，达到了不可理喻的地步。让他们继续担任李某的监护人显然不利于李某的健康成长。李某的亲属和居委会、李某所在学校本着对未成年人负责、对社会负责的态度，向人民法院提出申请，要求撤销李某父母监护人的资格，为李某另行指定监护人，是正确的，合法的，应当予以支持。

【法条指引】

中华人民共和国民法典

第三十六条 监护人有下列情形之一的，人民法院根据有关个人或者组织的申请，撤销其监护人资格，安排必要的临时监护措施，并按照最有利于被监护人的原则依法指定监护人：

（一）实施严重损害被监护人身心健康的行为；

（二）怠于履行监护职责，或者无法履行监护职责且拒绝将监护职责部分或者全部委托给他人，导致被监护人处于危困状态；

（三）实施严重侵害被监护人合法权益的其他行为。

本条规定的有关个人、组织包括：其他依法具有监护资格的人，居民委员会、村民委员会、学校、医疗机构、妇女联合会、残疾人联合会、未成年人保护组织、依法设立的老年人组织、民政部门等。

前款规定的个人和民政部门以外的组织未及时向人民法院申请撤销监护人资格的，民政部门应当向人民法院申请。

9. 档案里记载学生精神病患，是否侵犯隐私权？

【维权要点】

学生的病情是暂时性、轻缓的、可治愈的，对其毕业后的生活、工作不会造成重大影响，且未对其在校生活和学习造成影响的，则学校不应在档案中记载，如果在档案中记载，就构成了对学生隐私权的侵犯。

【典型案例】

某青年作家，10年前从某师范专科学校毕业后被分配回原籍，竟然没有一个单位肯接受他，无奈，只能凭借自己的勤奋，走出一条文学创作之路。2018年7月，该青年作家通过某种途径看到了自己的档案，才发现其中有这样的记录："考虑到该生长期患有头昏失眠等疾病，有时有精神反常现象……"该作家非常气愤，一纸诉状将自己的母校和县教育局告上法庭，要求赔偿精神损害抚慰金及经济损失共计人民币210万元。

【法官讲法】

长期以来，学校对学生的档案记录从来不向学生本人公开，很少有学生对自己的隐私权利提出要求。现在，随着法律意识的不断增强，保护学生隐私权的呼声越来越高，这不能不让我们重新审视学校管理中的一些行为，从承认并保护学生的隐私权，协调学生的知情监督权利与个人隐私权利的冲突和协调的角度，判断管理行为的合法性。

个人档案是个人主要经历的官方记录方式，包括个人的受教育程度、主要的学习机构、工作单位、受奖励和处罚的情况、是否受到刑事处罚的情况、参加社会团体组织的情况等。个人档案的内容对个人的就业、晋级、晋升等方面的影响是不言而喻的。个人档案的记录内容、使用方式、保管方式等都与个人的隐私密切相连，如何在保护个人隐私权和维护个人档案的真实性和有效利用之间进行协调是一个重要的问题。目前，我国尚没有正式的隐私权法或者档案管理法等对此作出明确具体的规定。

学生的个人档案应当从什么时候开始建立？学生档案的内容应当包括什么？应当由哪些部门进行记录和管理？学生本人或监护人是否有权利知道档案记录的内容？工作人员擅自修改或丢失相关记录应当受到什么样的处罚，等等，这都是与学生在进入社会时的初步影响有密切关系，应当引起各个学校的高度重视。在我国没有相关法律规定的情况下，学校应当建立严格的学生档案管理制度，对学生档案的内容、记录人员的资格、档案的管理等作出相应的规定。有关学生的档案记录，重视获奖和纪律处罚方面的事实记录，尽可能减少班主任的个人主观评价，应当是值得借鉴的方法。现在越来越多的人认识到，公民应当有权利知道本人档案记录的内容，应当有相应的法律来规范公民的档案记录问题。

关于个人患有某种疾病属于个人隐私的范围，但是，在学校从事集体生活时，个人病历的隐私应当受到一定的限制，其理由是公共卫生安全利益应当首先受到法律的保护。这种限制就是，如果学生患有传染性疾病，学生应当及时向学校说明，如果是在学校进行体检过程中发现的，医务人员应当将体检结果单独通知学生本人和相关的管理人员，以便使学校能够采取合理的措施，包括让患病学生暂时休学等，以维护其他学生的健康安全。学生不得借口个人隐私拒绝身体检查，也不得拒绝学校采取的合理措施。当然，学校也没有必要将某学生患某种疾病的信息向其他学生公布。

个人档案记录，既涉及个人隐私的保护，更涉及建立社会公共信任的问题，涉及个人档案管理体系等重大问题，学校应当积极探索、改进学生个人档案的管理制度，特别应当注意满足学生及其家长知情的要求。

本案中，如果该生的病情是暂时性、轻缓的、可治愈的，对其毕业后的生活、工作不会造成重大影响，且未对其在校生活和学习造成影响的，则学校不应在档案中记载；如果在档案中记载，就构成侵犯隐私权，给学生造成损失的，还应当承担赔偿责任。

【法条指引】

最高人民法院关于确定民事侵权精神损害赔偿责任若干问题的解释

第一条 因人身权益或者具有人身意义的特定物受到侵害，自然人或者其近亲属向人民法院提起诉讼请求精神损害赔偿的，人民法院应当依法予以受理。

10. 对犯错误的学生进行批评教育，是否侵犯了学生的名誉权?

【维权要点】

老师对犯错误的学生进行批评教育要注意方式方法，如果方法不当，有可能构成对学生名誉权的侵犯。

【典型案例】

齐某（8 岁）是某小学二年级一班的学生，因偷了同桌学生的一支铅笔，被同桌学生告到班主任高某处。当班主任高某将齐某叫到办公室进行批评教育时，另一位教师李某恰好到办公室，听到了班主任的个别谈话。李某在回到本班上课时，向全班同学说："一班的齐某偷了东西，被班主任批评，我们班里要是有人敢偷东西，我就将他送到公安局去。"下课后，二班的学生见到一班的学生，都说："你们班的齐某是个小偷。"很快，整个年级都在背后议论齐某偷东西的事，第二天，齐某就不愿意再去上学了。齐某的家长找到班主任高某说理，高某才知道齐某的处境，随后找到二班的老师，了解了事情的经过。学校及李某认为，齐某偷铅笔是事实，对于小的行为不严肃批评，长大了就会走上犯罪的道路，老师的行为并无不当。无奈，齐某的家长只好将齐某转到一个离家更远的地方上学。

【法官讲法】

本案学生齐某确实偷了同学的铅笔，那么对他进行批评教育是否侵犯了齐某的名誉权？这要看批评的方式是否得当，是否具备侵害名誉权的抗辩事由。侵害名誉权的抗辩事由主要有以下几种类型：

其一，受害人同意。

民事权利中蕴含着民事主体的利益，这种利益具有可放弃性，如果民事主体根据自己的意志作出放弃的行为，只要不违背法律的强行性规定，不违背社会公共利益，就应该得到法律的承认。如果明知他人的行为将对自己名誉产生不利后果，而此人却自愿承担此不利后果，实质上就意味着放弃了有关权益。受害人同意作为抗辩事由的依据是诚实信用原则，即任何理性之人必须承担自己的行为后果，不能随意收回有关的意思表示，而使他人遭受损害。否则，社会交往就会因此而丧失既定的预期性，信赖也不复存在，正常的民事交往不能顺利进行。受害人同意表明加害行为人对于损害后果的发生没有过错，阻却了该活动本来存在的不法性。

受害人同意一般是指受害人事先明确表示自愿承担某种损害结果，行为人在其所表示的自愿承担损害结果的范围内对其实施行为，不承担民事责任。受害人的同意，通常有两种情况：一是请求加害人对其实施某种加害行为；二是同意接受某种危险或者危险将要造成的损害后果。这个抗辩事由应有以下几个构成要件：

1. 受害人在主观上愿意承担名誉权权益被损害的后果，并明确将这一意愿向加害人或者其他人予以表示。如果受害人并不希望自己承担名誉权权益受到侵害的后果，即使其已经认识到会遭到侵害的可能性，也不能构成同意。

2. 受害人自愿作出这样的意思表示，不得有被胁迫、欺诈等因素。

3. 受害人的意思表示必须是在名誉权权益被侵害之前作出，如果在事后作出就是法律责任的事后免除，而不是事前的抗辩事由。

4. 侵害行为的内容与受害人的意思表示实质相同。比如，受害人同意新闻机关对不利于自己声誉的事宜进行报道时，应当在知道报道内容的前提下作出的该意思表示，如果不知道报道内容，仅仅表示可以对自己进行报道并不能成为抗辩事由。

5. 受害人意思表示之事项必须符合法律或社会公共利益。在侵害名誉权的案件中，抗辩事由往往发生在涉及特定人的新闻作品的创作中，作者采访了特定人本人或由其提供材料，如果作者根据特定人自己的陈述或提供的材料写成文章发表，应视为被采访人本人同意，即使文章中有损害其名誉的内容，该特定人也不能主张侵权。但同时要注意范围和限度问题，记者采访当事人，基于记者的追问，当事人说出了某些不利于自己名誉的虚伪事实，但是当事人明确表示记者不得将这样的情节写入文章的，记者也不得将其写入文章、扩大传播范围，否则将构成侵害受害人的名誉权。这是从信息来源上排除媒体在获取信息上的过错。

其二，依法执行职务行为或履行法律义务的行为。

在我国，一般认为以下情况可以免责：

1. 各级人大代表、政协委员在各种会议上的发言。即使有损别人的名誉，也不构成侵权，只有这样，才能有助于充分发挥他们的参政、议政作用。

2. 国家机关工作人员或其他人员依职权在工作中的善意陈述。例如，在考察干部、人事调配、评定职称过程中涉及某人，有关人员即使作了有损他人名誉的陈述，也不是侵权；但如果超出职权范围，恶意散布有损他人名誉的言论，则可能构成侵权。

3. 履行道德上或法律上义务的行为。例如，老师对学生情况的介绍，家长对孩子的管教等。在这些场合，陈述人所为的陈述是履行道德上或法律上的义务，不为侵权。但若陈述人明知其陈述的事实虚假而仍散布的，可构成侵权。

其三，公民通过合法渠道善意向组织反映情况的行为。

在我国，遵循正当途径向有关组织、部门反映情况，尤其是反映领导干部的问题，得到法律、法规、国家政策和党的政策的确认和鼓励。为了接受这样的反映，党政机关还设立了专门的接待机构，如信访部门。此外，公民还可以向司法机关、新闻出版媒介反映问题。从实践经验看，不少情况反映是真实的或者基本真实的，为清查某些案件、加强廉政建设作出了贡献。但是也有的情况反映是虚假的或者基本不真实的，给有关组织的工作造成被动，给被反映的人造成打击。

因此，向有关组织和部门反映情况的行为要构成侵害名誉权的抗辩事由，须满足以下条件：

1. 所反映的情况基本真实或者部分真实，或者虽然不真实但是出现不实是情有可原的。

2. 在情况反映中的观点客观或者比较客观，没有或者较少掺杂对相关人员的侮辱性言论。

3. 反映问题的途径正当，如向党的组织部门、纪检监察部门、信访部门、司法部门反映，而不是无组织、无纪律地广泛传播。

4. 行为人不存在故意捏造、歪曲事实的心理状况。如果行为人出于恶意，故意捏造事实或者歪曲事实，或者明知其所反映的事实是不真实的而继续反映，则不能援引“循正当途径反映情况”作为免责事由进行抗辩。行为人可能要承担相应的民事责任乃至刑事责任。

其四，合理引用与公正评论。

合理引用或者重复传播可以构成侵害名誉权的抗辩事由，但要满足主、客观两个条件：

1. 行为人主观上不具有恶意，如果行为人故意侵害他人名誉或明知引用或者重复传播的事实是虚伪的、不利于受害人名誉的，而继续为此项行为，则不是“合理”的引用或者重复传播，不应当享有此项抗辩。

2. 客观上被引用的或重复的事实具有合理的可信性，即有关信息是从具有公信力的机构获得，也足以证明加害人主观上没有过错。笔者认为，以下的信息属于从权威的信息来源获得的信息：一是司法机构、仲裁机构、行政机关、公证机关在具有法律效力的法律文书中确认的事实。二是具有合法地位的政党、国家机构在公文、正式出版物、新闻发布会、记者招待会、蓝皮书、白皮书中确认的事实，或其负责人以该政党、国家机构的名义发表的电视广播讲话。三是为配合特定机关履行职责的需要而发表的信息。在实践中，常常发生媒体为了配合执法机关履行职责的需要而发表有损特定人名誉的报道，如某报社按照公安机关的指令刊登了对某人的通缉令，后该通缉令被确认是误发，该报社就可以以此进行抗辩。四是企业、事业单位、社会组织就自己的事宜向新闻媒体提供的信息。

与合理引用密切相关的是公正评论，因为引用一般是以评论为目的的。有的学者认为，公正评论作为抗辩事由也要具备两个条件：

第一，评论的对象必须与社会公共利益有关（如国家和各级地方政府，立法、司法机关的各种政策、措施，企事业单位、社会团体的与公共利益有关的各种行为和决定，任何个人和团体的文艺表演，公众人物的表现，重大事件的真相）。

第二，评论必须是公正的（行为人主观上应出于诚意，评论所依据的事实应真实，对艺术作品、文学作品的评论应当是对事不对人）。此处的真实应当是法律上的真实和基本真实。

在本案中，齐某的班主任高某的行为并没有什么不当之处，对做错事的孩子进行批评教育是正当的，也是必要的，是在依法执行职务行为，而是二班的老师李某的过错导致齐某受到不公正的评价。因为，齐某只有8岁，虽然偷了同桌学生的一支铅笔是事实，但这样的行为是否达到必须让众人谴责的程度？李某的批评方式或许能起到一定的震慑作用，但老师应当考虑到这种方式给齐某所造成的心理压力。这种以打击儿童自尊心的方式来教育儿童，其实际效果是非常不好的，不利于儿童今后的成长。因此，李某的行为侵犯了齐某的名誉权，而高某将齐某叫到办公室里进行批评教育，并无过错，故不承担侵权责任。当然，不管是高某还是李某侵犯了齐某的权利，都是一种职务行为，学校作为教师的管理者均应承担责任。

【法条指引】

最高人民法院关于确定民事侵权精神损害赔偿责任若干问题的解释

第一条　因人身权益或者具有人身意义的特定物受到侵害，自然人或者其近亲属向人民法院提起诉讼请求精神损害赔偿的，人民法院应当依法予以受理。

11. 教师侮辱女生致其自杀，侵犯了学生的何种权利？

【维权要点】

老师对学生的批评教育，即便是符合事实的情况，也应当考虑评价的方式问题，不能以侮辱人格的方式或者不顾及作为人起码应当具有的尊严的方式进行评价。老师以当众羞辱的方式来教育学生，其行为本身属于暴力侮辱人格的行为，构成侵犯名誉权的行为。

【典型案例】

2021 年 4 月 12 日，按照学校的要求，丁某应于上午 8 时到校补课，但其未按时到校，其班主任汪某询问她迟到的原因，用木板打了她，并当着某同学的面对她讲："你学习不好，长得也不漂亮，连坐台都没有资格。"12 时 29 分左右，丁某从该校中学部教学楼八层跳下，经抢救无效，于当天中午 12 时 50 分死亡。

法院经审理认为，被告人汪某的行为符合侮辱罪的主客观构成要件。纵观全案，丁某之所以跳楼自杀，除来自家庭和社会的各种压力外，被告人汪某的言行是引发丁某跳楼自杀的直接诱因。被告人汪某的行为不仅贬损了丁某的人格尊严和名誉，而且产生了严重的后果，造成恶劣的社会影响，具有一定的社会危害性，应当受到刑事制裁。鉴于被告人汪某是在对学生进行教育时实施的侮辱犯罪行为，其主观恶性不深，庭审中有一定悔罪表现，且丁某跳楼自杀确系多因一果，加之被告人汪某又具备缓刑的管教条件，可适用缓刑。故汪某被判处有期徒刑一年，缓刑一年。

【法官讲法】

本案被告人汪某的行为在刑事上构成侮辱罪，理应受到刑法惩罚，在民事上，汪某侵犯了丁某的名誉权，还应当承担民事赔偿责任。本案涉及维护学生名誉权与学校评价学生的方式问题。

名誉是指特定的自然人的品行、才能等人格价值的一种社会评价。作为社会评价，首先，应当是客观的，即应当实事求是，不允许依据虚假的事实对某人进行评价。其次，作为社会评价，它应当是以公正的、适当的方式进行。就是说，即使是符合事实的情况，也应当考虑评价的方式问题，不能以侮辱人格的方式或者不顾及作为人起码应当具有的尊严的方式进行评价。因此，所谓名誉权是指自然人依法享有的，要求对自己的名誉给予客观、公正的社会评价，并维护自己的名誉不受他人非法贬低的权利。民法典第1024条规定："民事主体享有名誉权。任何组织或者个人不得以侮辱、诽谤等方式侵害他人的名誉权。名誉是对民事主体的品德、声望、才能、信用等的社会评价。"

其一，侵犯名誉权的行为及承担责任的条件。

侵犯名誉权的行为主要是采取侮辱和诽谤的方式实施，但在判断侵权人的行为是否构成侵犯名誉权并应当承担侵权责任时，还要注意以下几个方面的问题：

一是损害他人名誉的行为的认定。损害他人名誉的行为主要有三种情况，一是侮辱，二是诽谤，三是其他损害他人名誉的行为。其中，侮辱和诽谤是两种典型的侵犯名誉权的行为。所谓侮辱，是指故意以暴力、语言、文字等方式贬低他人的人格，损坏他人的名誉。而诽谤，则是指行为人故意捏造虚假事实向第三人等散布，或者由于过失散布道听途说的虚假事实，损害他人名誉的行为。所谓其他损害他人名誉的行为包括：第一，因新闻报道严重失实，导致他人名誉受到损害的行为。第二，在公众场合对他人所作的严重不当的评价，导致他人名誉受到损害。比如，在公众大会上批评某人同另外的人有不正当的男女关系等。第三，不适当地宣扬他人的隐私，导致他人名誉受损的行为。这种情况属于一个行为侵犯两种权利，既侵犯了他人的名誉权，也侵犯了他人的隐私权。

二是侵犯名誉权的行为必须是指向特定的人。因为每个人的名誉只属于本人，只有当贬低人格的行为针对特定的人，才会导致社会对某个具体的人的评价降低，从而使某个具体的人受到不公正的评价。如果只是针对某一类的人进行贬损，则不属于侵犯某个具体的人的名誉权的行为。所以，学校的领导、教师针对学生中存在的某些现象进行公开的批评和谴责，只要不针对某个具体的学生进行，就不属于侵犯学生名誉权的行为。

三是对某人名誉造成损害的事实必须是客观存在的。所谓名誉受到损害的事实，包括两个方面：(1) 由于侵权人的行为使第三人或公众对受害人的品行、才能等产生了轻视、指责、不信任等后果，这种损害事实，虽然不具有明显的外在表现形式，但按照当时社会通常的对人的评价标准，行为人的侵权行为在客观上导致了公众对受害人的轻视和指责。名誉是一种观念，它存在于公众的心里，虽然公众不一定将自己对某人的看法表达出来，但如果不进行及时的更正，必然会产生降低受害人在公众心里受尊重程度的后果。所以，在判定侵权人的行为是否侵害了某人的名誉，主要以侵犯名誉权的行为是否被受害人以外的第三人知道为标准，只要证明侵犯名誉权的行为被第三人知道，就可以推定名誉损害的客观存在。而第三人的人数并不重要，因为这只是表明行为影响的范围。(2) 侵权行为造成了受害人的精神损害。精神损害是受害人因侵权人的行为而遭受的心理、感情方面的伤害，包括心理上的悲伤、怨恨、忧郁、气愤、失望、自卑等痛苦的折磨。精神损害是侵犯他人名誉权的间接后果。每个人的心理承受能力不同，所表现出来的痛苦程度也不同，造成精神损害的程度主要从侵权行为的手段、行为内容的恶劣程度、影响范围的大小等综合判断。

另外，侵犯名誉权也会在一定程度上产生财产方面的损失。比如，因名誉受损，精神痛苦而导致的精神疾病的医疗费用；对于成年人来讲，名誉受到损害，会对受害人的晋升、职位的提升造成一定的影响，在一定程度上产生财产利益的损失。

其二，维护学生名誉权与学校评价学生的冲突与协调。

在学校，教师侵犯学生的名誉权，主要是批评教育方式不当造成的。常见的有以下几种。

一是当众羞辱有偷盗行为的学生。例如，某甲，9 岁，是某小学三年级的学生，在第一次偷同桌学生的铅笔时，班主任对其进行了严肃的批评，事隔两周，某甲的同桌又向班主任报告，自己的钢笔丢了，班主任当场对某甲的书包进行搜查，确实搜出了同桌丢失的钢笔，这时，班主任老师让某甲站在讲台上，对着全班同学自己打自己的耳光，并说："我是三只手，我保证今后再也不偷东西了。"这样持续10分钟后，班主任才让某甲停下，宣布放学。某甲回家后，再也不愿意上学了。在本案中，某甲存在不良行为是事实，学生的行为也应当受到老师的批评，但不能认为某甲就因此丧失了基本的人格尊严。老师以当众羞辱的方式来教育学生，其行为本身属于暴力侮辱人格的行为，构成侵犯名誉权的行为，最终，不但不能使某甲认识错误，而且使某甲对老师和教育行为产生了仇视的心理。

二是当众侮辱考试作弊的学生。例如，王某是某中学初中二年级的女学生，一次在考英语的时候，王某将与考试有关的资料抄在自己的大腿上，被监考的老师发现，监考老师立即让学生停止考试，将王某带至讲台上，当众掀起王某的裙子让大家看，引起学生哄堂大笑。王某挣扎着跑出考场，竟纠集家人将监考老师打伤。打伤老师的人固然要受到惩罚，但监考老师的做法的确属于侮辱学生人格的行为，同样也被法院责令承担侵权的民事责任。

三是公开批评早恋的未成年学生。在中学，男女学生之间以书信互相表达爱慕之意的情况确实存在，但问题是教师应当如何对待早恋的学生。如果教师采取当众宣读学生情书的方式对学生进行羞辱，同样属于批评教育方式严重不当的行为，属于侮辱学生人格的行为，即侵犯了学生的名誉权，也侵犯了学生的隐私权。

四是当众羞辱衣着打扮不得体的学生。例如，李某是某中学高中一年级的学生，在自己17周岁生日的那天下午，没有穿校服，而是穿上了自己喜欢的吊带裙，脸部妆容较明显，进入教室。班主任发现后，对李某进行批评，要求其回家换了校服再到教室上课。李某不服，又嘟囔了几句，班主任十分气愤，将李某拉到讲台上，对全班同学说："你们看，李某像不像坐台小姐?"引起学生哄堂大笑。李某哭着离开教室，回到家里吃了一把安眠药，因发现及时，未发生严重后果。

教师、学校公开批评某种行为，或某个学生，也是正当的，但前提也是不得当众侮辱学生的人格。如果说在古代，以酷刑惩罚犯罪人是一种野蛮的惩罚，那么，在今天以当众羞辱的方式让学生吸取教训、纠正错误的做法同样是一种不文明的行为，是不可能得到法律承认的。相反，法律从保护学生合法权利的角度，对实施侵权行为的教师应追究法律责任。

法律保护一切公民的名誉权，包括学生这个群体。不论学生的年龄怎样，也不论学生本人是否意识到自己的尊严问题，作为教师，在管教学生时，必须明确，不得侵犯学生的名誉权。法律之所以严格保护每一个公民的名誉权，就是因为，保证公民的名誉权是维护个人的人格尊严的需要，通过保护个人希望维护自己名誉的精神利益，实现个人之间，个人与社会之间的基本和谐；也通过对个人名誉的保护，树立良好的社会道德风尚。

总之，学生从小学到大学，是一个成长的过程，在这个过程中，学生犯这样或那样的错误是正常的，教师在开班级会议时公开点名批评某个学生，或者学校领导在学生大会上批评个别学生，这都是学校和教师的正当权利，是教育的一种方式。但学校在行使正当的批评教育权时，也应当注意：（1）在决定是否应当对某个学生进行公开的批评时，应当考虑学生所犯错误的性质，学生的年龄和心理承受能力。（2）教师及学校领导在公开批评学生的同时，应当对其他学生如何对待犯错误的同学提出明确的指导，为犯错误的学生改正错误创造良好的氛围。（3）原则上，对于未成年学生的轻微的错误，不宜采取在年级大会或者全校大会上公开点名批评的方式，应当对犯错误的学生进行个别批评教育，而对其他学生主要是针对某种行为教育学生分清是非，明白事理。（4）对于涉及性侵害、性骚扰、不正当性行为方面的违纪行为，不宜公开点名批评，应当特别注意保护无辜的受害人的隐私权利。（5）批评学生不应使用侮辱性的语言。

【法条指引】

中华人民共和国民法典

第一千零二十四条　民事主体享有名誉权。任何组织或者个人不得以侮辱、诽谤等方式侵害他人的名誉权。

名誉是对民事主体的品德、声望、才能、信用等的社会评价。

12. 老师擅自更改学生姓名，是否侵犯学生姓名权？

【维权要点】

盗用、假冒他人姓名、名称造成损害的，应当认定为侵犯姓名权、名称权的行为。

【典型案例】

刘某5周岁时被父母送到某艺校学习，其老师常某未征得刘某父母同意，将刘某的姓名改为常刘某。三年后，某电影制片厂到该艺校挑选小演员，刘某被选中，并承担影片中的女主角，影片上署名为常刘某。影片公映后，刘某的父母看到女儿的署名为常刘某，认为常某侵犯了女儿的姓名权，要求常某赔礼道歉并赔偿精神损失费。而常某认为给自己的学生起艺名属于正常行为，并没有侵害刘某的任何权益。刘某的父母于是向法院提起诉讼。

【法官讲法】

根据民法典第1012条的规定："自然人享有姓名权，有权依法决定、使用、变更或者许可他人使用自己的姓名，但是不得违背公序良俗。"第1014条规定："任何组织或者个人不得以干涉、盗用、假冒等方式侵害他人的姓名权或者名称权。"姓名权，就是公民决定、使用和依照规定改变自己姓名的权利。它包括自我命名权、姓名使用权、改名权。未成年人也是合法公民，在其无识别能力时，其姓名由其法定监护人决定，未经其法定监护人同意，任何人不得对其姓名加以改变、盗用和假冒。在未成年人具有了一定的识别能力时，若认为原来的姓名不合适或出于其他原因，可以重新决定自己的姓名，按规定更改和使用自己的姓名，他人不得干涉。学生在学校期间，学校、老师应保护学生的姓名权。侵犯姓名权的主要方式有：（1）干涉他人姓名权，指针对他人姓名而实施某种积极的行为，如禁止他人改名或禁止他人使用与自己相同的姓名。（2）盗用他人姓名，指未经他人同意或授权，擅自以他人的名义实施有害于他人和社会的行为，如盗用他人姓名，取走他人的存款或汇款。（3）假冒他人姓名，指冒充他人名义进行活动。

侵害姓名权的责任构成要件包括四个方面，即侵害事实、侵害人的主观过错、侵害行为与损害后果间的因果关系及侵害姓名权、名称权的损害后果。

其一，侵害姓名权的行为类型。

侵害姓名权的违法行为一般由作为的方式作出，如盗用、假冒、干涉他人姓名的行为，均须作为的方式实施，不作为一般不构成侵害姓名权。即使不作为方式构成侵害姓名权，也只存在于应使用而不使用他人姓名的场合，即指明某人时应使用其人姓名，若不使用他人姓名，或者将他人姓名以滑稽发音，称某人为不雅的诨号等，均构成不使用他人姓名。民法典第 1014 条对侵害他人姓名权作了禁止性规定，即禁止他人干涉、盗用、假冒公民的姓名权。

一是非法干涉他人姓名权的行为。

非法干涉他人姓名权的行为，是指对他人行使姓名命名权、姓名使用权以及姓名变更权的非法干预，阻碍他人正当地行使其姓名权。该行为的特点，是只以违背姓名权人的意思为构成要件，而不论是否有不正当目的。任何公民均有权依法决定使用和变更自己的姓名，未成年人由于无完全行为能力，其姓名一般由父母决定，或随父姓或随母姓，父母决定未成年人姓名，并非干涉子女姓名权。但公民成年后，对姓名的决定、变更和使用权应由其本人实施，非法干涉其变更原姓名、强迫变更其姓名，或强迫其不得变更姓名，不准公民使用其姓名、别名、笔名、艺名、化名或强迫公民使用某姓名，均属侵害他人姓名权的行为。对于夫妻离婚后，抚养未成年子女的一方未经对方同意，擅自将未成年子女的姓名变更为继父或继母姓氏而引起纠纷的，根据《最高人民法院关于适用〈中华人民共和国民法典〉婚姻家庭编的解释（一）》第 59 条规定，父母不得因子女变更姓氏而拒付子女抚养费。父或者母擅自将子女姓氏改为继母或继父姓氏而引起纠纷的，应当责令恢复原姓氏。

二是非法使用他人姓名权的行为。

非法使用他人姓名权的行为，包括对他人姓名的盗用和对他人姓名的假冒两种行为。所谓盗用他人姓名的行为，是指未经姓名权人同意或授权，擅自以该人的姓名进行民事活动，实施不利于姓名权人、不利于社会公共利益的行为。如某学校盗用某著名人士姓名，在报纸上登广告以其任名誉校长为名招生，扩大学校知名度等。而假冒他人姓名则是指冒名顶替、冒充他人姓名参加民事活动或进行其他民事行为，如冒名顶替某人升学、招工、招干，以及为与制作同一种便民食品的某一经营者竞争，假冒其名义销售劣质食品等。

盗用与假冒均是非法使用他人姓名并侵害了他人的姓名权，两者有一定的相同性，如都是行为人在受侵害人不知情的情况下进行的；行为人主观状态都是故意的，并具有一定的不正当目的（所谓不正当的目的，包括牟利、营利及规避法律）；都会造成一定的损害后果；都是违法行为；等等。但两者在行为表现上仍有不同之处，具体为：(1) 盗用姓名是未经姓名权人同意而擅自使用，而假冒专指冒充他人姓名顶替其实施行为。(2) 盗用姓名只是擅自使用他人姓名进行民事活动，行为人并未直接以受侵害人的身份进行民事活动，而假冒姓名则是以姓名权人的身份直接进行活动。(3) 盗用姓名的后果通常表现为直接损害被盗用者的利益，而假冒姓名者的目的常常并不直接损害被盗用者的利益，只是为了谋取其个人的非法所得。盗用他人姓名的违法行为的特点在于侵权人未经姓名权人同意或授权，擅自使用姓名权人的姓名，并给姓名权人造成一定的损害。

其二，侵害人的主观过错。

实施侵害姓名权、名称权违法行为的侵害人，主观上一般均为故意，但在侵害姓名权与名称权中，主观过错表现不完全相同。在侵害姓名权构成中，侵害人的主观过错，必须是故意。过失一般不构成侵害姓名权。过失造成与他人同名同姓，并不构成侵害姓名权，我国人口众多，幅员辽阔，姓氏繁多，同名同姓在所难免。使用与他人相同的姓名而无不正当目的的，不构成盗用或假冒他人姓名。但如果是故意使用与他人相同的姓名，以达到某种目的时，则构成侵害姓名权。而在侵害名称权行为中，侵害人除主观上具备故意状态外，还可因过失而构成对他人名称权的侵害。

其三，侵害行为与损害后果间的因果关系。

侵害姓名权、名称权的行为与损害后果间的因果关系，与一般侵权行为民事责任构成要件中的因果关系并无原则性差别，而且由于侵害姓名权、名称权的行为和损害事实往往体现出合一化特点，因此在实务中对该因果关系是否存在无须加以特别证明。只要受侵害人所遭受的损害后果是由非法侵害人实施侵害姓名权、名称权的行为所导致的，即可认定侵害行为与损害后果间存在因果关系。

其四，侵害姓名权、名称权的损害后果。

侵害后果的发生，一般要具备一定的表现形态，或财产损失或精神损害，而侵害姓名权、名称权的行为，因与侵害后果表现出合一化的特点。因此，侵害姓名权、名称权的损害事实并不要求具备特定的表现形态，而只要侵害人客观地实施了盗用、假冒、干涉他人姓名或名称的行为，即可认定侵害后果客观存在，并不需要受害人举证证明其所受到的物质的或精神的损失。受害人也无须证明侵害姓名权、名称权的行为已为第三人所知悉，无论该侵害是否为他人所知悉，或者造成受害人的精神痛苦、感情伤害等，均不影响行为人是否承担责任。

不论属于哪种情况，侵犯他人姓名权的，应当依法承担民事责任。按照传统社会习俗，学艺从师，师傅为徒弟起艺名似是正常之举。但在法治社会，公民享有独立自主的人身权，保护公民的权利比遵循习惯更重要。本案中，刘某是无民事行为能力人，其姓名应由其监护人决定。常某虽是刘某的老师，但并非刘某的监护人，无权更改刘某的姓名，但其未经刘某监护人同意，擅自在其姓名前冠以“常”姓，并在电影屏幕上公开使用，主观上有故意，也有损害结果，侵犯了刘某的姓名权，应承担赔礼道歉、赔偿精神损失的民事责任。

【法条指引】

中华人民共和国民法典

第一千零一十二条 自然人享有姓名权，有权依法决定、使用、变更或者许可他人使用自己的姓名，但是不得违背公序良俗。

第一千零一十四条 任何组织或者个人不得以干涉、盗用、假冒等方式侵害他人的姓名权或者名称权。

13. 在校办产品包装上擅自使用学生肖像，是否构成侵权？

【维权要点】

学校将学生的肖像用作校办产品的包装，系营利性的行为，如未经学生的监护人同意，也不具备侵犯肖像权的阻却违法事由，则构成侵犯肖像权，需承担赔偿责任。

【典型案例】

某小学附属食品加工厂生产一种豆奶，为了美观和便于识别，加工厂在食品的包装上印上了一个正在喝豆奶的小女孩的照片。这个小女孩是该校三年级的一名学生刘某，照片是在一次课间加餐时学校为了制作生活纪录片时拍摄的，至于何时用到豆奶的包装上，该学生并不知晓。刘某的家长得知这一情况后，向学校提出抗议，并要求学校停止使用肖像，赔偿损失。

【法官讲法】

该学校的做法是否侵犯了学生的肖像权？让我们首先来了解一下什么是肖像和肖像权。

其一，肖像的概念和特征。

肖像，是大家非常熟悉的概念，但也是一个内涵非常模糊的概念。日常生活意义的肖像通常是指以相片、绘画等表现出来的人的容貌。《辞海》对肖像的定义为：以图像以肖人者，为之肖像。即将其人之姿态、容貌、表情等特征，精确表出之也。如绘画、雕刻、塑像、摄影、刺绣等为表出之方法。根据学界通说，法律意义上的肖像，是指以摄影、雕塑等平面或者立体方式，表现自然人容貌、姿态、外观等主要特征，并使熟知的人据此特征认定该特定自然人的再现图像。据此，肖像具有以下特征：

第一，肖像应当是自然人所具有的人格标志因素。肖像是自然人的人格的外在表现，其内含了伦理以及法律意义；法人等社会组织体的外观（比如企业的厂房、厂容）仅仅具有物理意义，表明了该组织体的客观外形，没有伦理和法律意义，不能成为肖像权的载体和对象。

第二，肖像应当是自然人外部特征的视觉形象和客观再现。在认定某个形象是否就是肖像时，不要求该形象与本人完全一致，只要其在客观上能使他人根据通常标准认出其具有本人的形神特征，就可以认定为是本人的肖像。因此，只要表现出特定人的形体特征，并足以使他人知道所反映的形象就是该特定人，则无论该形象是一幅寥寥数笔的漫画，还是只有身体而没有图像的图片，均应认定为是该人的肖像。反之，不能反映人之外部形象和特征，而且他人也不能辨认具体人物的形象，就不是法律意义上的肖像。强调这一点在实践中具有重要意义，因为在很多场合下，他人可能会将某人作为景观的陪衬而摄入镜头，并进而使用该相片，只要出现在相片中的此人没有特定清晰的面貌，没有其他明显的人物特征，就不能认为该相片是此人的肖像作品。在这种前提下，摄影人就能够自由地使用该图片，而不受此种人物意志的制约。

第三，肖像应当固定在物质载体上。肖像的载体可以是相片、绘画、录像、雕刻等，其应当具有固定性和稳定性，只是暂时出现在水面、镜面上的人物形象，不是人物的肖像。这也说明，肖像具有物的属性，可以脱离本人而独立存在，其物质载体也可以作为物而为人所支配。

肖像作为法律上的概念，具有以下特征：

第一，肖像是公民外部形象的客观真实反映，即自然人肖像的客观真实性。不管公民肖像用什么手段和什么方式再现出来，都必须以某特定的公民为对象，因而该肖像是客观存在的，自然人及人物（包括历史人物），而不是虚构的、想象的、梦想中的“人”，也不是在社会生活中客观存在的法人等组织“形象”，而且，该肖像能真实地反映出该公民的外貌形象，该外貌形象能体现出该公民外在人格特征（容貌、身材和其他特征），其中主要以面部容貌为基本内容，但不要求所有人体（面部）的细节特征。通过公民与肖像进行比较鉴别，能以一般人的视觉清楚地辨别该公民为标准。

第二，肖像是公民外貌所展现的视觉主题形象，即肖像视觉主题性。该特征反映出肖像两个内容：一是该肖像所展现的特定公民的外貌形象，可以通过视觉（眼睛）来感知，非触觉、听觉等其他感觉所能感受的；二是对该肖像必须以特定人物（公民）作为“画面”的中心内容，即主题形象，而不是像风景画、事件画等作品中人物形象只是作为点缀、修饰之用，这样才能使人视觉一看便知该幅作品的主题是肖像，这种肖像主题使个人肖像与“集体肖像”区别开来，法律上肖像以个人肖像为论述，集体肖像一般不在论题之内。

第三，肖像必须是通过照相、绘画、雕塑、影视等技术手段（造型艺术、摄影技术、电影电视拍摄、电脑绘制等）将公民的外貌再现出来，即肖像再现性。如果采取其他手段不能将公民肖像再现出来，如公民在镜中和水里的映象，语言艺术、表演艺术对某特定人物的详细描绘、塑造，难以再现出公民的视觉形象，就不能称为“人物肖像”。

第四，肖像能用技术手段和人力将公民的外部形象固定在某种物质载体上，即肖像的物质性。肖像能通过照相、绘画、雕塑等造型艺术固定在某物质载体上，形成照片、画像、雕像、塑像等使公民本人与肖像（作品）在客观上互相脱离，各自独立存在。至于影视作品、全录像等，表面上似乎肖像没有再现在像照片、画像、雕塑像那样静态的物质载体上，虽然该人物形象是活动、变化、动态的样子，但实际上，这些人物形象仍以某物质载体（电影拷贝、录像带、电脑软片）为依托，而且可以通过人为和某种技术手段（如复制技术）再现并固定下来。肖像的这种物质性，使得肖像可以为人力所支配，并能发挥其社会价值、艺术价值和收藏价值，产生了社会影响和财产利益，体现了肖像的人格特征。

其二，肖像权的内容及侵害肖像权的表现形态。

肖像权是指自然人对于以照片、画像、录像及其他载体表现出来的自己的视觉影像，依法享有的受法律保护的权利。

肖像权的内容包括：(1) 肖像制作专有权。即肖像权主体可以根据自己的意愿，以任何合法的方式由自己或他人制作自己的肖像。既然是专有权，就意味着他人未经本人许可不得制作其肖像。(2) 专有使用权。即自然人有权按照自己的意志以合法的方式利用自己的肖像，并获得财产利益。(3) 利益维护权。即自然人对侵犯自己肖像权的行为，有权请求司法救济。

侵害肖像权的行为主要表现为以下几种形态：

第一，擅自创制他人的肖像。肖像是自然人人格的外在表现，体现了自然人的人格利益，只有自然人本人有权决定是否在客观上再现自己的形象、采用何种方式再现自己的形象、何时再现自己的形象等。未经他人同意，擅自创制他人的肖像，如偷拍他人的生活照片、秘密摄制他人的形体录像带等，就是侵害肖像权的行为。

第二，擅自拥有他人的肖像。未经他人同意而占有他人的照片，即使没有公开展示、发表或者采用其他方式使用，也是侵犯肖像权的行为。这对于职业制作他人肖像的营业者来说，尤其应该注意，比如，在合同关系消灭后，照相馆不能私自保留顾客照片的底片，也不能未经许可就私自复制他人照片予以保存，否则就侵害了他人肖像权。

第三，擅自处分他人的肖像。肖像是自然人人格形象的客观再现，反映了形象主体对自己外形或者个性特征的关注，如何通过肖像更美好地反映自己的形象，如何通过肖像更长久地保护自己的形象，是理性的肖像权人所关心的问题，这就要求他人不能违背肖像权人的意志而采用物理上的处分方式改变肖像的外观和内容，如涂抹他人肖像，撕毁他人照片，均是擅自处分他人肖像的行为，这些行为不仅侵害了他人的肖像权，而且往往也会侵害肖像人的名誉权。

第四，擅自使用他人的肖像。未经他人同意就使用其肖像，是实践中最为常见的侵害肖像权行为的表现形态，其可以分为以下几种类型：

一是营利性非法使用。即未经他人同意以营利为目的使用他人肖像。这种行为发生的场合多在商业活动中，可使非法使用者直接或间接地获取财产利益。

二是侮辱性非法使用即使用者恶意丑化、玷污他人肖像，其目的在于贬低肖像权人的人格尊严，给权利人造成精神上、人格上的损害。这种行为往往同时侵害权利人的名誉权。

三是不当使用。即在合法使用的前提下，使用人对肖像的使用在方式、范围、时间上明显不当，侵害了肖像人的权益。

在学校涉及学生肖像权的情况，主要包括两种：一是在有关学校的新闻报道中，涉及学生的肖像；二是在学校的宣传广告中涉及学生的肖像。对于第一种情况，民法理论上认为，在新闻报道中，未经本人同意使用公民肖像的，不构成侵权行为。对于第二种情况，首先，学校不是以营利为目的的组织，属于公益事业单位，民法理论上认为，为了公益事业而使用公民肖像的，也不构成侵权。所以，学校为了提高自己的知名度，或者教育发展需要，在招生宣传广告中，可以使用学生的肖像，也不必向学生支付报酬，但应当征得学生本人或其监护人的同意。其次，学校在自己研究、生产、经营的商品广告中，使用学生的肖像，属于营利的行为，应当征得学生本人或学生监护人的同意才能使用，否则，同样构成侵犯学生肖像权的行为，依照民法的规定应当承担民事责任。

其三，肖像的合理使用。

要区别被告的行为是否侵犯肖像权，需要弄清楚肖像使用行为的阻却违法事由，即肖像的合理使用。肖像的合理使用包括以下几种情形：

第一，为国家和社会公共利益而合法使用公民肖像。

常见的是国家机关为执行公务而强制使用公民的肖像：（1）执法机关为侦查工作需要发出通缉令而未经同意使用公民的肖像；（2）司法机关在诉讼活动中作为证据而使用当事人的肖像；（3）报道已判决的重大案件而

使用罪犯的肖像。这些使用肖像行为都是为了国家和公共利益。

第二，为开展舆论监督而正当使用公民肖像。

常见的情况有：(1) 将先进、模范人物照片予以公开展览，以弘扬正气，树立楷模，规范社会光明行为。(2) 对公民违法行为和不文明行为进行拍摄和录像予以公布进行善意批评，以纠正歪风，矫正不法，教育广大公民遵纪守法，维护社会公众利益。(3) 在新闻报道中需要正面和反面人物的肖像，以履行正当的舆论监督功能。

第三，为公众利益和公序良俗而合理利用公民肖像。

所谓公序良俗，是指公共秩序、社会公德和善良风俗等。常见的情况有：(1) 具有新闻价值的人物，如党和国家人物、政治活动家及国家工作人员，参加各种社会活动和接待外宾活动，新闻部门一般未经同意而使用他们肖像；这些活动都是为国家和公众利益。(2) 为宣传报道需要未经同意而使用社会知名人物、影视人物、各界明星等公开出头露面的肖像。(3) 任何人在特定场合中如参加游行、集会、庆典、阅兵、公开讲演、祭祀、游园、纪实被拍摄或其他公众活动被拍摄作为宣传报道肖像，或一晃而过的人物镜头。(4) 发生重大事件的当事人和在场人，因调查、作证需要使用他们的肖像（如交通肇事、水灾火灾、房屋倒塌等事件）。

第四，为公民本身利益使用肖像或公民自愿放弃自己肖像专用权。

常见的情形有：(1) 维护公民自身利益使用其肖像，如制作身份证、寻人启事等使用公民的照片；(2) 公民允许自己肖像供他人或第三人使用。此时产生了肖像作品的著作权或影视作品版权归属问题，不管是明示或默示形式，一般只允许一次使用权，而两次以上使用公民肖像，还须另行约定。

第五，其他以正当目的使用公民肖像的情形。

(1) 善意使用历史上知名人物形象，而没有损害该人物肖像权或其亲属的声誉的；(2) 在风景区、点创作风景画或拍摄风景照，将他人作为点缀而画入纸内或拍入镜头，在这样场合，只要不以他人的形象为主题，不构成侵犯该公民的肖像，亦属正当使用范围；(3) 仅依记忆而制作他人真实肖像，用作有益的资料保存或正当使用。

由上述理论可知，本案某小学使用该校学生刘某的肖像用作校办产品的包装，系营利性的行为，且未经刘某的监护人同意，也不具备侵犯肖像权的阻却违法事由，故构成侵犯肖像权，应当承担赔偿责任。

【法条指引】

中华人民共和国民法典

第一千零一十八条　自然人享有肖像权，有权依法制作、使用、公开或者许可他人使用自己的肖像。

肖像是通过影像、雕塑、绘画等方式在一定载体上所反映的特定自然人可以被识别的外部形象。

第一千零一十九条　任何组织或者个人不得以丑化、污损，或者利用信息技术手段伪造等方式侵害他人的肖像权。未经肖像权人同意，不得制作、使用、公开肖像权人的肖像，但是法律另有规定的除外。

未经肖像权人同意，肖像作品权利人不得以发表、复制、发行、出租、展览等方式使用或者公开肖像权人的肖像。

14. 父母为未成年人订立婚约有效吗？

【维权要点】

父母为未成年人订立婚约是一种违法行为，这种行为侵害了未成年人的合法权益。对此可视情节轻重，给予相应的法律制裁。

【典型案例】

中学生郑某（女）与杨某（男）同在一个村，又在同一中学读书。平时两家关系很好，经常走动，郑某与杨某经常在一起玩。两家的母亲决定给他们定亲，于是摆了几桌酒席向同村人宣布这一消息。后郑某考入县里的高中，而杨某却没有考上，在家务农。杨家怕郑某考上大学后会解除婚约，于是提出让两人先圆房的要求。郑某坚决反对，而且要退掉这门亲事。杨某则认为自己在郑某身上已经花了很多钱，并且双方有约在先，违约就要赔偿。郑某于是向法院提起诉讼，请求确认婚约无效。

【法官讲法】

所谓婚约是指父母为子女预定婚事的行为。它分两种：一种是“娃娃亲”，即为未成年子女订立的婚约；另一种为成年子女订立的婚约。在封建社会中，父母一旦为子女订立了婚约，子女到了适婚年龄以后，不管愿不愿意都要履行婚约。但在现代社会，婚约通常不具法律上的拘束力。民法典婚姻家庭编既不禁止成年两性为婚姻预约，也不保护婚约。也就是说，如果一方决定解除婚约，无须征得对方同意，也不需要经过任何法定机关的准许。如果一方以婚约为由，强迫对方与自己结婚，则会构成对对方的侵权行为。婚姻家庭编对婚约持中立态度，主要是针对成年人而言。而未成年人保护法则明文禁止父母为未成年人订婚。民法典第 34 条第 3 款规定：“监护人不履行监护职责或者侵害被监护人合法权益的，应当承担法律责任。”可见，父母为未成年人订立婚约实际上是一种违法行为，这种行为侵害了未成年人的合法权益。对此可视情节轻重，给予相应的法律制裁。

我国法律之所以将父母为未成年人订立婚约的行为界定为违法行为，是因为未成年人订婚有着许多不符合社会行为规范的弊端：（1）父母为未成年子女订立婚约，剥夺了未成年人将来恋爱自由和婚姻自主的权利。结婚必须是男女双方完全自愿的结合，订婚是为结婚而做准备的，也理应是双方完全自愿。父母为未成年人订立婚约实质上是父母把他们的意愿强加在子女身上。在未成年人身心尚未发育完全，对恋爱婚姻问题认识尚不深刻的情形下，由父母或者其他监护人按照自己的意愿为未成年人订婚，根本谈不上未成年人对婚姻的自由和自愿，是一种违反婚姻自由原则的包办婚姻行为。（2）导致早婚、非法同居和未婚先孕的不良社会现象及违法婚姻行为的发生。十六七岁的未成年人正处于青春期，过早地体验性生活不仅影响其正常生长发育，还将对其成年后的幸福生活带来障碍，甚至有的还会变成性随便者，对人生持不负责任的态度，这对家庭、对社会都可能构成不稳定因素。（3）父母为未成年人订婚直接影响未成年人的学习和进步。未成年人正处于求学求知的重要阶段，他们应当和同龄人一样快乐而无忧无虑地生活学习。但父母为他们订立婚约会给未成年人的学习投下阴影，影响他们学习积极性和自觉性的发挥，阻碍未成年人的成长。（4）导致民事纠纷增多。婚约一经形成，男女双方通常开始不断地向对方家庭赠送各种财物。一旦撕毁婚约，势必会造成民事纠纷。

综上所述，未成年人的父母不得为未成年人订立婚约。如果未成年人订立了婚约或者未成年人父母代替其订立婚约，这种婚约是没有法律效力的，任何一方均有权不承认或解除这种婚约，无须征得对方同意。在本案中，郑某完全有权解除婚约，无须征得对方和父母的同意，同时无须因婚约的解除承担任何责任。

【法条指引】

中华人民共和国未成年人保护法

第十七条　未成年人的父母或者其他监护人不得实施下列行为：

（一）虐待、遗弃、非法送养未成年人或者对未成年人实施家庭暴力；

（二）放任、教唆或者利用未成年人实施违法犯罪行为；

（三）放任、唆使未成年人参与邪教、迷信活动或者接受恐怖主义、分裂主义、极端主义等侵害；

（四）放任、唆使未成年人吸烟（含电子烟，下同）、饮酒、赌博、流浪乞讨或者欺凌他人；

（五）放任或者迫使应当接受义务教育的未成年人失学、辍学；

（六）放任未成年人沉迷网络，接触危害或者可能影响其身心健康的图书、报刊、电影、广播电视节目、音像制品、电子出版物和网络信息等；

（七）放任未成年人进入营业性娱乐场所、酒吧、互联网上网服务营业场所等不适宜未成年人活动的场所；

（八）允许或者迫使未成年人从事国家规定以外的劳动；

（九）允许、迫使未成年人结婚或者为未成年人订立婚约；

（十）违法处分、侵吞未成年人的财产或者利用未成年人牟取不正当利益；

（十一）其他侵犯未成年人身心健康、财产权益或者不依法履行未成年人保护义务的行为。

15. 在法院判决前，新闻媒体能否披露涉嫌犯罪未成年学生的有关情况？

【维权要点】

对未成年人犯罪案件，新闻报道、影视节目、公开出版物、网络等不得披露该未成年人的姓名、住所、照片、图像以及可能推断出该未成年人的资料。

【典型案例】

2019 年 8 月某日，某电视台法治宣传节目中报道了一名 17 岁的高中学生因参加团伙抢劫活动被抓获以及在公安机关接受审讯的部分镜头，还配有介绍该学生姓名、年龄、就读学校等基本情况的旁白。该名学生家长看到该报道后向电视台提出抗议，要求电视台停止播放、赔礼道歉并采取措施加以补救。该电视台认为，其节目只是报道了事实的真相，并没有对案件事实进行扭曲、篡改，既然该学生参与犯罪活动是事实，电视台的报道就没有侵犯其合法权益。

【法官讲法】

《最高人民法院关于适用〈中华人民共和国刑事诉讼法〉的解释》第 559 条规定，审理涉及未成年人的刑事案件，不得向外界披露未成年人的姓名、住所、照片以及可能推断出未成年人身份的其他资料。查阅、摘抄、复制的案卷材料，涉及未成年人的，不得公开和传播。判定公民是否犯罪的权利只属于人民法院。在人民法院作出判决前，对被告人作何处理尚未确定，此时公开被告人的姓名、住址、音像等资料，无疑侵犯了违法犯罪青少年的人格尊严和名誉。所以，本案中，电视台的做法是违法的，应当积极采取措施加以补救，赔偿青少年因此而受到的一切损失，以此维护违法犯罪青少年的合法权益。

在信息时代的今天，新闻报道、影视节目、书刊等出版物向观众和读者传递社会信息，进行各方面的宣传，也包括法治宣传，让广大群众通过这些媒介了解国家的法治建设情况，了解青少年违法犯罪的状况，这一切本来是法制建设所必需的。作为新闻出版等机构的工作者，必须注意法律对公民名誉权、隐私权的有关规定，避免侵权事件发生。

至于刑事案件中青少年当事人的名誉权保护则更是一个非常重要而且特殊的问题。在一般情况下，新闻报道等对名誉权是否构成侵害的重要标准是内容是否属实，有无捏造事实。但在刑事案件中对青少年当事人的报道、宣传，仅要求其属实是不足以保护青少年的名誉的。因为青少年对自己的行为认识一般并不深刻，对行为的社会影响的预见程度极低。他们在成长的过程中一旦名誉权受到损害，就会给他们的心理上造成巨大的压力，并且可能会遭到社会的歧视。所以在青少年刑事案件中，不管是被害人或者是被告人，都必须对他们的名誉权给予特殊的法律保护。我国未成年人保护法、预防未成年人犯罪法之所以作出上述的法律规定，其原因主要体现在以下几方面：一是为了防止社会带来消极影响，加重被披露青少年或者其监护人的思想压力，防止被披露的青少年产生逆反情绪，甚至抗拒改造、重新犯罪，在犯罪道路上越走越远；二是为了帮助青少年犯罪人加速改造，有助于其将来重返社会；三是为了保护青少年犯罪人的人格、人权、社会形象及回归社会后的婚姻、就业等。

综上，新闻报道、影视节目、公开出版物在以案说法、开展法治教育、法治宣传时，必须严格遵守以上法律的相关规定。即使要对有关案情、犯罪的原因等作相应的介绍，以增强法治宣传效果、教育效果时，也不得披露该青少年犯罪人的真实姓名、确切地址、任何照片，以及其他足以证明其身份特征、有可能使人推断出该青少年的有关资料。否则将构成侵权，并对此应承担相应的法律责任。

【法条指引】

最高人民法院关于适用《中华人民共和国刑事诉讼法》的解释

第五百五十九条　审理涉及未成年人的刑事案件，不得向外界披露未成年人的姓名、住所、照片以及可能推断出未成年人身份的其他资料。

查阅、摘抄、复制的案卷材料，涉及未成年人的，不得公开和传播。

参考书目

1. 中国法制出版社编：《中华人民共和国民法典》，中国法制出版社2020年版。

2. 法律出版社法规中心编：《民法典及相关司法解释汇编》，法律出版社2022年版。

3. 最高人民法院民法典贯彻实施工作领导小组主编：《中华人民共和国民法典总则编理解与适用》（上、下），人民法院出版社2020年版。

4. 最高人民法院民法典贯彻实施工作领导小组主编：《中华人民共和国民法典侵权责任编理解与适用》，人民法院出版社2020年版。

5. 佟丽华主编：《中华人民共和国未成年人保护法理解与适用》，中国法制出版社2021年版。

6. 法规应用研究中心编：《家庭教育促进法、未成年人保护法、预防未成年人犯罪法一本通》（第八版），中国法制出版社2022年版。

7. 最高人民检察院组织编写：《未成年人保护法律全书》，中国检察出版社2022年版。

8. 段小松：《联合国〈儿童权利公约〉研究》，人民出版社2018年版。

9. 王雪梅：《儿童权利论：一个初步的比较研究》（第二版），社会科学文献出版社2018年版。

10. 姚建龙主编：《新时代儿童福利研究》，中国政法大学出版社2019年版。

11. 朱广新：《未成年人保护的民法问题研究》，中国人民大学出版社2021年版。

12. 孙谦主编：《中国未成年人司法制度研究》，中国检察出版社2021年版。

13. 张鸿巍：《少年司法通论》（第三版），法律出版社2022年版。

14. 盈科律师事务所编：《向欺凌说不！学生欺凌预防与治理30讲》，

法律出版社 2019 年版。

15. 黄尔梅主编：《性侵害未成年人犯罪司法政策案例指导与理解适用》，人民法院出版社 2014 年版。